DE LA MUSIQUE

CONSIDÉRÉE EN ELLE-MÊME

ET DANS SES RAPPORTS.

DE LA MUSIQUE

CONSIDÉRÉE EN ELLE-MÊME
ET DANS SES RAPPORTS

AVEC

LA PAROLE, LES LANGUES, LA POÉSIE,
ET LE THÉATRE.

Par M. de Chabanon.

In tenui labor. *Virg. Georg.*

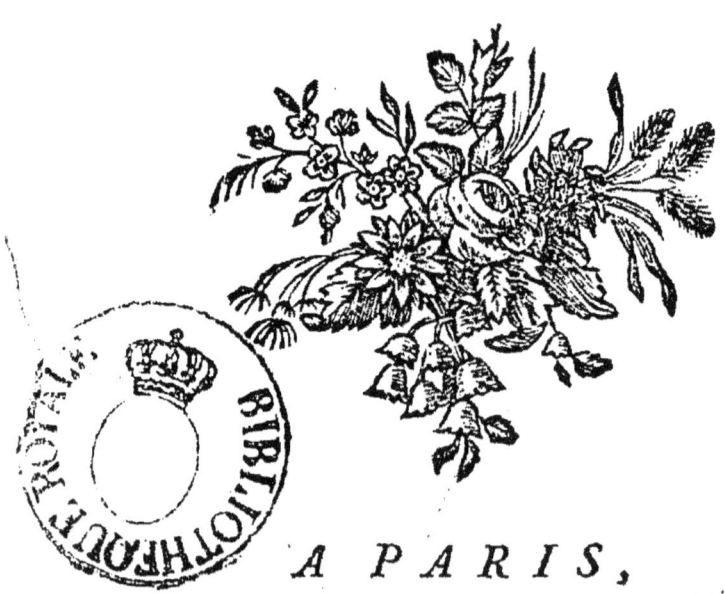

A PARIS,

Chez PISSOT, Libraire, Quai des Augustins.

M. DCC. LXXXV.

REFLEXIONS
PRÉLIMINAIRES.

L'Ouvrage que nous publions aujourd'hui, est le même que nous avons publié il y a plusieurs années, sous un titre moins étendu, tel que le comportoit alors l'Ouvrage encore incomplet. Nous n'y traitions que de la Musique considérée en elle-même, sans étudier ses rapports avec les Arts qu'elle s'associe. Aujourd'hui notre plan plus vaste embrasse toutes ses relations; nous allons tracer d'avance la suite & la progression de nos idées.

Qu'est-ce que la Musique ? L'art des sons. Ici nous examinons les propriétés individuelles des sons, élémens premiers de l'art Musical, matériaux froids & sans vie, que cet art anime, & qu'il vivifie. Par quels procédés leur donne-t-il

A

cette existence, d'où il résulte pour nos sens un plaisir si vif & si touchant ?

Ce point éclairci, la nature de l'Art en est mieux connue : nous la réduisons d'abord à l'idée la plus simple qu'on puisse en concevoir. Nous dégageons l'Art de tout ce qui ne lui seroit qu'accessoire, nous le dépouillons de tout ornement, nous l'envisageons dans toute sa nudité ; que dis-je, dans son squelette anatomisé ; & nous recherchons si les effets qu'il produit s'adressent directement à l'esprit, ou aux sens, ou bien à tous deux en même-tems.

La Musique, par son institution naturelle, est-elle obligée d'imiter ? Qu'imite-t'elle de préférence ? Comment, & jusqu'à quel point imite-t-elle ?

L'examen de ces questions nous conduit à regarder la Musique comme un langage naturel à l'homme, & qu'on pourroit, sous ce rapport, ne pas même appeler un Art. Ce langage naturel à l'homme & aux animaux, dans quelle vûe la nature paroît-elle le leur avoir donné? Quels en font les caractères primitifs? Peut-on lui attribuer le mérite de l'univerſalité? Seroit-il vrai que le chant fût un par toute la terre; que, réſultant des proportions harmoniques, qui ſont une loi invariable de la nature, ſa principale conſtitution fût invariable auſſi? Nous le penſons; & ce fait étant reconnu vrai, il exiſte pour les hommes de tous les tems, de tous les climats, une langue commune, & dont les différences les plus remarquables d'un pays à un autre, n'empêchent pas qu'elle ne ſoit par tout intelligible.

La Muſique étant ſévèrement analyſée dans ſa nature primitive, c'eſt le moment de l'élever à la noble condition des Arts, de la claſſer parmi eux, en déſignant leurs points de ſimilitude & de différence.

Le moment où la Musique devient un Art, est celui où, s'élevant au-dessus de l'instinct brut qui l'a produite, elle devient une propriété de l'esprit, qui l'orne & l'enrichit des plus brillans accessoires.

L'oreille seule, auparavant, lui a déjà prêté celui de l'harmonie proprement dite, c'est-à-dire, des sons simultanés, qui, se faisant entendre en même-tems, se laissent distinguer les uns des autres, & ne produisent que l'impression d'un son principal.

Ce mystère de l'harmonie a été ignoré pendant des milliers d'années ; on ne le soupçonnoit pas : le chant subsistoit seul, il charmoit les hommes, on lui supposoit des effets presque surnaturels. L'harmonie se découvre, &, sans dénaturer la mélodie, elle lui donne un nouvel agrément ; elle en fournit en quelque sorte la raison géométrique ; car la sympathie des sons qui les fait co-exister,

PRÉLIMINAIRES.

(sympathie soumise aux loix du calcul) constitue aussi le rapport mélodique des sons qui rend leur succession agréable: d'où il résulte qu'il n'y a point de chant qui ne porte avec lui sa basse, & ses parties d'accompagnement.

La Musique rangée sous le domaine de l'esprit, s'associe aussi-tôt la parole ; on peut regarder même cette association comme émanée de l'instinct, & antérieure aux combinaisons de l'esprit.

Que gagne-t-on à parler en chantant, qu'y perd-t-on ? Delà résulte l'examen des langues, & de leurs propriétés musicales. Ce qui suit immédiatement, est l'examen des diverses formes du discours, vers, ou prose ; vers d'une ou d'autre mesure, poésie de tel ou de tel caractère.

Après avoir réfléchi sur l'union du chant & de la parole, nous passons à une opération plus combinée, nous étudions les rapports du chant avec l'action.

Ce pas est le plus grand que la Musique puisse faire; il la transporte au théâtre: la Musique placée sur la scène, s'impose la loi d'être par-tout imitatrice; on voit combien l'étude préliminaire de ses propriétés essentielles, peut servir à diriger l'usage imitateur qu'elle en doit faire.

Cependant le Théâtre a lui-même ses loix, ses statuts, ses conventions, qui, en plus d'un point, contrarient les procédés de la Musique. Dans cette lutte (presque ennemie) de deux Arts associés pour produire un seul & même effet, balancer leurs prérogatives, régler les sacrifices qu'ils doivent réciproquement se faire, & prononcer entre-eux un pacte d'union, d'où résulte la perfection du Spectacle, c'est la tâche la plus difficile que nous ayons eue à remplir.

La Tragédie a son caractère propre, la Comédie a le sien; l'Opéra-Comique diffère, par quelques nuances, de l'une &

de l'autre; nous avons tâché d'approprier à chacun de ces genres ce qui lui convient le mieux.

Tel est le plan de notre Ouvrage; il embrasse, si je ne me trompe, tout ce qui concerne la Musique. Sur ce simple apperçu, on voit que ce n'est ici ni un Ouvrage technique, ni un Traité élémentaire. Notre Livre ne doit ni apprendre la Musique à ceux qui ne la savent pas, ni perfectionner les talens de Musique dans ceux qui les ont acquis: il doit faire penser & réfléchir ceux qui connoissent l'Art, & ceux qui l'ignorent, ceux qui l'aiment, & ceux qui n'ont pour lui que du dégoût: c'est à proprement parler, un ouvrage de Philosophie fait à l'occasion de la Musique.

L'objet de nos recherches a peu d'importance, je l'avoue, & mon épigraphe l'indique, *In tenui labor*. Si j'avois réfléchi sur quelque matière susceptible d'un grand intérêt, autant que j'ai médité sur celui-ci, je me sentirois plus de confiance, en offrant au Public le produit de mes longues observations & de mes travaux constans. Car enfin ce Livre est l'ouvrage de ma vie.

Il y a trente ans environ que je fus frappé de quelques idées sur les sensations musicales, qui s'accordoient peu avec les idées généralement reçues. Je jetai les miennes sur le papier, sans projet, sans intention ; d'autres idées vinrent s'y joindre, qui, liées par leur similitude avec les premières, formoient un tout homogène, & lié dans ses parties. C'est ainsi que les matériaux de cet Ouvrage se sont grossis & entassés dans ma tête ; mes réflexions se multiplioient, & le livre se faisoit, sans, pour ainsi dire, que j'y travaillasse.

Tenu à rendre compte au Public de l'emploi de mon tems, à justifier devant lui les distinctions honorables que j'ai obtenues comme Homme de lettres, je recueille dans ma maturité avancée les fruits de mes longues observations, de ma longue expérience dans un Art que j'ai toujours aimé.

Rien ne m'a manqué, si je ne me trompe, pour parler de la Musique avec quelque justesse. L'instinct de l'enfance qui m'a porté vers cet Art, a été depuis secondé par l'étude que j'en ai faite, étude théorique à la fois & pratique, d'exécution & de composition. Ce qui doit, plus que tout, avoir rectifié mes sensations, c'est la fréquentation des plus grands Maîtres de tous les pays, & l'habitude d'exécuter à côté des Virtuoses les plus distingués. Dans la chaleur de l'exécution, on se transmet le sentiment du goût, & l'on se trouve sentir, exprimer à l'unisson, presque à l'égal des hommes les plus habiles.

Cet exposé de mes travaux en Musique, n'est point une affectation de savoir, plate & ridicule. Avant de traiter d'un Art, je n'ai pas cru inutile de mettre au jour les soins que j'ai pris pour m'en instruire : c'est justifier les titres que j'ai pour en parler ; & quoique exempt du desir de faire des prosélytes, encore est-il bon de ne pas prêcher tout-à-fait sans mission. Ceux de nos Lecteurs qui rejetteront nos opinions, sont, en toute justice, tenus à se dire : « Il a réfléchi » plus de trente ans à ce qu'il pose en » principe : sur un apperçu du moment, » aurois-je le droit d'ébranler & de ren-» verser sa doctrine ? »

Dans ce siècle fécond en opinions extraordinaires, on pourroit sur quelques-unes des nôtres nous reprocher le goût du paradoxe. Notre défense contre une imputation semblable, est la protestation d'une bonne-foi pleine & entière. Nous n'avons point la conscience de nos erreurs, de nos méprises; conscience qui, d'une assertion hasardée, fait un mensonge ambitieux, une décision frauduleuse.

Quelques-unes des idées consignées dans cet écrit, d'autres Écrivains les ont publiées avant nous. La propriété nous en est commune avec eux : si nous avions à nous faire absoudre du plagiat, nous appellerions en témoignage les personnes qui ont vu naître & commencer cet Ouvrage. Une brochure de M. l'Abbé Morelet, publiée il y a huit ou dix ans, une de M. Boyé, plus récente, sont les seuls écrits où nous ayons trouvé des opinions conformes aux nôtres, & qu'on pût nous reprocher d'avoir empruntées plutôt que conçues.

Je m'applaudis de publier ce Livre dans un tems où nos querelles sur la Musique paroissent assoupies. J'en ai d'autant plus droit d'espérer que l'on voudra bien me lire avec autant d'impartialité que j'en ai mis moi-même en écrivant. Lorsque la première partie de cet Ouvrage parut, les esprits étoient échauffés du feu de la dispute; cependant il m'a semblé que je n'avois point indisposé ceux de qui l'opinion, (par l'exagération qu'ils y mettoient) me devenoit étrangère. Dans la partie de cet Ouvrage que nous publions pour la première fois, on nous trouvera plus modérés encore que dans la première, quoiqu'elle fût plus susceptible de jugemens & d'assertions sur les différens Ouvrages modernes. Mais de telles décisions font supposer trop de prétention dans celui qui les prononce, & portent trop d'ombrage à ceux qu'elles intéressent. Ce n'est que sur les morts qu'on a le droit de s'expliquer librement : plût au Ciel que la mode en vînt ! & qu'une justice exacte mît enfin à leur place les talens de ceux qui ne sont plus! Mais je vois que les réputations se fixent en dernier ressort, quelquefois par une sorte de fantaisie inexplicable, quelquefois par une haine posthume qui s'attache au nom après avoir déchiré la personne; de tems en tems par le respect d'un vivant à qui l'on sacrifie ceux qu'il n'a point aimés. ; presque toujours enfin, par une aveugle prévention, qui ne permet plus de voir les défauts de ceux qu'on veut admirer avec surabondance & sans restriction.

O! combien de jugemens faux, ou du moins exagérés, je dénoncerois à la postérité si ma voix étoit digne de lui parvenir! O! combien l'on verroit éclore d'opinions vraies, que le despotisme de l'opinion publique retient ensevelies dans le secret des consciences, si, (comme le desiroit d'Alembert) un testament de mort rendoit au goût de chaque Lecteur ses franchises, & lui permettoit de s'énoncer sans crainte & sans ménagemens !

Ici, retenus par une circonspection, agréable aux autres, utile à nous-mêmes, nous nous sommes abstenus d'exemples, qui désobligeroient ceux qu'ils ne flatteroient pas. Sur le fond des choses nous nous sommes exprimés avec cette vérité impartiale, qui seule donne aux écrits un caractère de solide bonté.

Puis-je réveiller le souvenir de nos disputes sur la Musique, sans observer qu'il est de la destinée de cet Art, plus que de tout autre, d'intéresser la concorde & la tranquillité des Citoyens; ce qui tient sans doute à la prodigieuse force des impressions que cet Art fait éprouver? On défend avec passion ce que l'on a senti de même.

En Grèce la lyre, bornée d'abord à trois cordes, n'en acquit pas une nouvelle, & l'Art ne s'enrichit pas d'un procédé nouveau, sans attirer l'animadversion des Magistrats, des Philosophes, & sans mettre en fermentation les esprits. La Peinture & la Poésie semblent avoir suivi, d'un cours plus pacifique, leur marche progressive. Remarquons cependant que dans l'Italie antique & moderne, les progressions de la Musique se sont opérées sans troubles & sans rumeurs: c'est qu'elles s'opéroient insensiblement, sans que rien en gênât la marche libre & naturelle. En Grèce au contraire, l'autorité des Législateurs; parmi nous, une police, (dirai-je de goût?) ont tenu l'Art dans une sorte d'inertie. Lorsque le tems a rompu les barrières devant lesquelles s'arrêtoit son activité, il s'est élancé au-delà avec un cours impétueux. De telles révolutions, produites par secousses, font dans l'Art, des changemens si notables, qu'ils font aussi schisme dans les esprits, flattés ou révoltés de l'innovation.

Les Législateurs & les Philosophes Grecs eurent-ils raison d'attacher tant d'importance aux différens caractères de la Musique, & d'en faire dériver immédiatement la sagesse ou la dépravation des mœurs? Ce seroit un étrange phénomène dans l'ordre naturel des choses, que cet Art tînt à sa disposition notre vertu, notre probité, & qu'il ne pût améliorer ses procédés, sans détériorer notre ame. Je dis améliorer ses procédés; car personne ne doute que les productions musicales ne devinssent plus parfaites & plus exquises, à mesure que l'Art acquéroit des tons nouveaux & des formes nouvelles.

Nés dans un siècle de luxe, & par conséquent de corruption, familiarisés avec toutes les recherches de la mollesse, que nous appelons des plaisirs délicats, & des besoins, il nous seroit difficile d'apprécier d'apprécier l'influence morale de chants tels que les nôtres, sur des hommes simples & vertueux, tels qu'étoient les Romains dans les beaux tems de la République. J'ai peine à croire cependant qu'une Musique parfaite, entendue dans les festins, dans les solemnités, où ils écoutoient une Musique simple & grossière, eût dénaturé ces ames vigoureuses, & les eût fait dégénérer d'elles-mêmes.

Les Arts de pur agrément, uniquement destinés à sauver de l'ennui les gens riches & heureux, ne peuvent fleurir & se perfectionner que dans des États qui fleurissent eux-mêmes.

A cette époque, la richesse & la puissance (vraies sources de la corruption) ont déjà perdu les mœurs des Citoyens: le luxe a détruit les principes de la vertu: la Musique, compagne du luxe, porte la peine des torts qu'il a eus; c'est à elle qu'on impute les vices qu'il a produits.

Voilà ce que j'eusse osé dire à Platon, à son Disciple Aristote, à tous ceux qui faisoient de la Musique une cause nécessaire de mœurs foibles & efféminées.

Eh! quand on reconnoîtroit en effet que le caractère des chants que nous entendons habituellement, détermine l'habitude ordinaire de notre ame, où donc a-t-on vu qu'une Musique perfectionnée ne respire que la mollesse, & n'admet aucune énergie ? Que l'on compare les chants militaires, les chants violens, impétueux, composés du tems de Lully, à ceux du même caractère que l'on compose aujourd'hui, l'on saura si les progrès de notre Musique l'ont tournée toute entière vers la mollesse & l'afféterie. Pense-t-on qu'une ame forte s'énervât en écoutant le bruit de guerre de *Castor*, l'ouverture d'*Iphigénie*, l'inspiration de *Calchas*, les sombres terreurs de *Thoas*, la fureur de *Roland* ? Je crois les beaux

Arts plutôt contemporains de la corruption, qu'auteurs de la corruption même.

Dans le peu d'écrits qui nous restent sur la Musique des Grecs, je me suis plû à rechercher, ou plutôt à deviner de quelle nature étoient les changemens successifs opérés dans leur Musique. Voici ce que j'ai cru reconnoître.

D'abord les mouvemens ont été graves & lents, comme si l'oreille, encore sans expérience, avoit eu besoin de s'arrêter sur les sons, pour sentir leur rapport mélodique. Le nombre des sons, très-circonscrit d'abord, s'est accrû successivement, & l'Art reculant les bornes de son domaine, trouvoit à s'exercer dans un espace plus étendu. Les sons procédoient de l'un à l'autre par des intervalles simples & consonnans. Bientôt rendus plus hardis, ils osèrent se rapprocher, & glisser l'un vers l'autre par l'imperceptible communication de dièzes & de bémols consécutifs. Alors la voix, dont l'émission, suivant Sénèque, se faisoit, pour ainsi dire, en ligne droite, se courba en divers sens, & dans ses molles inflexions, décrivit un cours sinueux. En lisant cette histoire des progrès de la Musique chez les Grecs, on croit lire celle de ses révolutions parmi nous: tant la nature nécessite cet Art à une marche uniforme.

Depuis que nous réfléchissons sur la Musique, & que nous y rapportons une partie de nos lectures, nous avons été dans le cas d'extraire une foule de passages relatifs à nos opinions. Il n'auroit tenu qu'à nous d'enfler ce Volume à force de citations: entre cet abus & celui de ne citer jamais, nous avons cherché un milieu convenable à notre situation. Cet Écrit, destiné à paroître avec le privilége & l'approbation d'une Compagnie savante, n'a pas dû s'éloigner tout-à-fait du genre de ses travaux. Nous avons defiré le montrer au Public, comme un témoignage de notre zèle respectueux pour cette illustre Compagnie, & pour ses doctes occupations. Sans doute on doit plus s'attacher à la vérité intrinséque d'une opinion, qu'aux citations qui la rendent recommandable. Mais comment se défendre d'une disposition favorable pour ce qui nous vient des meilleurs Esprits des siècles passés ? Comment une opinion émanée d'eux, ne tire-t-elle pas de cette antique & noble origine, un caractère auguste qui lui concilie le respect & la confiance ? Si l'on aime mieux croire les Vieillards que les jeunes Gens, parce qu'ils ont plus d'expérience & moins de témérité, une proposition éprouvée & mûrie par les siècles, ne doit-elle pas participer à ce privilège de la vieillesse ?

Je terminerai ces Réflexions par un conseil que j'adresse aux Musiciens. Il est à souhaiter qu'ils ajoutent, à la pratique de leur Art, d'autres connoissances, & un esprit d'observation qui les affranchisse de la routine des préjugés. Je sais, & je le dirai dans le cours de cet Ouvrage, que tout homme né pour un talent, en a le sentiment intérieur, qui le guide presque toujours sûrement. Mais cet instinct s'éclaire par la réflexion. D'ailleurs aujourd'hui tous les Arts ressortissent au tribunal de l'esprit. Il s'en est comme arrogé la suprématie ; & cet empire n'est point une usurpation. L'esprit, inhabile à juger sainement des procédés de chaque Art en particulier, est juge compétent de leurs alliances mutuelles. Il sert de truchement & de négociateur entre ces puissances.

Les Musiciens, en prenant soin d'acquérir des connoissances accessoires, & même étrangères à leur talent principal, attireront sur eux, sur leur profession, une considération plus grande, & ils en recueilleront habituellement les fruits, dans la société où leur talent les fait desirer habituellement. Les Peintres à cet égard me paroissent jouir d'un grand avantage. On trouve souvent parmi eux des hommes instruits de ce qui concerne l'Histoire, le Théâtre & la Poésie. Aussi, quoique le talent du pinceau soit un talent solitaire, un talent de cabinet & d'attelier, il n'est point rare que ceux qui l'exercent avec succès, soient admis & recherchés dans la société. Que les Musiciens ambitionnent cet honneur, fait pour leur inspirer la décence des mœurs & la dignité de l'ame, la seule qui soit à rechercher. Peut-être seroit-ce concourir à l'accomplissement des vûes que je propose, que d'ajouter quelque chose encore au sage établissement que l'on vient de faire en faveur de la Musique. Pourquoi ne pas l'ériger complettement en Académie, en lui assignant des jours d'assemblée, où on liroit des Mémoires, des Ouvrages relatifs à cet Art ? Au moyen de ces séances, les Musiciens se trouveroient plus naturellement rapprochés des Gens de Lettres, en qui ils doivent chercher des lumières, qu'ils reverseront sur eux, toutes les fois qu'il s'agira des mystères propres de la Musique. Puisse cette association s'effectuer, & produire les heureux effets que j'en prévois ! puisse l'Ouvrage que je publie être agréable (je n'ose dire utile) aux Musiciens de profession, classe d'hommes, vers qui mon goût m'a porté de si bonne heure, & chez laquelle mon estime & mon affection n'ont presque point trouvé d'ingrats ; éloge rare sans doute, & que, par sa rareté même, je me crois autorisé à rendre public.

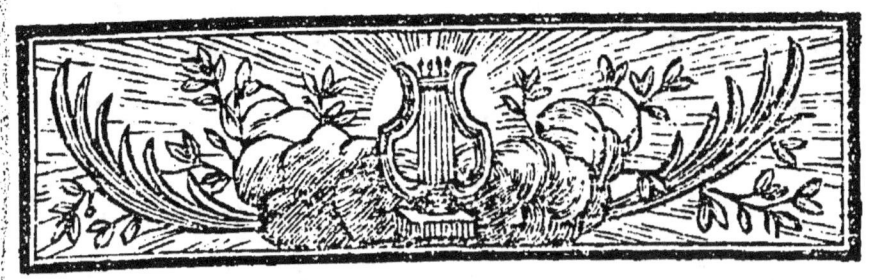

DE LA MUSIQUE
CONSIDÉRÉE EN ELLE-MÊME
ET DANS SES RAPPORTS.

CHAPITRE PREMIER.
Analyse & définition de l'Art.

LE Chimiste qui veut connoître une substance, la décompose ; le Métaphysicien qui veut définir un mot, analyse les idées qu'il renferme : ce procédé est celui que nous devons suivre, pour parvenir à l'intime connoissance de l'Art dont nous traitons.

Chez un Peuple civilisé, il n'est aucun art dont la nature simple, dont l'idée primitive ne se soit altérée, en se mêlant à des idées accessoires. L'esprit humain, propriétaire de toutes les idées que nos sens lui apportent, les combine l'une avec l'autre ; des substances simples il fait des substances composées, où le premier type, l'œuvre première de la nature disparoît. Offrons à l'esprit-humain la décomposition de son ouvrage; présentons-lui, épars & détachés, les matériaux dont il construisit l'édifice; révélons-lui le secret de ses opérations; étudions enfin jusqu'aux simples élémens qu'il mit en œuvre.

La Musique est l'art des sons. Un son musical ne porte avec soi aucune signification; il ne dit rien à l'esprit, il n'existe que pour l'oreille.

Un son musical qui n'est précédé, suivi, ni accompagné d'aucun autre, n'offre à l'oreille aucun agrément, quelque beau qu'il puisse être; on ne trouve du plaisir à l'entendre que parce qu'on prévoit l'effet qu'il doit produire dans un ensemble mélodique.

L'une des propriétés distinctives des sons, le *grave* & l'*aigu* (1), est une propriété presque absolument relative. On n'appelle les sons graves ou aigus, qu'en les comparant à d'autres sons, moins graves & moins aigus.

Chaque pièce constitutive de l'Art, chaque son pris en soi, & séparément, est à peu-

---

(1) Je n'ai pas osé dire la *gravité* & l'*aiguité*.

près nul, il n'a ni sens, ni caractère propre, ni expression, ni agrément.

On n'en sauroit dire autant des élémens de la parole; les Grammairiens qui les ont analysés, ont reconnu dans les mots, dans les syllabes, dans les lettres mêmes, des propriétés distinctives. L'un de ces élémens est rude, âpre; l'autre est doux & fluide (1). Cette syllabe pèse sur l'air, & en quelque sorte sur le tems, elle est nommée *grave* & *longue*; l'autre, *breve*, s'échappe comme un souffle qu'on ne peut apprécier ni définir. L'*ut* & le *ré* de la gamme n'ont point ces propriétés différentielles.

Par quels procédés l'Art musical donne-t-il une existence & un caractère à tous ces sons qui n'en ont point? Il en combine la succession, en mesure la durée, en calcule la simultanéité. Les produits de ces trois opérations sont l'*intonation*, la *mesure* & l'*harmonie*.

Simplifions ceci encore davantage. L'intonation des sons & leur durée, contribuant également à en rendre la succession agréable, on peut, dans cet apperçu, les réunir sous la dénomination commune de *Mélodie* : alors

---

(1) Les lettres *liquides*.

l'Art n'est plus soumis qu'à une seule division, *sons successifs* & *sons simultanés*, *chant* & *accords*, *mélodie* & *harmonie*. Pressez, tordez l'Art dans tous les sens, vous n'en tirerez rien de plus.

Toute l'essence de la Musique est donc comprise dans ces deux mots *Mélodie*, *Harmonie*. L'harmonie superpose les sons & les fait parler ensemble ; la Mélodie règle les degrés d'intonation, & la durée des tems, suivant lesquels les sons se succèdent. *Succession*, voilà la mélodie ; *Simultanéité*, voilà l'harmonie.

Celle-ci est comme le dépôt & le répertoire des sons que l'autre peut employer. C'est la mine, d'où la mélodie tire les sons, dont la main-d'œuvre lui est réservée. Il est impossible de concevoir un chant agréable, ou seulement intelligible à l'oreille, duquel il ne sorte pas une basse harmonieuse & des accords ; &, par une loi réciproque, on ne peut former une suite d'accords agréables, qui ne soit pas le fondement de mille chants mélodieux. Cette règle est sans exception. Les individus, les nations qui ne connoissent pas l'harmonie, lui sont asservis sans la connoître.

Toutes les fois qu'ils chantent, ils obéissent à ses principes; & le chant conçu dans les forêts de l'Amérique, ou chez les plus grossiers Africains, renferme en soi des parties harmoniques, que ses inventeurs n'y ont pas soupçonnées.

La Mélodie existe implicitement dans l'harmonie, celle-ci implicitement dans l'autre; mais il y a entre-elles une essentielle différence. Un chant quelconque ne comporte guères qu'une seule harmonie; la même suite d'accords, au contraire, recèle une infinité de chants divers que l'œil du génie peut y découvrir, que son souffle peut en faire éclore. Cette observation nous indique que la mélodie est, en Musique, le principal ouvrier, l'agent le plus efficace. C'est elle qui donne les formes, le mouvement & la vie.

Tous les accords de la Musique se réduisent à un assez petit nombre; leur marche est circonscrite & uniforme; de sorte qu'en écoutant l'harmonie proprement dite de vingt airs différens, on pourroit n'avoir entendu qu'une même chose.

Une expérience simple peut mettre tout

le monde à portée d'apprécier les effets de la mélodie & ceux de l'harmonie, & peut faire juger entre-elles de la prééminence.

Qu'on exécute la baſſe d'un air & tous ſes accords, ſans indiquer quel en eſt le chant; enſuite, que l'on chante l'air, en le dépouillant de toutes ſes parties harmoniques, des deux parts on verra le nud; & comparant l'un à l'autre, on ſentira que les accords dénués de chant ſont bien peu pour l'oreille, & que le chant, même ſans accords, peut encore la ſatisfaire: le chant eſt proprement toute l'eſſence de l'Art, l'harmonie n'en eſt que le complément.

Ces définitions bien conçues peuvent prévenir une erreur de mots très-commune, & qui occaſionne de faux jugemens. On loue des compoſitions muſicales, que l'on dit, même alors qu'on les loue, être dénuées de mélodie. De tels jugemens ſe contrediſent, & l'on ne peut les expliquer. Que peut-on goûter dans une Muſique qui ne chante pas? C'eſt donc l'harmonie ſeulement. Je déclare que les beautés de ce genre ſont auſſi bornées qu'uſées & rebattues: par-tout ce ſont les mêmes accords, & diſpoſés à peu-près de la même manière. Vous, qui vous récriez d'admiration sur l'harmonie d'un morceau nouvellement composé, vous ignorez que dans Lulli & dans ses Contemporains, cette même harmonie vous paroît sans effet: pour vous assurer que c'est la même, consultez les chiffres des partitions.

Quand il seroit vrai qu'on fît quelque découverte en harmonie, elle seroit en pure perte pour le commun des Auditeurs; les seuls Artistes seroient en état d'appercevoir l'innovation & d'en jouir. Que sont pour les oreilles inexpérimentées ces préludes, où l'on parcourt les touches d'un clavier avec des accords inusités ? Une suite de sons extraordinaires, & rien de plus. C'est donc par un abus de mots, par une méprise de l'ignorance, qu'on appelle beautés d'harmonie, des effets de musique vivement & universellement sentis. Ces effets, la mélodie les réclame, c'est elle qui seule y règle l'intonation & le mouvement; c'est elle qui en crée l'esprit & le caractère; c'est elle encore qui façonne & distribue les richesses de l'harmonie, dans ces accompagnemens figurés, plus dignes souvent d'être entendus que le chant principal.

Par une suite de l'erreur que nous attaquons, on s'abstient de louer comme des chef-d'œuvres de mélodie, une belle ouverture, une magnifique symphonie, des mouvemens d'orchestre rapides & passionnés, des Chœurs d'un grand effet, des Sonates, des Concertos, enfin jusqu'à des airs de danse que tout le monde chante. Symphonistes compositeurs! ce jugement de la multitude vous outrage; mais celui de vos pairs vous venge: eux seuls sont à la longue les véritables appréciateurs du mérite.

Qu'entend-t-on communément par ces mots qui sont dans la bouche de tout le monde: *Musique savante?* Le savoir en Musique ne consiste guères qu'à bien fuguer & contre-fuguer; or, ce genre étant tombé en désuétude, l'éloge qui lui convient, devroit y être tombé lui-même.

On condamne une Musique que l'on n'aime pas, (ou qu'on ne veut pas aimer) &, comme pour consoler le Compositeur de cette improbation malévole, on lui laisse le triste dédommagement d'un éloge qui ne signifie rien: on le reconnoît savant, pourvu que les autres le reconnoissent sans génie &

sans

fans goût; le détracteur gagne tout à cet échange.

Ceux qui nommoient *Rameau* un Harmoniste favant, fi par ces mots ils entendoient qu'il avoit approfondi la théorie des accords, difoient une vérité intelligible. S'ils vouloient dire (comme je m'en fuis fouvent apperçu) que Rameau employoit une harmonie plus nouvelle, plus riche, plus féconde que tout autre Muficien, ils étoient dans l'erreur. Ce qui conftituoit en lui l'homme de génie, c'eft le caractère entièrement neuf de fes chants, c'eft leur prodigieufe variété. Rameau fut créateur en mélodie, mérite que fouvent on n'apprécie pas affez. En harmonie il n'eut, & ne put guères avoir d'autre mérite éminent, que celui d'un profond théoricien.

Que les Gens du monde fe rendent un compte raifonné de leurs jugemens en Mufique, que les Artiftes étudient le fens caché de ces mêmes jugemens; des deux parts on s'affurera que, communément parlant, on ne reconnoît pour chantant que ce qui appartient à la voix, & ce que foi-même on peut chanter. Certes, c'eft reftreindre étrangement le sens du mot *Mélodie* : autant vaudroit n'accorder à la grace, à la beauté, qu'un seul caractère, lorsqu'il en est tant qui peuvent leur convenir. Ce n'est pas nous qui reprocherons à l'air que chante Roland dans sa fureur, d'être sans mélodie, quoique ce morceau ne soit pas du genre gracieux, & qu'il ne puisse être entendu sans le secours de tout un orchestre. Nous ne dirons pas non plus que le début du *Stabat* n'est pas du chant, quoiqu'on y découvrît à peine quelque intention de mélodie, s'il étoit exécuté par une voix seule & sans instrumens. Ce n'est pas nous encore qui assignerons la préférence entre un beau *Cantabile* fait pour la voix, & une belle symphonie faite pour les instrumens : si nous avions à prononcer, nous mettrions sans hésiter la symphonie au premier rang, & nous nous croirions justifiés de ce choix, par tous ceux qui ont vu & ressenti l'enivrement & le délire, où les symphonies des *Amateurs* (1) jetoient tout leur auditoire. Après de tels morceaux, quelque scène que l'on pût chanter, l'enthousiasme n'avoit plus qu'à décroître.

_____
(1) Concert très-beau qui n'existe plus.

Dans nos disputes de Musique, j'ai toujours vu qu'on se battoit à la faveur des ténèbres dont ce mot, *Mélodie*, est environné & couvert. C'est là que se portoit tout l'effort de la mêlée. Si j'eusse été l'un des Champions de cette grande querelle, j'eusse dit comme Ajax : *Rends-nous le jour, & combats contre nous*. Que les Détracteurs de telle Musique disent: *nous ne l'aimons pas*, il n'y aura rien à leur répondre ; car les goûts ne se raisonnent pas plus qu'ils ne se commandent. Mais prononcer que telle Musique manque de chant, c'est former un plan d'attaque raisonné qui invite à la défense. Or, si, préalablement, on ne définit pas le mot qui est l'objet de la dispute, des deux côtés on parle sans s'entendre.

Qu'il soit reconnu que la Musique fière, vive, impétueuse, que de beaux traits de symphonie, ne sont pas moins du chant, que l'air le plus simple & le plus doux composé pour la voix, l'appréciation des Auteurs & des Ouvrages embrassera tous les genres de beauté différens; & l'esprit de parti, en abusant d'un mot, qui n'est pas mieux compris de celui qui le prononce, que de ceux qui l'entendent, ne rendra plus de décisions absolues & injurieuses.

Une considération qui doit entrer pour beaucoup dans nos jugemens en Musique, c'est celle des styles anciens & modernes; ils constituent les progrès de l'Art & les divers âges de la Musique. L'étude d'une progression semblable, dans quelque Art que ce puisse être, est familière au vrai connoisseur; & son enthousiasme pour ce qui porte le caractère de la perfection moderne, ne le rend pas injuste pour ce qui est plus ancien, & souvent moins parfait. Il sait que les beautés simples, trouvées par ceux qui ont défriché l'Art, sont d'autant plus vraies, qu'elles ont été communément trouvées sans effort; elles ont une sorte d'évidence naturelle. Eh quoi ! dans les informes productions de la langue Gauloise, qui n'est plus la nôtre, on démêle, on extrait ce qui est digne d'être conservé & retenu ; & dans la Musique, cette langue dont le sens ne varie point, on proscrit dédaigneusement tout ce qui s'éloigne du goût le plus récent ! Non, je le proteste, de telles exclusions ne partent point d'un goût juste & éclairé : c'est la prétention de paroître habile qui les inspire, qui les commande; & peut-être à ce seul signe d'ignorance, pourroit-on reconnoître ceux qui usurpent le droit de juger en Musique.

Notre intention étant de réduire la Musique à l'idée la plus simple qu'on puisse s'en faire, afin d'en raisonner plus pertinemment, nous la considérerons d'abord uniquement comme mélodie, sans tenir aucun compte des embellissemens que l'harmonie lui prête. Cette préférence donnée à la mélodie sur l'harmonie, est comme justifiée déjà par ce que nous avons dit de l'une & de l'autre. J'ajouterai que le *chant* existe pour les peuples les plus barbares, pour les individus les plus grossiers, & que l'*harmonie* est le secret des seuls initiés. Les Musiciens même de l'antiquité l'ignorèrent. On ne peut donc nous faire un reproche de placer dans la mélodie, plutôt que dans l'harmonie, l'essence constitutive de la Musique, jusqu'à ce que simplifiant moins nos idées, nous rassemblions dans ce mot *Musique*, toutes les idées dont il est le collectif.

On peut définir ainsi la Mélodie : *Une*

suite successive de sons dont la durée est déterminée, & dont l'intonation, toujours appréciable à l'oreille, doit, pour répondre aux vues de l'Art, toujours la flatter.

Ceci posé, & l'essence de l'Art ainsi reconnue, il ne s'agit plus que d'y confronter les accessoires qu'on veut y joindre. Ceux qui seroient de nature à contredire le principe constitutif, sont de nature à être rejetés. Puisque le propre de la Musique est de chanter, exiger d'elle ce qu'elle ne peut faire en chantant, c'est lui prescrire des loix absurdes; & l'y astreindre, c'est la pervertir & la dénaturer.

CHAPITRE II.

La Musique est-elle essentiellement un Art d'imitation?
Son objet primitif est-il d'imiter?

C'EST une grande & belle idée que celle qui fait tous les Arts enfans de la Nature, & qui les représente consacrant les facultés qu'ils ont reçues d'elle, à retracer son immortelle image.

S'il falloit deviner l'Auteur d'une telle pensée, qui n'en feroit honneur à Homère, ou du moins à Platon ? C'est Aristote qui l'a conçue, celui de tous les Philosophes qui s'est le moins livré aux prestiges de l'imagination. Aussi, en mettant au jour l'idée que je viens de citer, lui a-t-il ôté tout son lustre poétique : dans sa tête & sous sa plume, elle a pris l'extérieur austère d'une conception philosophique.

Entre des propositions reconnues vraies, il y a quelquefois plus ou moins de justesse & de perfection ; & l'on pourroit, en assignant ces nuances, avoir des vérités du premier, ou du second ordre, comme on a de l'or marqué à des titres différens. La proposition d'Aristote *que tous les Arts ne sont que l'imitation de la Nature*, acquiert ou perd quelques degrés de justesse, suivant qu'elle s'applique à un Art, ou bien à un autre.

Le but de la Peinture, sa fin directe & primitive est de retracer à nos yeux tout ce que la Nature leur a fournis : depuis le premier essai de *Dibutade*, jusqu'au chef-d'œuvre de Raphaël, cette fin n'a pu varier ; elle est aussi évidente dans le premier croquis grossièrement esquissé, que dans le dernier prodige de l'Art. Si vous dites que l'Architecture en élevant des Palais, ne fait qu'imiter le procédé de la Nature, dans la plantation des forêts dont elle fit nos premières demeures, croyez-vous m'offrir une vérité du même ordre que la première? Si vous ajoutez que les premiers hommes qui ont proféré des chants, n'ont voulu, en les proférant, qu'imiter les différens bruits qu'ils entendoient, & rendre les divers sentimens qui les agitoient, ne descendez-vous pas encore à un ordre de vérités moins palpables & moins évidentes? Rien de si douteux que ce besoin d'imiter, dont on fait une des propriétés essentielles de la Musique.

Et d'abord, j'observe que le charme de cet Art n'existe pas seulement pour les êtres doués de l'entendement & de la parole; les animaux y sont sensibles. Cet instinct musical est reconnu dans le chat & dans l'araignée. » Les cerfs, dit Plutarque, sont émus du » son de la flûte. Pour exciter l'étalon auprès » de la jument, on lui joue un air. Les dau- » phins, au son des instrumens, lèvent la » tête au-dessus des eaux, & font différens

» mouvemens du corps, à peu-près comme
» les Histrions (1) ».

A cette autorité joignons celle de M. de Buffon; c'est lui qui va parler.

» L'éléphant a le sens de l'ouie très-bon,
» il se délecte au son des instrumens, & pa-
» roît aimer la Musique : il apprend aisé-
» ment à marquer la Mesure & à se remuer
» en cadence, à joindre même à propos quel-
» ques accens, au bruit des tambours & des
» trompettes. J'ai vu aussi quelques chiens
» qui avoient un goût marqué pour la Mu-
» sique, & qui arrivoient de la basse-cour ou
» de la cuisine, au concert, y restoient tout
» le tems qu'il duroit, & s'en retournoient
» ensuite à leur domicile ordinaire. J'en ai vu
» d'autres, prendre assez exactement l'unis-
» son d'un son aigu, qu'on leur faisoit enten-
» dre de près en leur criant à l'oreille. Mais
» cette espèce d'instinct, ou de faculté parmi
» les chiens, n'appartient qu'à quelques in-
» dividus. On chante ou l'on siffle presque
» continuellement les bœufs pour les entre-
» tenir dans leurs travaux les plus pénibles;
» & ils s'arrêtent, paroissent découragés

_____
(1) Plut. de Sympos.

» lorsque leur conducteur cesse de siffler ou
» de chanter. On sait combien les chevaux
» s'animent au son de la trompette, & les
» chiens au bruit du cor. On prétend que
» les marsouins, les phoques, les dauphins
» approchent des vaisseaux dans un tems
» calme, lorsque l'on y fait entendre une
» musique retentissante ; mais ce fait n'est
» rapporté par aucun Auteur grave (1)».

» Plusieurs espèces d'oiseaux, tels que les
» serins, linottes, chardonnérets, bouvreuils,
» tarins, sont très-susceptibles des impressions
» musicales, puisqu'ils apprennent des airs
» assez longs. Presque tous les autres oiseaux
» sont aussi modifiés par les sons: on connoît
» les assauts du rossignol contre la voix hu-
» maine, ou contre quelque instrument: il y
» a mille exemples particuliers de l'instinct
» musical des oiseaux. Le fait des araignées
» qui descendent de leur toile & se tiennent
» suspendues tant que l'instrument continue
» de jouer, & qui remontent ensuite à leur
» place ordinaire, m'a été attesté par un assez
» grand nombre de témoins oculaires, pour

---

(1) M. de Buffon ne s'est pas souvenu que Plutarque
l'a consigné dans ses écrits.

» qu'on ne puisse guères le révoquer en doute. »

J'ai moi-même observé plus d'une fois ce fait concernant l'araignée : c'est sur-tout une Musique lente & harmonieuse qui semble plaire à cet insecte & l'attirer. J'ai vu aussi de petits poissons nourris dans un vase, dont la partie supérieure étoit découverte, chercher le son du violon, monter à la surface de l'eau pour l'entendre, élever la tête, & rester immobiles dans cette situation : si j'approchois d'eux sans toucher l'instrument, ils paroissoient effrayés, & plongeoient au fond du vase. J'ai répété vingt fois cette expérience.

L'instinct Musical, reconnu dans les animaux, est plus sensible encore dans l'enfant au maillot. Cette foible créature, dont la raison est, pour ainsi dire, comme ses membres, enveloppée des langes de l'enfance, goûte les sons avant d'avoir encore aucune idée nette & distincte. Le chant d'une nourrice soulage ses douleurs, calme son impatience, lui transmet une gaîté qu'atteste son sourire innocent (1).

―――――――――――――――――――――
(1) Il est constant que dans l'enfance nous avons des sensations avant d'en savoir tirer des idées. (*Essai sur l'origine des connoissances humaines.*)

Transportons-nous dans les forêts qu'habitent les peuples féroces & indisciplinés, nous y verrons la Musique, compagne inséparable de l'homme, & comme lui réduite à l'instinct le plus sauvage. La Musique prise ainsi au berceau, doit conserver tous les caractères de son institution naturelle, & ses titres originels, qu'aucune convention n'a falsifiés. Voyons si dans cet état elle cherche à imiter.

Les Sauvages emploient la Musique dans leurs fêtes, qui sont militaires ou funéraires; & leurs chants, ainsi qu'ils les appelent eux-mêmes, sont des chants de joie ou de mort. Quelle idée se faire des accens modulés, par lesquels des hommes féroces se réjouissent d'un triomphe barbare, ou se préparent à une exécution sanguinaire ? Si jamais la Musique a dû peindre, exprimer, c'est dans cette circonstance. Cependant les chants des Sauvages n'ont aucun des caractères dont notre imagination les juge susceptibles ; la mélodie en est douce & gaie plutôt que terrible; &, (ce qu'il faut bien remarquer) le chant de guerre ne diffère pas du chant de mort : l'un n'est ni vif ni bruyant ; l'autre, ni triste ni lent. Ainsi, tandis que l'instinct de l'homme le porte à rendre les premiers essais de la parole imitatifs, il ne fait entrer aucune intention d'imiter dans les premiers essais du chant. Nous croyons cette observation capitale, & l'on se rend aisément raison de la différence de ces deux procédés. On parle pour désigner ce qui frappe nos sens, ou manifester ce qui se passe au-dedans de nous, disposition de l'esprit qui conduit naturellement à peindre ce qu'on veut dire. En chantant, l'intention n'est point du tout la même qu'en parlant ; nous en fournirons plus d'une preuve, selon nous, démonstrative ; aussi le chant se tourne moins vers l'imitation (1).

L'incohérence du chant & des paroles se fait sentir dans les chansons des Nègres qui peuplent nos Colonies. Ils mettent en chant tous les événemens dont ils sont témoins ; mais que l'événement soit heureux ou sinistre, l'air n'en a pas moins le même caractère.

Les Matelots, & en général tous les hom-

---

(1) Quoiqu'on ait observé dans toutes les langues que le choix des mots & des syllabes est souvent figuratif, & qu'il peint les objets désignés par les mots qui les expriment, cette observation dans toutes les langues est souvent en défaut.

mes du peuple & de la campagne, mettent dans leur chant je ne fais quelle inflexion traînée, qui lui donne un caractère de tristesse. Ce caractère n'est senti que par des oreilles musiciennes; le peuple l'ignore, c'est avec gaîté qu'il chante tristement. De même, voyez-le danser; un sérieux froid & immobile est sur tous les visages, tandis que l'agitation des pieds & du corps, tandis que le caractère des chants désigne la joie.

De ces faits réunis & combinés, nous concluons que la Musique, pour ceux qui ne s'en servent que par instinct, n'imite pas, & ne cherche pas à imiter.

CHAPITRE III.
Continuation du même examen.

Donnons au principe que je viens d'établir toute l'extension qu'il peut avoir : portons-le jusqu'à l'exagération. Tous les pas que nous ferons au-delà du vrai, ne feront pas perdus pour nos recherches : sortir ainsi de nos limites, c'est reconnoître les dehors de la place où nous cherchons à nous rendre inaccessibles.

A prendre les mots dans leur signification rigoureuse, le chant ne peut imiter que ce qui chante. Que dis-je ? son pouvoir ne s'étend pas toujours jusques-là. Le ramage des oiseaux ne sauroit jamais être bien rendu par notre Musique, parce qu'elle est asservie aux loix, aux rapports de l'harmonie, & que les oiseaux, mélodistes incorrects, enchaînent leurs sons suivant un ordre que l'harmonie n'avoue pas. Aussi depuis que les Poëtes lyriques appellent les oiseaux au secours de l'Art qu'ils favorisent, cet Art, impuissant dans ses moyens d'imitation, ne s'est pas rapproché d'un pas, de l'objet qu'on lui a si souvent prescrit d'imiter. Plaisant Art d'imitation, s'il rend les choses qui lui sont le plus analogues, de façon que la copie ne ressemble jamais au modèle !

Je ne dois point dissimuler la réponse que M. l'Abbé Morrelet fait à cette difficulté qu'il s'est proposée lui-même ; plus elle est ingénieuse, plus nous nous faisons un devoir de la citer (1).

────────────────────

(1) Le petit écrit où M. l'Abbé Morrelet traite de l'expression musicale, est plein de vues fines & justes : je ne sais si l'on a écrit rien de mieux sur la Musique.

„ Tous les Arts font une espèce de pacte
„ avec l'ame & les sens qu'ils affectent : ce
„ pacte consiste à demander des licences, &
„ à promettre des plaisirs qu'ils ne donne-
„ roient pas sans ces licences heureuses....
„ La Musique prend des licences pareilles :
„ elle demande à cadencer sa marche, à
„ arrondir ses périodes, à soutenir, à forti-
„ fier la voix par l'accompagnement, *qui n'est*
„ *certainement pas dans la nature*. Cela, sans
„ doute, altère la vérité de l'imitation, mais
„ augmente en même-tems sa beauté, &
„ donne à la copie un charme que la nature
„ a refusé à l'original.

„ Rien ne ressemble tant au chant du ros-
„ signol que les sons de ce petit chalumeau
„ que les enfans remplissent d'eau, & que
„ leur souffle fait gazouiller. Quel plaisir
„ nous fait cette imitation ? Aucun. Mais
„ qu'on entende une voix légère, une sym-
„ phonie agréable, qui expriment (moins
„ sensiblement sans doute) le chant du même
„ rossignol, l'oreille & l'ame sont dans le ra-
„ vissement. C'est que les Arts sont quelque
„ chose de plus que l'imitation exacte de la
„ nature „.

Je

Je fens tout ce qu'il y a d'ingénieux & de vrai dans cette réponfe; mais qu'il me foit permis de demander à M. l'Abbé Morrelet, pourquoi la Poéfie, la Peinture, la Sculpture font tenues à nous donner des images fidèles, exactes, reffemblantes des objets qu'elles imitent, & pourquoi la Mufique en eft difpenfée? N'eft-ce pas parce que cet Art eft moins que les autres un Art d'imitation? Le chalumeau des enfans qu'on prendroit pour le roffignol lui-même, ne nous fait aucun plaifir, & la fymphonie légère, qui ne reffemble prefque en rien au chant de l'oifeau, nous flatte & nous ravit: ne réfulte-t-il pas de ces deux faits, que l'imitation a bien peu de part au plaifir que la Mufique procure, & qu'il dépend prefque entièrement du charme de la mélodie?

L'inftinct de l'homme eft prodigieufement imitateur; il fe montre tel dès l'enfance: mais, fi je ne me trompe, l'imitation ne l'amufe beaucoup, qu'autant qu'il y conçoit de la difficulté, & que le fuccès l'étonne: un enfant qui avec fa bouche feule contreferoit le roffignol auffi parfaitement qu'avec e chalumeau, fe feroit écouter avec plus de

D

plaisir & d'intérêt que le chalumeau. C'est donc bien à tort que, dans la théorie des Arts, on affecte de ne compter pour rien la difficulté vaincue ; elle doit être comptée pour beaucoup dans le plaisir que les Arts procurent. La grande impression du sublime naît en partie de la surprise que nous cause une conception très-éloignée de nous. Ce qu'on reconnoît très-aisé, on le goûte foiblement.

Mais, dira-t-on, si la Musique n'est pas l'imitation de la Nature, qu'est-elle donc ? Étrange besoin de l'esprit-humain de se tourmenter par des difficultés qu'il se forge à plaisir, & qu'il ne peut résoudre, parce qu'elles sont vuides de sens ! La Musique est pour l'ouie, ce que sont pour chacun de nos sens, les objets qui les affectent agréablement. Pourquoi donc ne voulez-vous pas que l'oreille ait, ainsi que la vûe & l'odorat, ses jouissances immédiates, ses sensations voluptueuses ? En est-il d'autres pour elle que celles qui résultent des sons harmonieusement combinés ? Est-ce parce qu'il vous a plû de nommer la Musique un Art, que vous prétendez l'asservir à toutes les propriétés des Arts? Hé! savez-vous jusqu'à quel point cette dénomination d'*Art* convient à la Musique? Nous l'examinerons par la suite; maintenant achevons de prouver qu'elle plaît indépendamment de toute imitation.

CHAPITRE IV.

La Musique plaît indépendamment de toute imitation.

Les animaux sont sensibles à la Musique; elle n'a donc pas besoin d'imiter pour plaire; car l'imitation la plus parfaite n'est rien pour l'animal. Présentez-lui son image tracée sur la toile, il n'en est ni touché ni surpris. On ne jouit de l'imitation qu'autant que l'on en conçoit la difficulté : or, cette conception surpasse l'intelligence des animaux.

L'enfant qui se plaît aux chants de sa nourrice, n'y cherche rien d'imitatif : il les goûte comme le lait dont il se nourrit.

Le sauvage, le négre, le matelot, l'homme du peuple, répètent les chansons qui les amusent, sans même en accorder le caractère avec la disposition actuelle de leur ame.

Une main habile qui prélude fur la harpe, ou fur le clavecin, attache les oreilles les plus favantes. L'imitation n'eft pour rien dans la formation d'un prélude.

La Mufique a foulagé, guéri même des perfonnes malades : ce fait eft attefté par l'Académie des Sciences, & j'en ai vu la preuve. Une jeune perfonne, faignée fix fois pour une douleur aiguë à l'œil, oublia pendant deux heures fes fouffrances, en écoutant jouer du clavecin. Eft-ce en vertu de l'imitation qu'un pareil charme s'opère? Un efprit affaiffé par la fouffrance, eft-il en état de jouir d'un plaifir qui exige de la réflexion?

La Mufique agit donc immédiatement fur nos fens; mais l'efprit-humain, intelligence prompte, active, curieufe, réfléchiffante, s'immifce au plaifir des fens : il ne peut en être le fpectateur oifif & indifférent. Quelle part peut-il prendre à des fons qui, n'ayant par eux-mêmes aucune fignification déterminée, n'offrent jamais d'idées nettes & précifes? il y cherche des rapports, des analogies avec divers objets, avec divers effets de la nature. Qu'arrive-t-il? chez les Nations dont l'intelligence eft perfectionnée, la Mufique, jalouse en quelque sorte d'obtenir le suffrage de l'esprit, s'efforce de lui présenter ces rapports, ces analogies qui lui plaisent ; elle imite autant qu'il est en elle, & par l'exprès commandement de l'esprit, qui, l'attirant plus loin que sa fin directe, lui propose l'imitation pour fin secondaire. Mais l'esprit, qui, de son côté, juge de la foiblesse des moyens que la Musique emploie pour parvenir à l'imitation, se rend peu difficile sur ce point. Les moindres analogies, les plus légers rapports lui suffisent. Il appelle cet Art *imitateur*, lorsqu'à peine il imite. Il lui tient compte des efforts qu'il fait pour lui plaire, & se contente de la part qui lui est assignée, dans des plaisirs qui sembloient faits uniquement pour l'oreille.

Lorsqu'on n'est point aveuglé par l'esprit de système, qu'on ne veut en imposer ni à soi, ni aux autres, on ne doit point taire les objections contraires au sentiment que l'on professe. En voici une qui a d'abord intimidé mon opinion.

» Si le plaisir de la Musique est pour » l'oreille ce qu'un beau visage est pour nos » yeux, pourquoi a-t-on plus besoin de rendre

» l'une de ces sensations imitative que l'au-
» tre ? » Aristote, dans ses problêmes, s'est
proposé, en d'autres termes, à peu près la
même difficulté : voici comme il y répond.

» Toute sensation produite par un objet
» sans mouvement, ne peut guères être imi-
» tative, elle ne peut avoir aucune confor-
» mité avec nos actions, nos mœurs, nos
» caractères. Ne faites entendre qu'un son à
» l'oreille, & continuez-en la durée, cette
» sensation morte & inactive ne peindra rien
» à l'esprit. Au contraire, faites succéder
» plusieurs sons l'un à l'autre, ainsi que le
» fait la Musique, leur progression lente ou
» rapide, uniforme ou variée, leur donnera
» un caractère, & les rendra susceptibles
» d'être assimilés à d'autres objets. »

Ainsi un beau visage ne présentant qu'un
même spectacle & un même objet, n'est
susceptible tout au plus que d'être comparé
à un autre objet beau lui-même. Mais faute
de changement & de disparité, il n'induit
pas l'esprit à en faire l'emblême d'actions &
d'effets disparates.

Je veux observer qu'il n'est propre qu'à la
Musique d'enchaîner l'une à l'autre les sen-

fations fucceffives qu'elle nous caufe, de façon qu'elles s'appartiennent & fe modifient : tâchons de rendre ceci plus fenfible. Affectez fucceffivement la vûe, l'odorat, le toucher, par la préfence de divers objets qui fe remplacent; ces fenfations ne fe lieront pas l'une à l'autre, & celle qui ceffe n'influera pas fur celle qui lui fuccède. Mais en Mufique, le ton qu'on n'entend plus, fe lie par le fouvenir avec ceux qui le fuivent; ils font corps enfemble, font les parties d'un même tout ; &, pour dénaturer la phrafe qu'on entend, il ne faudroit quelquefois, que la détacher de celle qui la précède.

CHAPITRE V.

De quelle manière la Mufique produit fes imitations (1).

Nous voici déjà loin du paradoxe que nous paroiffions d'abord vouloir foutenir, que la Mufique manque de moyens propres à l'imi-

---

(1) Ce Chapitre eft un de ceux où nos idées fe trouvent conformes à celles de M. l'Abbé Morrelet.

tation: en retranchant de cette assertion ce qu'il y avoit d'exagéré, nous nous trouvons conduits à l'examen des moyens par lesquels la Musique imite. Elle assimile (autant qu'elle peut) ses bruits à d'autres bruits, ses mouvemens à d'autres mouvemens, & les sensations qu'elle procure, à des sentimens qui leur soient analogues. Cette dernière façon d'imiter sera le sujet d'un autre Chapitre.

L'imitation Musicale n'est sensiblement vraie que lorsqu'elle a des chants pour objet. En Musique on imite avec vérité des fanfares guerrières, des airs de chasse, des chants rustiques, &c. Il ne s'agit que de donner à une mélodie le caractère d'une autre mélodie. L'Art en cela ne souffre aucune violence. En s'éloignant de-là, l'imitation s'affoiblit, en raison de l'insuffisance des moyens que la Musique emploie.

S'agit-il de peindre un ruisseau? Le balancement foible & continué de deux notes voisines l'une de l'autre, fait onduler le chant à peu-près comme l'eau qui s'écoule. Ce rapport, qui se présente le premier à l'esprit, est le seul que l'Art ait saisi jusqu'à présent, & je doute qu'on en découvre jamais de plus frappant. L'intention de peindre un ruisseau, rapproche donc nécessairement tous les Musiciens qui l'ont & qui l'auront, d'une forme mélodique connue & presque usée. La disposition des notes est comme prévue & donnée d'avance. La Mélodie, esclave de cette contrainte, en aura moins de grace & de nouveauté. D'après ce calcul, l'oreille perd à cette peinture, presque tout ce que l'esprit y gagne.

Que l'on joigne à la peinture des ruisseaux, le gazouillement des oiseaux; dans ce cas le Musicien imitateur fait soutenir à la voix & aux instrumens de longues cadences; il y mêle des roulades, quoiqu'il n'y ait pas un oiseau qui fasse rouler son chant. Cette imitation a le double inconvénient d'être, d'une part, très-imparfaite; de l'autre, d'assujétir le Musicien à des formes souvent employées. M. l'Abbé Morelet donne beaucoup d'éloges à l'air Italien dont les paroles sont *se perde l'ussignuolo*. Sans me rappeler distinctement cet air, j'oserois garantir que la partie qui en est la plus agréable, n'est pas celle qui s'efforce d'imiter le chant du rossignol.

Je suppose un Compositeur habile nécessité

par les paroles à peindre l'onde qui murmure, & l'oiseau qui gazouille, oseroit-on le blâmer s'il raisonnoit ainsi ? « Mon Art ne peut rendre avec vérité les effets que mon Poëte en attend : en m'efforçant d'y atteindre, je cours risque de ressembler à tous ceux qui ont essayé le même tableau. La peinture des eaux, des fleurs, des zéphyrs, de la verdure, n'est jugée si lyrique, que parce que la vûe d'un site riant & champêtre, produit sur nos sens une impression douce, & dispose notre ame à un calme heureux. Si donc, m'abstenant d'imiter ce que je ne puis rendre, j'imaginois seulement une mélodie suave & tranquille, telle qu'on desireroit l'entendre lorsqu'on repose sous un ombrage frais, à la vûe des campagnes les plus belles, manquerois-je à mon Poëte & à mon Art ? » Pour peu que cet Artiste raisonneur fût homme de génie, qu'il fût exécuter un tel plan, je ne sais pas ce que les Partisans de l'imitation auroient à lui reprocher.

L'air se couvre de nuages, les vents sifflent, le tonnerre prolonge ses longs retentissemens d'un bout de l'horison à l'autre..... Que la

Musique est foible pour peindre de tels effets, sur-tout si le Musicien s'attache à les détailler, & y met la prétention d'une peinture ressemblante ! Ici une fusée de notes montantes ou descendantes, exprimera ou l'éclair, ou l'effort du vent, ou l'éclat du tonnerre; car il a le choix entre tous ces effets; le même trait pittoresque leur appartient & leur convient également. Eh ! supprimez tous ces tableaux de détail qui ne peignent rien : peignez en masse. Que le fracas, le tumulte, le désordre de la symphonie peignent le désordre & le bruit de la tempête, & surtout que la mélodie soit telle qu'on ne puisse pas dire : *tout ceci n'est que du bruit sans expression, ni caractère.*

J'assistois un jour sur le boulevard à un Concert nocturne ; l'Orchestre étoit nombreux & très-bruyant. On exécuta l'ouverture de Pigmalion. Le tems étoit disposé à l'orage. Au *fortissime* de la reprise on entendit un coup de tonnerre. Tout le monde, ainsi que moi, sentit un rapport merveilleux entre la symphonie & le météore qui grondoit dans les cieux. Rameau se trouva dans ce moment avoir fait un tableau dont, ni lui, ni personne, n'avoit soupçonné l'intention ni la ressemblance. Artistes Musiciens, qui réfléchissez sur votre Art, cet exemple ne vous apprend-t-il rien?

Il est un effet dans la nature que la Musique rend avec assez de vérité, c'est le mugissement des vagues en courroux. Beaucoup de basses jouant à l'unisson, & faisant rouler la mélodie comme des flots qui s'élèvent & retombent, forment un bruit semblable à celui d'une mer agitée. Nous avons tous entendu autrefois une symphonie où l'Auteur, sans intention pittoresque, avoit placé cet unisson. L'effet imitatif en fut si généralement senti, que cette symphonie fut appelée *la tempête*, quoiqu'il n'y eût rien d'ailleurs qui pût justifier cette dénomination. D'après de tels faits, ne seroit-on pas en droit d'appeler la Musique, *l'Art de peindre sans qu'on s'en doute?*

Parlons d'une autre imitation, de celle qui peint à l'un de nos sens, ce qui est soumis à un autre sens, comme lorsque le son imite la lumière.

Tout le monde sait l'histoire de l'aveugle-né, à qui l'on présentoit un tableau, dans lequel on voyoit des hommes, des arbres, des troupeaux. L'aveugle incrédule promenoit soigneusement sa main sur toutes les parties de la toile, & n'y trouvant qu'une surface plane, ne pouvoit y supposer la représentation de tant d'objets différens. Cet exemple démontre qu'un sens n'est point juge de ce qu'un autre sens éprouve. Aussi, n'est-ce pas à l'oreille proprement que l'on peint en Musique ce qui frappe les yeux : c'est à l'esprit, qui, placé entre ces deux sens, combine & compare leurs sensations.

Dites au Musicien de peindre la lumière prise abstractivement, il confessera l'impuissance de son Art. Dites-lui de peindre le lever du jour ; il sentira que le contraste des sons clairs & perçans, mis en opposition avec des sons sourds & voilés, peut ressembler au contraste de la lumière & des ténèbres. De ce point de comparaison, il fait son moyen d'imitation : mais que peint-il en effet ? non pas le jour & la nuit, mais un contraste seulement, & un contraste quelconque : le premier que l'on voudra imaginer, sera tout aussi bien exprimé par la même musique, que celui de la lumière & des ombres.

Ne craignons pas de le répéter pour l'inſtruction des Artiſtes; le Muſicien qui produit de tels tableaux, ne fait rien s'il ne les produit avec des chants heureux. Peindre n'eſt que le ſecond de ſes devoirs; chanter eſt le premier : s'il n'y ſatisfait pas, quel ſera ſon mérite ? Par le foible de ſon Art, il peint imparfaitement; par le foible de ſon talent, il manque aux principales fonctions de ſon Art.

Comment la Muſique peint-elle ce qui frappe les yeux, tandis que la peinture n'eſſaye pas même de rendre ce qui eſt du reſſort de l'ouie ? La peinture eſt tenue par eſſence à imiter, & fidellement; ſi elle n'imite pas, elle n'eſt plus rien. Ne parlant qu'aux yeux, elle ne peut imiter que ce qui frappe la vûe. La Muſique au contraire plaît ſans imitation, par les ſenſations qu'elle procure : les tableaux étant toujours imparfaits, & conſiſtant quelquefois dans une ſimple & foible analogie avec l'objet qu'elle veut peindre, de tels rapports ſe multiplient aiſément. En un mot, la peinture n'imite que ce qui lui est propre, parce qu'elle doit imiter rigoureusement : la Musique peut tout peindre, parce qu'elle peint tout d'une manière imparfaite.

CHAPITRE VI.

Quels sont les avantages & les désavantages qui résultent de l'intention de peindre & d'imiter en Musique.

L'AVANTAGE essentiel, & presque unique, de l'imitation jointe à la Musique, est d'unir à des situations intéressantes, cet Art qui leur prête un nouvel intérêt, & qui en reçoit lui-même un nouveau charme. Ici les exemples instruiront mieux que les raisonnemens.

Cette symphonie dont j'ai fait mention tout-à-l'heure, & qui sembloit faire gronder la mer en courroux, entendue au Concert, n'a jamais excité que le sourire de l'esprit, étonné d'un effet imitatif qu'il n'attendoit pas. Cette symphonie entendue au Théâtre, & liée à la situation de la jeune Héro, attendant son Amant dans la nuit sur les rives de l'Hellespont, deviendroit une scène tragique.

C'est ainsi que l'ouverture d'Iphigénie en Tauride, annonce & commence un spectacle majestueux & terrible. Le Spectateur, frappé par tous les sens à la fois, entend & voit la tempête; le trouble & l'intérêt pénètrent dans son ame par toutes les routes qui peuvent y conduire. A l'une des répétitions de cet Ouvrage, on proposa de faire taire la machine qui imite le tonnerre, afin que la Musique fût plus entendue : c'étoit préférer l'illusion à la vérité même ; & les Musiciens opinoient pour que cela fût ainsi; mais la vérité du spectacle, & l'intérêt général ont prévalu.

L'ouverture de Pigmalion, digne d'être par-tout applaudie, le seroit avec bien plus d'enthousiasme, si elle participoit à l'intérêt d'une situation qui lui fût convenablement unie. Le hasard nous a révélé l'analogie de quelques traits de cette ouverture avec les éclats du tonnerre : hé bien ! que durant cette symphonie, un malheureux, menacé de la foudre, erre à grands pas sur le Théâtre, pour échapper au courroux céleste qui le poursuit, la Musique recevra de la situation un intérêt qu'elle lui rendra ; & s'animant

toutes

toutes deux, elles vivront l'une par l'autre.

Transportez la Musique hors de la scène, elle gagnera moins à se rendre imitative: à peine, dans quelques airs, dans quelques monologues exécutés au Concert, l'intérêt de la situation percera-t-il : dénué de tout ce qui le fonde, le prépare, l'anime & l'échauffe, cet intérêt se refroidit comme le fer embrasé lorsqu'on l'éloigne de la fournaise : le dirai-je ? Hors du Théâtre, le seul avantage peut-être de la Musique qui a des paroles, sur celle qui n'en a point, c'est que l'une aide la foible intelligence des demi-connoisseurs & des ignorans, en fixant le caractère de chaque morceau, en leur en indiquant le sens, qu'ils ne concevroient pas sans ce secours; tandis que la Musique purement instrumentale laisse leur esprit en suspens, & dans l'inquiétude sur la signification de ce qu'ils entendent. Plus on a l'oreille exercée, sensible, & douée de l'instinct musical, plus on se passe aisément de paroles, même lorsque la voix chante ; nul des Symphonistes qui exécutent dans un Orchestre de Concert, n'entend les paroles que prononce le Chanteur ; & nul cependant n'est

E

si fortement ému du chant d'un homme habile. Je me persuade que si quelqu'un vouloit expliquer à ces Musiciens-symphonistes ce que le Chanteur a voulu dire, ils prendroient leur instrument, & répétant la partie vocale, *voilà ce que le Chanteur a dit*, répondroient-ils.

Mais comment expliquer cet abus si grand, si général, de vouloir qu'à tout air facile & chantant, on ajoute des paroles, fussent-elles petites, maniérées, spiritualisées ; fût-ce de froids madrigaux, ou des lieux communs usés jusqu'au dégoût : n'importe, on croit servir la mélodie en la revêtant de ces guipures messéantes : critiquer cet abus, ce seroit ne rien faire ; il vaut mieux en rechercher la cause, peut-être en est-elle l'excuse.

Nul instrument sans doute ne plaît tant à notre oreille que la voix humaine : c'est celui qu'en général le plus grand nombre préfère ; & l'on n'admet pas que l'organe humain, accoutumé à prononcer des mots, se borne, même en chantant, à ne proférer que des sons : de-là naît vraisemblablement notre indulgence pour toutes ces paroles si peu *chantables*, & qu'on se plaît à chanter. Le vuide

& le ridicule de ces sottises peu lyriques, sont comme rachetés par le mérite qu'elles ont, d'approprier à la voix humaine ce qui sans elles n'y seroit pas propre. Nous faisons grace aux mots, en faveur de l'instrument qui les prononce. A peine ces chansons sans caractère & sans expression, méritent-elles d'être citées comme Musique imitative; c'est au sujet de l'imitation cependant que nous en avons parlé. Nous avons exposé les avantages de l'imitation jointe à la Musique; exposons les inconvéniens, malheureusement trop communs, qui résultent de l'intention de peindre & d'imiter par les sons.

Ces inconvéniens n'existeroient pas si le but direct de la Musique étoit d'imiter. Tout Musicien qui tendroit à l'imitation, feroit tendre l'Art à sa fin naturelle, & ne courroit aucun risque de s'égarer ; mais l'imitation n'étant que l'accessoire, & non le principal, l'essentiel de l'Art, il est à craindre qu'en s'en occupant trop, on ne néglige ce qui étoit de nécessité première. Nous avons déjà vu combien la peinture de divers effets naturels, borne & contraint les procédés de la mélodie : que l'on n'en doute pas, hors du théâtre, (où d'autres arts complettent l'imitation, où l'intérêt de la situation en seconde l'effet) on ne soutiendroit pas long-tems ces tableaux informes, qui ne peignent rien avec autant de vérité, que les efforts de la mélodie, pour exprimer ce qu'elle ne peut rendre. Que seroit-ce qu'un Concert, où l'on voudroit sans cesse présenter à l'Auditeur des tableaux différens, fussent-ils même désignés par des paroles ? Je me trompe fort, ou l'Auditeur, lassé de cet optique musical, demanderoit qu'on parlât un peu moins à ses yeux, & plus agréablement à ses oreilles. Terminons ce Chapitre par quelques exemples qui servent à démontrer que l'imitation dans l'Art n'est nécessairement que secondaire.

L'ouverture de Pigmalion, composée sans aucune intention pittoresque, devient un tableau par le seul effet de sa mélodie. L'ouverture d'Acante & Céphise, où l'on a peint des fusées, un feu d'artifice, des cris de *vive le Roi*, est un morceau sans effet, qui ne peint ni ne chante. L'ouverture de Naïs, durant laquelle les Titans escaladent les Cieux, ne cherche à peindre ni les rochers qui s'élèvent, ni ceux qui retombent, &c. Elle chante d'une manière âpre & vigoureuse, & le morceau produit de l'effet. Mondonville, dans un de ses Motets, veut décrire le tour journalier du Soleil : il fait chanter deux fois au Chœur la gamme complette à deux octaves différentes, en montant & en descendant ; ce qui promène circulairement la mélodie, & la ramène au point d'où elle étoit partie : dans *Tithon*, le même Compositeur, pour peindre le lever de l'aurore, fait procéder graduellement tout son Orchestre du grave à l'aigu, & il maintient à la fin les instrumens planans dans le haut du diapazon. Voilà deux tableaux aussi parfaits, aussi ressemblans que la Musique puisse en produire : pourquoi ces deux morceaux restent-ils sans effet & sans réputation ? Dans le superbe duo de Sylvain, (production de M. Grétri, qui, ainsi que tant d'autres du même Auteur, ne le cède, selon nous, à aucun Chef-d'œuvre de l'Italie) je vois le même chant appliqué à ces paroles contradictoires l'une à l'autre: *je crains -- j'espère -- qu'un Juge -- qu'un père*, &c. Les partisans les plus déclarés de l'imitation, applaudissent pourtant à ce duo magnifique : tant la mélodie exerce en Musique un empire irréfiftible ; tant la plupart de ceux qui raifonnent fur cet Art, en ont mal analyfé les moyens, & fe rendent peu compte des véritables caufes de leurs plaifirs.

Une dernière conféquence qu'on ne peut s'empêcher de déduire de ce que nous venons d'avancer, c'eft que les Ouvrages de M. Gluck, s'ils n'étoient pas remplis d'une mélodie neuve, touchante & variée, n'auroient jamais produit l'effet que nous leur voyons produire.

CHAPITRE VII.

Le Chant n'eft pas une imitation de la parole.

LA PEINTURE des effets foumis à nos fens, s'appelle *imitation* ; la peinture de nos fentimens s'appelle *expreffion* ; c'eft de celle-là que nous allons parler préfentement. Avant tout, nous avons à combattre une erreur affez généralement établie, & de laquelle il naît une foule d'erreurs ; c'eft que le chant foit une imitation de la parole ; ou, pour nous expliquer encore avec plus de clarté, que l'homme qui chante, doive s'efforcer d'imiter celui qui parle. Que l'on nous pardonne si nous nous étendons un peu dans le développement de notre opinion sur ce point; nous avons à lutter contre la force d'un préjugé dont nous croyons la multitude imbue; d'un préjugé que des Philosophes & des hommes de génie ont admis & répandu.

Pour que le chant fût une imitation de la parole, il faudroit que dans son institution il lui fût postérieur; mais, qu'on y prenne garde, il l'a nécessairement devancée.

L'usage de la parole suppose une langue établie : mais que ne suppose pas l'établissement d'une langue? Je ne répéterai pas ce que les meilleurs Métaphysiciens ont écrit à ce sujet. Je ne marquerai point les degrés lents & successifs, par lesquels l'homme a dû passer, des simples cris du besoin à quelques sons imitatifs, & de ces sons à quelques mots qui leur ressemblassent. Pour l'observer en passant, cette formation des langues, vraisemblable à quelques égards, à quelques autres, manque de vraisemblance. Si toutes les langues étoient dérivées de l'imitation des objets & des effets naturels, elles devroient avoir toutes puisé dans cette commune origine, dès ressemblances & un caractère d'uniformité qu'elles n'ont pas. Dans toutes les langues, les mots qui expriment *la mer*, *un fleuve*, *un torrent*, *un ruisseau*, *le vent*, *la foudre*, &c. devroient être à-peu-près les mêmes, puisqu'ils auroient tous été institués & choisis pour imiter les mêmes choses. Que l'on compare les mots Grecs qui correspondent à ceux que nous venons de citer, on trouvera qu'ils n'ont rien de commun. Revenons à notre sujet. J'admets ce que M. Rousseau de Genève a écrit sur l'origine des Langues; *elle est*, dit-il, *si difficile à expliquer, que sans le secours d'une Langue établie, on ne conçoit pas comment il a pu s'en établir une* (1). L'origine du chant ne nous offre point ces difficultés; M. Rousseau lui-même paroît l'avoir senti. Il nous peint l'homme sauvage, isolé dans les bois, *s'appuyant contre un arbre, & s'amusant à souffler dans une mauvaise flûte, sans jamais savoir en tirer un seul ton*. Ce que le Sauvage ne sauroit faire avec sa flûte, il le fait sans peine avec sa voix : l'organe lui fournit

---

(1) Notes sur l'égalité des Conditions.

les sons; & l'instinct, dont nous avons reconnu que l'animal, l'enfant & le sauvage sont doués, cet instinct musical lui indique l'ordre dans lequel il doit arranger les sons qu'il profère.

Quand nous supposerions que l'homme n'a chanté qu'après avoir appris à parler, (ce qui ne peut s'admettre) encore faudroit-il qu'il eût essayé sa voix, son instinct mélodique, & formé quelques chants, avant de songer à unir le chant & la parole : ainsi, dans tout état de cause, l'un subsiste indépendamment de l'autre, & la Musique instrumentale a nécessairement devancé la vocale; car lorsque la voix chante sans paroles, elle n'est plus qu'un instrument. Tous les Philosophes, jusqu'à présent, ont regardé le vocal comme antérieur à l'instrumental ; parce qu'ils ont regardé la parole comme la mère du chant; idée que nous croyons absolument fausse.

Les procédés de l'une & de l'autre diffèrent entièrement. Le chant n'admet que des intervalles appréciables à l'oreille & au calcul; les intervalles de la parole ne peuvent ni s'apprécier, ni se calculer. Cela est vrai pour les Langues anciennes, comme pour les modernes. Ouvrez Ariftoxène, dans fes Élémens harmoniques ; voyez le Commentaire de Porphyre fur Ptolémée ; interrogez tous les Muficiens Grecs ; lifez Cicéron, Quintilien, &c. Tous ont dit : « la parole erre confufé-» ment fur des dégrés que l'on ne peut efti-» mer ; la Mufique a tous fes intervalles éva-» lués & connus. » Je fais que Denis d'Halicarnaffe fixe à l'intervalle de la quinte, l'intonation des accens grecs. Nous tâcherons ailleurs d'expliquer ce paffage ; qu'il nous fuffife ici d'annoncer que ce même Denis d'Halicarnaffe, nous a tranfmis le chant noté de quelques vers d'Euripide, & qu'il fpécifie que ce chant contredit formellement l'intonation profodique. Ainfi, chez les Grecs mêmes, chez ce peuple dont le langage, nous dit-on, étoit une mufique, le chant différoit encore entièrement de la parole. Non-feulement l'appréciabilité des intervalles diftingue le chant d'un autre langage, mais les trilles ou cadences, les prolations ou roulades, les tenues de plufieurs mefures, l'ufage des refrains ou rondeaux, le retour des mêmes phrafes & dans le mode principal, & dans les modes acceffoires, la co-exiftence

CONSIDÉRÉE EN ELLE-MÊME. 75

harmonique des sons, &c. &c. &c. tous les procédés du chant, enfin, s'éloignent de ceux de la parole, & souvent les contredisent. Ils n'ont de commun que l'organe auquel ils appartiennent.

Quoi ! l'accent oratoire bien imité, est, selon quelques Philosophes, une des principales sources de l'expression en Musique ; & Quintilien, dont la langue est, selon eux, si musicale, défend à l'Orateur de parler comme l'on chante !

M. Rousseau recommande à l'Artiste Musicien d'étudier l'accent grammatical, l'accent oratoire ou passionné, l'accent dialectique, & d'y joindre ensuite l'accent musical. Je crains bien que l'Artiste qui se dévoueroit à ces études préliminaires, n'eût pas le tems d'arriver jusqu'à celle de son Art. Quel est le Musicien qui s'est rendu Grammairien, Orateur, Acteur tragique & comique, avant d'adapter ses chants à des paroles ?

Si l'expression musicale est liée à l'expression prosodique de la langue, il ne peut y avoir pour nous de Musique expressive sur des paroles latines : car nous ignorons la prosodie des Latins. Que devient dès-lors l'expression du *Stabat*, Ouvrage d'un Muſicien qui prononçoit le latin autrement que nous ? Comment cet Arménien, que M. Rouſſeau vit dans l'Italie, goûta-t-il, dès la première fois, la Muſique de ce pays, dont il ignoroit la langue ?

L'Italie fourmille depuis long-tems de Compoſiteurs célèbres; elle cite peu d'Acteurs d'un talent très-diſtingué. En France, nous excellons dans la déclamation, de l'aveu même des Étrangers; & la première leçon que nous donnons à nos Acteurs, c'eſt de ne pas chanter : comment conſeillerions-nous à nos Muſiciens d'imiter nos Acteurs ? Cela implique contradiction.

Que dirons-nous de la Muſique inſtrumentale ? Ce ſyſtême lui ôte toute expreſſion, puiſque l'inſtrument n'a rien de commun avec la langue. Quoi! la ritournelle du *Stabat* eſt ſans expreſſion ! Quoi ! des tambourins, des allemandes n'ont pas l'expreſſion de la gaieté !

La partie la moins muſicale de la Muſique, eſt le ſimple récitatif, qui tend à ſe rapprocher de la parole. C'eſt-là que le chant dépouille tous les agrémens mélodiques, cadences, ports de voix, petites notes suspendues, longues tenues ; enfin, il n'y a pas jusqu'à la mesure qui, dans le récitatif de dialogue, devient incertaine & flottante. Malgré ce dépouillement du chant, réduit seulement à des intonations fixes & musicales, par cette seule propriété, le récitatif diffère essentiellement de la parole ; il comporte partout une basse, & la parole n'en comporte jamais.

Voulez-vous concevoir mieux encore combien est faux le principe *que le mérite du chant est de ressembler au discours* ; voyez combien M. Rousseau s'est embarrassé, & même égaré, en voulant l'établir. « Ce qu'on cherche à
» rendre par la mélodie, dit-il, c'est le ton
» dont s'expriment les sentimens qu'on veut
» représenter : & l'on doit bien se garder
» d'imiter en cela la déclamation théâtrale,
» qui n'est elle-même qu'une imitation, mais
» la voix de la nature parlant sans affectation
» & sans art. »

Qu'est-ce à dire ? Comment ! un Musicien qui veut mettre en Musique les plus beaux airs de Métastase, ne doit pas imiter la déclamation qu'y mettroit un excellent Acteur, mais le ton simple & familier de la conversation! Mais, les paroles de ces airs ne sont pas susceptibles d'un ton simple & familier: comme il est impossible que, dans une conversation ordinaire, personne jamais profère *d'impromptu* des vers tels que ceux de Métastase, il n'y a point de ton simple & familier qui puisse s'appliquer à ces vers : ne le cherchez pas ; ce ton n'existe point. Qu'est-ce que la belle & parfaite déclamation ? C'est le ton le plus vrai que l'on puisse (suivant les genres différens) donner au discours que l'on prononce. Si le style est soigné, recherché, élégant, élevé, sublime, la déclamation doit en prendre le niveau, & s'éloigner elle-même du ton familier & populaire. Si donc la Musique des Opéras devoit imiter la parole, ce seroit à la déclamation de ces Opéras qu'elle devroit se conformer. Dans ce cas, chaque Tragédie de Métastase n'eût pas été mise en Musique de vingt façons différentes ; car je ne pense pas qu'il y ait vingt façons de déclamer la même chose. Prenez l'air d'Alceste, *je n'ai jamais chéri la vie;* prenez celui de Roland, *je vivrai, si c'est votre envie;* donnez-les à déclamer à l'Acteur le plus intelligent

& le plus sensible, vous reconnoîtrez si les procédés de sa voix se rapprochent de ceux des deux Compositeurs.

CHAPITRE VIII.

Corollaire important du Chapitre précédent (1).

UN Inconnu vint à moi l'autre jour, & m'attaquant sur le Chapitre qu'on vient de lire, il me reprocha d'avoir perdu bien du tems, *bien de la raison*, disoit-il, à combattre une opinion qui n'exista jamais, celle qui asservit les inflexions du chant aux inflexions de la parole. Je m'étonnois de ce qu'un homme qui paroissoit avoir lû mon Ouvrage, n'y avoit pas vû que le sentiment contre lequel je m'étois élevé, étoit celui de plusieurs Philosophes, & particulièrement de M. Rousseau. Bientôt mon étonnement s'accrût encore, lorsque le même Interlocuteur, développant ses idées, en mit au jour une qui me parut contradictoire avec la première. Voici comme il s'exprima. « Il manque à votre » Ouvrage un Chapitre essentiel, celui qui

(1) Ce Chapitre n'étoit pas dans la première édition.

» traiteroit des différences du chant parmi
» les Nations, & des caufes de ces différen-
» ces : j'ai vû l'Allemagne, l'Italie, la France;
» on n'y parle, on n'y chante pas de la même
» façon. La joie, l'amour, la colère chez l'un
» de ces Peuples, ne s'énonce pas comme
» chez l'autre ; auffi leur expreffion muficale
» differe-t-elle ». — Monfieur, répondis-je,
vous m'aviez flatté d'abord d'une conformité
parfaite entre votre opinion & la mienne ;
voilà que d'un mot vous m'enlevez cette joie
trompeufe & paffagère. La différence de
l'accent muſical dans un pays & dans un
autre, vous paroît une conféquence naturelle, de la différente façon d'énoncer &
d'exprimer les paffions. Je crains bien que
cette affertion ne faffe rentrer le chant fous
la dépendance de la parole; dès-lors, le Chapitre où j'établis le contraire n'eſt pas fuper-
flu, ainfi que vous l'avanciez d'abord, il eſt
infuffifant : au lieu de le fupprimer, je ne
dois fonger qu'à l'étendre. Daignez m'écouter, Monfieur, & me répondre ; le Chapitre
que vous defirez va fe trouver fait, & vous y
contribuerez autant que moi-même.

Je pourrois, Monfieur, employer contre
vous

vous l'arme Socratique, vous adreſſer l'innocente dériſion d'une queſtion purement ironique. A quels ſignes diagnoſtics, s'il vous plaît, diſtinguez-vous les paſſions d'une contrée, de celles d'une autre? Environné d'hommes furieux, pris de toutes les nations, & dont la fureur vous menaceroit, croiriez-vous pouvoir noter d'un trait diſtinctif & patriotique les ſymptômes de leur colère? Mais j'abuſe de votre attention en m'arrêtant à ce vain badinage.

L'Italien, le François, l'Allemand, ſelon vous, ne chantent pas de la même manière: dites plus; à trente ans de diſtance, le même peuple ne chante plus comme il chantoit auparavant: je ne vous ſoupçonne point de révoquer en doute cette vérité, dont la preuve ſe trouve également en France, en Italie & en Allemagne. Pour que l'on puiſſe raiſonnablement attribuer à la langue, la cauſe de ces changemens, il faut reconnoître que la langue elle-même varie, aux mêmes époques, & d'une manière analogue à celle du chant: premier point à vérifier. 2°. Si l'idiôme produit les variations du chant, des idiômes différens doivent produire des

F

variations différentes. 3°. Ce qui arrive à la musique purement instrumentale, ne dispense-t-il pas d'attribuer à la langue, les révolutions de la musique vocale?

Le Florentin Lulli, quittant sa patrie pour la nôtre, nous apporta le chant Italien, qui, tout simple, tout circonspect & timide qu'il étoit alors, blessa nos oreilles par son audacieuse nouveauté, & bientôt naturalisé parmi nous, fut regardé comme un attribut nécessaire de notre idiôme, comme une plante native de notre sol. Idée bizarre, lorsque j'y pense! le chant tirant ses caractères distinctifs de la langue, & le langage Italien produisant l'espèce de chant qui nous est spécialement propre! Telles sont pourtant les conséquences d'un principe assez généralement accrédité.

J'ai vu le chant Italien plus près de sa source, plus François encore qu'il ne l'est dans Lulli. En 1634, Landi composa un Opéra dont le Cardinal Barberin avoit fait les paroles, & dont le sujet est *Saint Alexis*. Le récitatif en est sans mélodie, & les airs se distinguent à peine du récitatif. La mesure en est incertaine & changeante, le tour de chant n'a pas même ces graces simples & naïves que l'on trouve dans nos vieilles chansons. La langue Italienne cependant avoit acquis, à cette époque, de la grace, de la force, de la douceur. Au défaut des ouvrages des grands Maîtres, nous en tirerions la preuve de l'ouvrage même que je cite. Voici de quelle manière s'exprime un Démon sorti de l'Enfer pour tenter Alexis.

>Alla notte profonda
>Ove Correndo, il torbid' Acheronte
>Unisce con terror la fiamma è ' l'onda;
>Pur hoggi ergo la fronte
>A Cenni mosso del tartareo duce
>Mal mio grado a mirar l'avversa luce.

A ces vers seuls, on reconnoît que l'Italien s'étoit déjà poli sous la lime des grands Maîtres. Cette langue, régénérée du Latin, brilloit de toute sa splendeur nouvelle. Comment, depuis deux cents ans que Pétrarque l'avoit perfectionnée, n'avoit-elle point agi sur le chant pour en assortir les caractères au sien propre, & pour l'associer à sa perfection ? Comment cet idiôme, si éloigné du François, supportoit-il, que dis-je, engendroit-il une mélodie purement Françoise ?

Ce que nous difons des Italiens s'applique à nous-mêmes. Malherbe & Balzac découvrent (pour me conformer aux idées reçues) le véritable génie de notre langue. Lancés fur les traces de ces deux Précurfeurs, les Écrivains du fiècle de Louis XIV achèvent ce qu'avant eux on a commencé. Groffie à la fois par mille fources confluentes, notre langue acquiert en même tems le nombre & l'élégance, la précifion, la force & la douceur ; & le chant refté dans un état d'inertie, ne participe en rien à ces améliorations ! la caufe eft en mouvement, l'effet refte immobile ! rien ne démontre mieux l'indépendance du chant & de la parole. Nous pouvons accumuler les preuves de cette vérité.

Si l'idiôme produit les révolutions du chant, différens idiômes doivent produire des révolutions différentes : le contraire arrive. La vieille Mufique Italienne fut la même que la vieille Mufique Françoife ; & la Mufique Françoife moderne eft précifément la même que la moderne Italienne. Handel, comparé à fes fuccefleurs, nous offre le même ordre de révolutions, propre à la

Musique Allemande comme aux deux autres. Handel, transporté en Angleterre, y fut naturalisé par l'habitude; mais sa mélodie n'y ressentit point les influences de la langue.

Eh quoi! nous nous tourmentons l'esprit pour établir l'indépendance de la Musique & des idiômes! Recourons au chant instrumental; il n'a rien à démêler avec la langue, & ses procédés varient, comme ceux du chant vocal, à des époques différentes. *Michele, Vivaldi, Corelli, Tartini, Pugnani*, ont fait éprouver à la Musique les mêmes révolutions que les Compositeurs qui moduloient des paroles. L'Art, de lui-même, se meut donc, s'accroît, se développe, comme la plante travaillée par la sève qu'elle renferme. Il n'a besoin que de circonstances qui favorisent son développement.

La Musique chez les Grecs eut la même destinée que parmi nous: simple dans les commencemens, grave & austère, ce ne fut presque qu'une récitation mélodique. Par degrés elle amollit ses inflexions, elle conduisit le chant par des degrés d'intonation plus heureusement rapprochés, plus curieusement assortis. Elle varia, elle précipita ses mouvemens, & d'esclave de la parole qu'elle étoit, elle en devint l'absolue souveraine, & peut-être le tyran orgueilleux.

Cet ordre de révolutions dans tous les tems, dans tous les lieux, nous semble inévitable ; il tient à la nature même de l'Art, & il en dérive. A quoi donc pensoient les Philosophes Grecs, lorsqu'ils imposoient à cet Art des loix qu'il ne peut reconnoître, lorsqu'ils vouloient en borner les progrès, pour en prévenir les abus réels ou prétendus ? Tout ce que pourroit tenter une philosophie bien entendue, ce seroit (à l'aide des paroles, à l'aide de grands & magnifiques spectacles) de diriger habituellement vers une fin honnête, les émotions que la Musique procure ; mais la restreindre à un petit nombre de sons, interdire à ces sons les plus heureux rapprochemens, les plus douces combinaisons ; c'est, d'une part, vouloir dépraver l'Art pour le rendre utile ; de l'autre, c'est lutter contre sa propre nature qui en dirige la marche & les progrès ; c'est dire à la plante qui croît & s'étend dans un sens vertical, de suivre une direction contraire ; c'est commander aux eaux de contredire leur pente naturelle, &

de rebrouffer leur cours vers le sommet des montagnes.

Ainsi j'entretenois l'Inconnu qui m'écoutoit, & attendoit de moi de nouveaux éclaircissemens. Est-il bien reconnu, Monsieur, repris-je aussi-tôt, qu'il y ait trois sortes de Musique différentes, l'Allemande, l'Italienne, la Françoise ? Ne pourroient-elles pas toutes trois se réduire à une seule ? Recherchons les signes de distinction qui les caractérisent, & voyons si l'on peut indiquer quelques causes vraisemblables de ces différences.

Peut-être est-il moins facile qu'on ne pense d'assigner le caractère distinctif du chant des différentes Nations. L'Italie, par une suite de cette domination qu'elle a long-tems exercée sur les Arts, a donné le ton au reste de l'Europe, à-peu-près comme un peuple conquérant porte dans les pays de conquête ses loix & ses usages : peut-être aussi la Musique doit-elle suivre par-tout les mêmes degrés de développement : quoi qu'il en soit, je propose au Connoisseur le plus habile, comme une épreuve délicate, & peut-être impossible à soutenir, le soin de reconnoître

F iv

à chaque air qu'on lui fera entendre, la patrie de celui qui l'a composé. Que d'airs de Philidor & de Grétri, si on ne les eût entendus qu'avec des paroles Italiennes, eussent été jugés étrangers au sol qui les vit naître ! Cependant, me dira-t-on, lorsqu'on entend chanter un Italien & un François, la disparité des deux idiômes de Musique se fait assez sentir. Oui, l'Italien, soit en grossissant le son, soit en aspirant davantage, met dans son chant une sorte d'exagération qui nous déplaît. Il est sur-tout une pratique introduite dans le chant Italien qui le rend dissemblable du nôtre. Elle consiste à frapper d'abord l'octave inférieure du son que l'on doit faire entendre ; & ce degré inférieur est comme un point de repoussement qui rejette la voix sur le degré où elle doit s'arrêter. Cette pratique nous semble défavorable au chant, & nous la regardons comme l'unique cause du dégoût que nos oreilles Françoises ont pour le chant ultramontain. Je me souviens d'avoir entendu, il y a vingt ans, à la Comédie Italienne, Mademoiselle Piccinelli chanter l'air *Voi Amanti*. De tout côté les murmures des Spectateurs s'élevoient contre cette Musique, barbare, disoit-on, ou du moins contraire à notre goût national. Quelqu'un s'avisa très-ingénument d'habiller avec des paroles Françoises ce chant qui répugnoit à des François. Transmis à nos organes, à l'aide de cette traduction, & rendu avec une articulation moins forte, il devint tout-à-coup un de nos chants familiers & populaires. Dès lors on étoit en droit de douter, qu'il eût pu se prêter jamais à l'idiôme Italien.

J'ai entendu dire souvent que M. Piccini, en composant l'Opéra de Roland, avoit abjuré son goût national pour le nôtre. Croira-t-on que l'on ait pu concevoir une idée si fausse & si invraisemblable ? Quoi ! M. Piccini, tout chargé de la gloire de sa Nation & de la sienne propre, seroit venu soumettre son Art & son expérience à notre goût ? S'il avoit pu le vouloir, il n'auroit pas pu l'exécuter : ce n'est pas après trente ans d'exercice qu'on réforme le tour de ses idées, & que l'on se fait une manière nouvelle. Mais quoi ! à peine Roland fut composé, qu'il se trouva des François dignes de le chanter à la première vûe. L'Auteur se loua de leur exécution, les Italiens y applaudirent. Voilà donc la Musique de l'Italie devenue tout-à-coup propre à des Artistes François, & leur manière plus sobre, plus mitigée que celle des Italiens, conserve tout son charme à cette Musique réputée étrangère.

Je m'apperçus, à l'air dont l'Inconnu m'écoutoit, que j'avois produit sur lui quelque effet de persuasion, & que son opinion obéissoit à la mienne. C'est alors que, diminuant de mes avantages, je voulus moi-même me rapprocher de son sentiment.

Monsieur, repris-je, quel que soit le résultat de mes preuves, vous ne vous trompiez pas entièrement, & la Musique des différentes Nations a en effet je ne sais quel caractère qui la distingue. Ce trait physionomique se manifeste principalement dans les chants familiers, & dans les danses de chaque pays. L'*Allemande*, l'*Angloise*, le *Fandango* Espagnol, la *Polonoise*, les *Gavottes*, les *Tambourins*, &c. sont comme les échantillons du goût musical de chaque Contrée, de chaque Province.

S'agit-il de désigner le trait caractéristique de quelques Nations dans leur Musique?

l'Allemand, qui n'a pas poli son goût par le commerce des autres Nations, marque ses chants d'une sorte d'aspérité, qui dégénère quelquefois en rudesse. L'Italien, à l'abri de ce reproche, n'échappe pas à celui d'une langueur molle & traînante, dont l'effet trop continu, détend nos fibres, relâche tous nos ressorts, & nous conduit à un calme assoupissant. L'Allemand a créé le genre de la symphonie, & l'a porté à sa plus haute perfection ; toute espèce de Musique instrumentale convient à son génie, dont l'activité vigoureuse communique aux sons des articulations fortement ressenties. L'Italien paroît peu propre à tout ce qui n'est qu'instrumental : on ne cite pas une belle symphonie venue de Naples ou de Rome. Toutes les ouvertures d'Opéra y sont froides, vuides, & sans caractère. La Musique de danse, ou de clavecin n'en a pas davantage. Croyez que chez l'Italien le rhythme languissant, la désidieuse langueur des sons, interdisent plus d'un genre à la Musique. La leur se renferme toute entière dans le seul *aria*. Hé ! qui sait si leurs airs ont toute la variété dont ils seroient susceptibles ? Qui sait si leur exécution n'en attriſte pas trop uniformément le caractère ?

Nous n'avons fait encore qu'entamer la queſtion que nous nous ſommes propoſée. La partie la plus curieuſe, & malheureuſement la plus difficile, nous reſte toute entière à traiter. S'aſſurer que chaque Nation reçut en don de la Nature un caractère de chant qui lui eſt propre, ce ſeroit reconnoître une portion de notre inſtinct juſqu'à préſent ignorée, & (que l'on me pardonne cette expreſſion peut-être trop ambitieuſe) ce ſeroit ajouter un Chapitre, ou du moins un Paragraphe à l'hiſtoire de l'homme. Que feroit-ce donc, ſi, complettant cette découverte, on pouvoit, par des rapports apparens, aſſortir chaque caractère de chant aux mœurs, au caractère de chaque Nation, à ſon langage, à la manière qui lui eſt propre dans tous les Arts? Nous ne craindrons pas de le dire, celui qui rempliroit cette tâche difficile, offriroit aux yeux du Philoſophe un tableau neuf & intéreſſant. Pour exécuter ce que nous propoſons, il faudroit avoir fait le voyage muſical du monde, comme on a fait des voyages pittoreſques de quelques parties de la terre. Au défaut des secours dont nous reconnoissons la nécessité, nous employerons du moins les matériaux que nous avons pu rassembler, & nous donnerons l'esquisse d'un tableau que des hommes plus instruits pourront achever quelque jour.

On assure que les Négres de la Côte-d'Or traînent tous, & par conséquent attristent les inflexions de leur chant : ceux d'Angol ont un chant vif, léger & folâtre. Les chansons des Sauvages de l'Amérique que nous avons recueillies, sont plutôt calmes, tranquilles, que tristes ou légères. Les danses originaires Espagnoles, telles que les *Folies d'Espagne*, portent une expression grave & majestueuse. La *Polonoise* ne s'éloigne pas de ce caractère ; mais son rhythme a des articulations plus marquées, il tourne plus à la fierté : l'Espagnol a la gravité morne & flegmatique. L'*Angloise* est emportée par un mouvement rapide, & mille petits pas accumulés dans chaque mesure en augmentent encore la célérité. L'*Allemande*, fougueuse & emportée, ajoute à la vîtesse de l'*Angloise*, les secousses du rhythme qui font bondir la danse, tandis que celle des Anglois conferve le même niveau, & ne fait en courant qu'effleurer la terre. Le *Menuet* François, la *Courante*, ufitée dans le fiècle dernier, nos Contredanfes, nos Vaudevilles, tous nos chants familiers, annoncent une gaîté mêlée de grace, de douceur & de dignité. L'Italien n'a point de danfe qui lui foit propre ; le caractère habituel de fes chants ne porte point à danfer. De ces faits recueillis, déduifons quelques obfervations.

Les perfonnes qui ont faifi une diftinction marquée entre le chant du Négre *Arada*, & celui de la côte d'Angol, affirment que le premier, dont la mélodie lente & traînée invite à la triftefſe, eft fenfible, paſſionné, jaloux dans fes amours, fujet au crime dans fes jaloufies & dans fes haines ; la trempe mélancolique de fon ame le porte à fe tuer dès que le fardeau de la vie le fatigue. Le Négre de la côte d'Angol, léger, étourdi, vif, pétulant, ignore ces paſſions fombres & funeftes ; fes chants font l'indice de fa gaîté, de fon heureufe conftitution. Si l'efclavage lui pèfe, il s'y dérobe par la fuite, non par la mort. On le voit errant, fugitif, vagabond, fes malheurs mêmes ne femblent point altérer sa gaîté naturelle. Que ne peut-on multiplier de tels exemples, & juger les Nations par leur Musique : la Nature alors auroit donné aux hommes une langue qui trahiroit le secret de leur caractère, & n'admettroit point le mensonge ; mais nos observations ne donnent pas toujours des résultats aussi justes. En effet, les Sauvages de l'Amérique, peuples barbares qui tuent leurs prisonniers, & se désaltèrent dans leurs crânes sanglans, ont des chants gracieux & tranquilles. Si le caractère des Espagnols s'accorde avec la froide gravité de leurs chants & de leurs danses, on ne retrouve point dans l'Anglois la vivacité rapide & courante qu'annonce la danse & le chant de ces Insulaires. Le François se peint dans sa Musique nationale, gracieuse avec gaîté, vive avec décence : la langueur des chants Italiens ne messied pas à cette Nation, faite peut-être pour les passions sombres & mélancoliques. L'Italien à cet égard peut avoir des traits de ressemblance avec le Négre *Arada*.

Je ne sais jusqu'à quel point on doit croire à cette analogie du chant avec les mœurs de chaque pays. Peut-être ne faut-il pas plus y compter que fur les indices de la phyſionomie, ſouvent vrais, ſouvent trompeurs. La Muſique eût-elle, en quelques points, le droit d'exprimer les mœurs & le caractère, du moins je ne voudrois pas qu'on étendît trop loin ce privilège. Je ne conjecturerai point d'après les chants d'une Nation, ſi elle eſt laborieuſe ou inappliquée, diſſimulée ou ſincère; je jugerai tout au plus de la nature de ſes ſenſations, & de leur degré de violence. La gaîté fougueuſe des Allemands dans leurs danſes, reſſemble à l'ivreſſe des hommes froids & tranquilles, qui tourne aiſément en fureur.

Dans l'état de civiliſation, & de communication mutuelle où ſont entre-eux tous les Peuples de l'Europe, il exiſte pour eux un commerce de beaux Arts, de goût, d'eſprit & de lumières, qui fait fluer & refluer d'un bout de ce continent à l'autre, les mêmes découvertes, les mêmes principes, les mêmes méthodes. Dans cette libre circulation des Arts, ils perdent tous quelque choſe de leur caractère *indigène*; ils l'altèrent en le fondant avec d'autres caractères étrangers: l'Europe à cet égard peut être conſidérée comme une

mère-

mère-patrie, dont tous les Arts sont concitoyens; ils parlent tous la même langue, ils obéissent aux mêmes coutumes.

En appliquant spécialement à la Musique ce que je viens de dire, on y trouvera un degré de vérité plus incontestable encore. Il n'y a plus qu'une Musique pour l'Europe entière, depuis que la France a renversé les barrières de l'ignorance & du mauvais goût. Cette langue universelle de notre continent (1), subit, tout au plus, d'un peuple à un autre, quelques différences dans la prononciation, c'est-à-dire, dans la façon d'exécuter la Musique. Les plus sensibles, ainsi que nous l'avons déjà dit, sont, chez l'Italien, le *traîné* des sons, leur langueur triste & paresseuse; chez l'Allemand, leur aspérité, voisine quelquefois de la rudesse; chez le François, leur articulation douce & mitigée. Ces différences tiennent-elles au caractère de ces Nations ? Les retrouve-t-on dans les autres Arts que ces mêmes Peuples

---

(1) On considère ici la Musique comme un Art perfectionné, ce qu'on n'avoit pas fait au Chapitre V. de la première Partie.

G

cultivent? Cet examen n'eſt point étranger au ſujet qui nous occupe.

L'Éloquence, la Poéſie, le Théâtre, ont un rapport immédiat & néceſſaire avec les mœurs, le caractère, les uſages, le régime politique de chaque Nation. N'attendez pas du Sujet des Rois, la même éloquence qu'inſpire au Républicain le fanatiſme de la liberté. N'attendez pas d'un Peuple ſimple, diſperſé dans de petites Cités, & vivant ſans faſte, le même ton de Poéſie que vous trouverez dans l'Habitant des Villes faſtueuſes, dans le Citoyen des Cours. Ne penſez pas que chez un peuple fier, occupé d'intérêts politiques, on faſſe des tragédies galantes, ni que dans un pays déshonoré par la ſuperſtition, l'on écrive des Poëmes & des Drames philoſophiques. Le Théâtre, l'Éloquence, la Poéſie, repréſentent dans chaque pays ce qu'on y voit habituellement, ce qui a le plus droit d'intéreſſer ceux qui l'habitent. Les Tragédies des Grecs, ainſi que leurs Poëmes, roulent ſur la fatalité; celles des Eſpagnols tiennent à la ſuperſtition: les nôtres furent galantes quand l'eſprit du ſiècle l'étoit: elles ont perdu de ce caractère pour en prendre un plus philosophique, & plus analogue à la disposition actuelle de nos esprits. Les Comédies d'Aristophane n'ont pu être jouées que devant une assemblée licencieuse de Républicains, dont il falloit en même-tems repaître l'envieuse malignité, & gourmander la folie. Plaute & Térence n'ont guères produit sur le Théâtre, en personnages de femmes, que des Courtisannes. En France, à peine oseroit-on mettre une Courtisanne sur le Théâtre. Gresset a dit : *Un vice est peu de chose, un ridicule reste, & c'est ce qu'il nous faut.* Cette maxime, applaudie chez un Peuple où la corruption des mœurs, & le goût extrême de la société rendent un ridicule plus à craindre en quelque sorte qu'un vice même ; cette maxime, dis-je, dans un pays moins sociable ou moins corrompu, passeroit pour une exagération fausse & scandaleuse. Ainsi tous les Arts, enfans de l'esprit, & qui font mouvoir la parole, ont un caractère local qu'ils empruntent de tout ce qui les entoure ; mais la Musique, qui ne peint ni les hommes, ni les choses, ni les situations, n'a pas les mêmes dépendances. Attendrez-vous d'un peuple philosophe, d'autres chants que de celui qui ne l'est pas? Le Républicain module-t-il autrement que le Sujet d'une Monarchie ? Non. Qu'ont de commun avec des sons modulés, & la philosophie, & le régime politique ? Passez de Rome à Londres, & de Londres à Madrid, vous aurez vu des mœurs & des préjugés différens ; vous n'aurez entendu qu'une même musique. A quoi donc attribuer l'aspérité de la mélodie Allemande ? Au génie de ce peuple, que n'a point encore amolli le règne pacifique des beaux Arts ? En ce cas, combien plus le chant des Négres, des Sauvages, devroit-il incliner à la dureté ! le caractère cependant en est tout-à-fait différent. De plus, comment ces mêmes Allemands, mélodistes âpres, hérissés, font-ils des Poëtes si doux, si rians & si sensibles ? Pourquoi leur génie se peint-il moins dans leurs vers que dans leurs chants, ou pourquoi s'y peint-il sous des traits si différens ? L'Italien qui chantoit il y a quatre-vingts ans comme le François, avoit-il alors les mœurs de notre Nation ? Les nôtres se dénaturent-elles à mesure que nous nous familiarisons avec la mélodie Italienne ? Je crains que la Philosophie la plus éclairée n'ait peine à éclaircir de tels myſtères. Notre office étoit de les indiquer à la ſagacité de ceux qui pourront les réſoudre. De nos obſervations on peut du moins tirer un réſultat général ; c'eſt que le caractère de chant le plus familier à une Nation, n'eſt pas un indice certain de ſon caractère & de ſon génie. Peut-être on peut conclure encore qu'entre les arts de la parole, dont l'eſprit eſt le premier juge, & l'art des ſons, qui reſſortit primitivement au tribunal de l'oreille, il exiſte une telle différence, qu'un peuple ſtupide pourroit exceller dans les talens de Muſique ; & qu'un autre, ſombre & profond dans le caractère de ſes penſées, pourroit être vif & léger dans celui de ſa mélodie.

CHAPITRE IX.

L'expreſſion du chant ne conſiſte pas dans l'imitation du cri inarticulé des paſſions.

QUE n'a-t-on point avancé d'extraordinaire ſur la Muſique, du moment qu'on a perdu de vue que ſon principe conſtitutif eſt la mélodie ? Toute la puissance de cet Art, a-t-on dit, consiste à imiter le cri inarticulé des passions. Mais d'un cri, comment fait-on un chant ? Voilà ce qui m'embarrasse. Le précepte se réduit-il à inférer dans un air le cri d'une passion ? Ce n'est plus alors qu'un accident de l'Art, & de l'air ; ce n'en est plus le fonds, la base & l'essence.

On ne peut nier, je pense, que la Musique ne soit susceptible de gaîté ; c'est un des sentimens qui lui appartient de plus près. Quel est donc le cri inarticulé de la gaîté ? Le rire. Vous en chercheriez en vain l'imitation dans ces Tambourins, dans ces Provençales, dans ces Allemandes, qui répandent le sentiment de la gaîté sur toute une multitude assemblée, & qui l'agitent des mouvemens convulsifs de la joie.

Le *Stabat* passe communément pour porter une expression de douleur ; on n'y trouve pas un cri imitatif.

M. Gluck, dont le génie a plus qu'aucun autre, si je ne me trompe, recherché & atteint l'expression musicale, a souvent inféré dans ses chants mélodieux, des notes plaintives, qui rappellent l'accent de la douleur; & sur ces notes, il invite le Chanteur à se rapprocher de l'accent naturel. A la première représentation d'Orphée, le principal Acteur s'en rapprocha un peu trop. Il mit trop de vérité dans le cri déchirant qui perce par intervalles à travers le chant des Thraces éplorés: il s'en apperçut, & l'adoucit. Il étoit, en quelque façon, sorti de son art pour se mettre tout près de la nature; l'instinct du goût le repoussa, & le fit rentrer dans ses limites naturelles: l'imitation perdit de sa vérité, mais elle devint plus musicale, & fut plus goûtée.

Plusieurs de nos passions n'ont point de cri qui leur soit propre; la Musique cependant les exprime. Les instrumens incapables de rendre les cris de la voix humaine, n'en sont pas moins les interprètes éloquens de l'énergie & de l'expression de la Musique. *Naturâ ducimur ad modos: neque aliter enim eveniret ut illi quoque organorum soni, quanquam verba non exprimunt, in alios, atque alios ducerent motus auditorem.* Quintilien, dans ce passage, ne dit pas: les instrumens nous affectent, parce qu'ils imitent les mots & les cris; il dit: *La Nature nous a faits sensibles à la mélodie.*

Autrement, se pourroit-il que les instrumens, qui n'articulent aucune parole, nous inspirassent tant de mouvemens différens ? Voilà le mot vrai, & qui explique tout ; *la Nature nous a faits sensibles à la mélodie : Naturâ ducimur ad modos.* Toute Musique qui plaît aux personnes versées dans la mélodie, est certainement mélodieuse. Mais comment la Musique, sans imiter la parole, ni les cris, exprime-t-elle les passions ? Elle assimile, autant qu'elle peut, à nos divers sentimens, les sensations diverses qu'elle produit ; c'est ce que nous allons développer.

CHAPITRE X.

Des sensations musicales appliquées à nos divers sentimens, & des moyens naturels d'expression propres à la Musique.

Tel chant vous plaît, vous aimez à l'entendre ; ce ne peut être que parce qu'il produit sur vous une impression quelconque. Étudiez cette impression, recherchez-en la nature & le caractère ; il est impossible que vous ne reconnoissiez pas si elle est âpre ou douce, vive ou tranquille ; le mouvement seul vous l'indiqueroit. Est-elle douce & tendre ? appliquez-y des paroles du même genre, vous rendrez expressive la Musique que vous ne soupçonniez pas auparavant de l'être ; d'une sensation presque vague & indéterminée, vous faites un sentiment dont vous pouvez vous rendre compte.

Je supplie le Lecteur de maîtriser son imagination, de ne pas la laisser aller plus vîte que cette discussion ne le comporte : il trouvera un peu plus loin les développemens & les éclaircissemens qu'il a droit d'attendre de nous.

L'air que nous appellerons *tendre*, ne nous constitue peut-être pas positivement dans la même situation de corps & d'esprit, où nous ferions en nous attendrissant effectivement pour une femme, un père, un ami. Mais entre ces deux situations, l'une effective, l'autre musicale, (qu'on nous pardonne cette façon de parler) l'analogie est telle, que l'esprit consent à prendre l'une pour l'autre.

Pourquoi, dira-t-on, voulez-vous que l'effet de telle Musique ne soit qu'une sensation, & non pas un sentiment distinct?

— Lecteur, je le veux ainſi, parce que vous interrogeant après un air ſans paroles qui vous aura fait plaiſir, ſi je vous demande quel ſentiment diſtinct il éveille en vous, vous ne ſauriez me le dire. Je ſuppoſe l'air tendre, je vous demande ſi c'eſt la tendreſſe d'un Amant heureux ou malheureux que l'air vous inſpire; ſi c'eſt celle d'un amant pour ſa maîtreſſe, ou d'un fils pour ſon père, &c. &c. &c. Si tous ces divers ſentimens conviennent également à l'air dont il s'agit, ai-je tort d'en nommer l'effet, plutôt une ſenſation un peu vague, qu'un ſentiment déterminé ? D'ailleurs, je le répète encore, n'allons pas plus vîte qu'il ne faut; ce que nous avançons ici d'une manière générale & ſuperficielle, ailleurs ſe trouvera calculé avec plus d'exactitude.

Quels ſont les moyens naturels qui donnent à la mélodie un caractère de triſteſſe ou de gaîté, de molleſſe ou de fermeté ? En m'engageant à réſoudre de telles queſtions, je m'avance, pour ainſi dire, dans les ténèbres dont la nature couvre & environne toutes les cauſes premières. J'irai juſqu'où le flambeau de l'expérience me conduira; &

plus la matière est obscure, plus je me ferai un devoir de n'établir que des assertions incontestables.

Il est de la nature des sons traînés, de porter un caractère de tristesse. Ne croyez pas que ce soit un fait de convention : non ; les hommes n'ont pas fait un pacte entre-eux pour trouver plaintif le cri de la tourterelle, & gai le chant du merle. Que le rossignol entremêle plusieurs sons l'un avec l'autre, & les fasse jouer ensemble, vous attacherez à ce langage musical une idée moins triste, que si l'oiseau solitaire faisoit entendre dans la nuit un son qu'il traînât quelque tems. N'est-il pas reconnu qu'un bruit uniforme, tel que celui d'une voix qui lit sur le même ton, nous provoque au sommeil ? Si le son opère sur nous cet effet immédiat, pourquoi nierions-nous d'autres effets qui n'ont rien de plus étonnant ?

Le mode mineur produit, en général, une impression plus douce, plus molle, plus sensible que le mode majeur. N'en demandez pas la raison ; nul n'est en état de vous la dire ; mais le passage de l'un de ces modes à l'autre, rend sensible à toute oreille musicale cette impression différente. Dans le mode mineur, la sixième note du ton est plus tendre que toutes les autres: toutes les fois qu'elle se représente, fût-ce même dans l'allégro le plus gai, elle exige de l'exécutant une inflexion plus molle & plus affectueuse: dans le mode majeur, c'est la quatrième note du ton qui a cette propriété; c'est elle qui, par sa vertu intrinsèque, rappelle l'exécutant à une expression pathétique, même lorsque le reste de la mélodie le conduit à une sensation différente. Les sons aigus ont je ne sais quoi de clair & de brillant qui semble inviter l'ame à la gaîté. Comparez les cordes hautes de la harpe aux cordes basses du même instrument, vous sentirez combien celles-ci disposent plus facilement l'ame à la tendresse: qui sait si les larges ondulations des cordes longues & peu tendues, ne communiquent pas à nos nerfs des vibrations semblables, & si cette habitude de notre corps n'est pas celle qui nous donne des sensations affectueuses? L'homme, croyez-moi, n'est qu'un instrument; ses fibres répondent aux fils des instrumens lyriques qui les attaquent & les interrogent: chaque son a ses propriétés, chaque instrument a les siennes, dont la mélodie profite habilement, mais qu'elle maîtrise aussi à son gré ; car l'instrument le plus sensible peut avec succès articuler des chants gais.

La Musique tendre emploie des mouvemens sans vîtesse : elle lie les sons, elle ne les fait point contraster, se heurter l'un l'autre. Dans ce caractère de Musique, la *brève piquée* ne maîtrise pas impérieusement la *longue pointée* qui lui est jointe ; & l'exécutant modifie ses sons par des vibrations larges. Ceux dont le goût incline à la tristesse, traînent les sons, (suivant l'observation que nous avons déjà faite) leur archet craint de quitter la corde ; leur voix donne au chant je ne sais quoi d'indolent & de paresseux. La Musique gaie pointille les notes, fait sautiller les sons : l'archet est toujours en l'air, & la voix l'imite.

Tels sont à-peu-près les moyens naturels que la Musique emploie, & à l'aide desquels elle produit sur nous des sensations. Le Compositeur, homme de génie, qui a senti tous ces effets, & qui les applique convenablement aux paroles & aux situations, est un Musicien expressif. Le Lecteur voit avec évidence que tous les moyens d'expression sont du ressort de la mélodie, non de l'harmonie.

Une observation essentielle, & qui tient au fond même de notre doctrine, c'est que dans l'Air le plus expressif, il y a presque toujours, je dirois même, il y a nécessairement des traits, des passages contradictoires avec le caractère d'expression qui doit y dominer. Citons un exemple. Dans le premier verset du *Stabat*, je ne vois pas un vers, pas un mot, qui n'exige la même nuance de tristesse.

Stabat Mater dolorosa,
Juxta crucem lacrimosa,
Dum pendebat Filius.

La Musique dans le commencement déploie tous ses moyens d'expression. Le mouvement est lent, les sons foibles & voilés; ils se traînent lentement, ils se lient : voilà l'expression bien établie. A la dixième mesure, tout change : un *fortissime* succède au *piano* : les sons qui rampoient obscurément dans le bas du *diapason*, s'élèvent tout-à-coup, se renforcent à l'excès; & par une articulation fière, détachée, heurtent & contredifent ceux qui les ont précédés. D'où peut venir cette difparate ? De ce que la Mufique, par fon effence, n'eft point un Art d'imitation : elle fe prête à imiter autant qu'elle le peut ; mais cet office de complaifance ne peut la diftraire des fonctions que fa nature même lui impofe. L'une de ces fonctions nécef-faires, eft de varier à chaque inftant fes modifications, d'allier dans le même morceau, le *doux* & le *fort*, le *traînant* & le *détaché*, l'articulation fière, & celle qui eft affectueufe. Cet Art, ainfi confidéré, eft d'une inconftance indifciplinable : tout fon charme dépend de fes transformations rapides ; je fais que dans chaque morceau il revient fouvent aux mêmes, mais fans jamais s'y arrêter. Or, à travers toutes ces formes paffagères & fugitives, comment voulez-vous que l'imitation foit une, & marche d'un pas égal ? Elle fuit d'un pied boîteux la Mufique folâtre & changeante, l'atteint quelquefois, & quelquefois la laiffe aller feule. Si la preuve de ce que j'avance fe trouve dans le premier couplet du *Stabat*, fi beau, fi expreffif, fi court, & compofé avec deux seules idées, dans quel Air Italien cette preuve ne se montrera-t-elle pas avec plus d'évidence encore?

Maintenant, Lecteur, quelque peu Musicien que vous soyez, vous êtes en état de juger le syſtême dramatique de M. Gluck; vous concevez comment, s'étant dévoué à l'expreſſion, qu'il regarde avec raiſon comme le fondement de toute illuſion théâtrale, il ne ſe permet un Air entier que lorſque la ſituation permet elle-même, à la Muſique, ces écarts, ces vagues erreurs où se complaît la mélodie. Toutes les fois qu'un chant périodique & suivi feroit languir l'action, & transformeroit l'Acteur en un Chanteur de pupître, M. Gluck coupe dans le vif cette mélodie commencée; & par un autre mouvement, ou par un ſimple récitatif, il remet le chant à la ſuite de l'action, & le fait courir avec elle. Il eſt inconcevable qu'un ſyſtême ſi vrai, ait pu être improuvé dans un pays où l'art du Théâtre eſt ſi bien connu; il eſt plus inconcevable encore que parmi ſes improbateurs, il y ait eu des hommes, qui, par leur état & leurs lumières, devoient défendre les droits de la Scène contre

ceux

ceux de la Musique. En Italie, des Gens-de-Lettres ont dit que la Musique de Théâtre n'étoit presque plus à l'usage des Gens-d'esprit. Ici, des Gens-d'esprit, peu Musiciens, ont soutenu que les Opéras de M. Gluck étoient plus faits pour l'esprit que pour les oreilles; & tandis qu'ils portoient ce jugement, les oreilles les plus délicates & les plus exercées, se nourrissoient avec délices de la Musique de M. Gluck : je ne pense pas qu'il y ait jamais eu de jugemens plus faits pour étonner.

CHAPITRE XI.

Complément des preuves du Chapitre précédent. Unité de l'Art résultant de notre système.

SI vous asservissez le chant à l'imitation de la parole, si vous le faites dépendre du caractère de la langue & des inflexions prosodiques, vous créez deux Arts au lieu d'un. Le vocal aura ses principes, ses procédés; & l'instrumental aura les siens. La Musique qui est *une* pour tous les peuples de la terre, lorsqu'ils y emploient la voix des instrumens, sera tout-à-fait différente en conséquence des divers idiômes. Le Muſicien François, qui ne ſait ni l'Allemand, ni l'Italien, ne concevra rien au chant de ces deux peuples : le virtuoſe étranger arrivant à Paris, à qui l'on propoſera d'accompagner un air de M. Grétry, ou de M. Philidor, ſera obligé de répondre, *excuſez-moi, je ne ſais pas le François.* Plus de parodie : la *Colonie*, compoſée pour des paroles Italiennes, eſt néceſſairement mauvaiſe en François. Orphée, Alceſte, de même, &c. &c. &c. Voyez où vous entraîne un principe mal établi. Reconnoiſſez-en un plus vrai. La Muſique n'eſt que du chant ; le chant différe de la parole ; il a ſes procédés à part, & qui ne dépendent pas de la prononciation des mots. Dès-lors l'inſtrumental chante comme le vocal ; la Muſique de Concert, comme celle de Danſe ; celle de Théâtre, comme celle d'Egliſe ; celle d'Europe, comme celle d'Aſie. L'Art devient *un* dans toutes ſes parties.

Il y a vingt ans, on ne croyoit point à l'Opéra que la voix pût, ni dût faire ce que fait l'inſtrument. Une ritournelle commençoit, & difoit une chofe; la voix furvenoit après pour en dire une autre. Ce n'eſt plus cela; l'Orcheſtre & l'Acteur parlent la même langue; le même efprit les anime & les identifie.

Je ne penfe pas qu'il exiſte un morceau inſtrumental vraiment beau, qu'on ne puiſſe pas approprier à la voix en y joignant des paroles. Si c'eſt une fymphonie à grand bruit, nous en ferons un chœur, en fimplifiant pour la voix ce qu'exécute le violon; en retirant du milieu des doubles croches, les notes qui conſtituent le canevas & la carcaſſe du chant. (Ceux qui font verfés dans la Mufique m'entendent.) Duos, trios, pièces de clavecin, tout peut s'arranger avec des paroles, pourvu que la Mufique ait du caractère.

Les Italiens, ainfi que nous, femblent admettre deux Mufiques différentes pour l'Eglife & pour le Théâtre. Je ne reçois pas cette diſtinction. Sur quoi feroit-elle fondée? Sur l'ufage des *fugues* introduit dans les Temples? Elles ne valent pas mieux-là qu'ailleurs; l'ennui n'eſt bon nulle part. La Mufique d'Eglife doit émouvoir les fidèles, afin qu'ils dirigent vers Dieu leurs faintes émotions : cette Musique doit donc être chantante & expressive. La différence du sacré au profane n'existe point pour le Compositeur; qu'il ait à faire chanter les Mages prosternés devant l'Astre qu'ils adorent, ou les Hébreux au pied du Mont-*Sina* rayonnant de la gloire du Seigneur; ces deux situations, pour son Art, n'en forment qu'une; elles comportent le même caractère de Musique, noble, auguste & religieux.

Aussi pensons-nous que le début du *Stabat*, chanté en chœur, & très-*doux*, auprès de la tombe de Castor, conviendroit parfaitement à la situation. Aussi avons-nous vu les airs les plus chantans des motets de Mondonville, figurer à merveille à la toilette, revêtus de paroles qui n'étoient rien moins que pieuses.

La danse participe à cette unité de l'Art musical. Autrefois on n'auroit pas dansé un *adagio*, un *allégro* de symphonie : aujourd'hui tout ce qui est chantant & caractérisé, se danse. Dans un Concert, les Auditeurs sont sujets à se représenter ici, *Vestris*; là, *Dauberval*, &c. l'imagination transmet aux yeux le plaisir des oreilles. En voyant la

Musique simplifier & généraliser ses rapports avec la poésie & la danse, ses deux Arts auxiliaires, qui ne croira pas, d'une part, qu'elle se perfectionne ; de l'autre, que nous, qui l'envisageons sous ce point d'unité, nous nous en faisons une idée juste ?

Nous venons de dire un mot en passant sur la danse ; qu'on nous permette une digression sur cet Art.

CHAPITRE XII.

De la Danse.

LES DEUX mots grecs & les deux mots latins qui correspondent aux mots *Musique* & *Danse*, avoient chez les anciens une signification beaucoup plus étendue que ces deux mots françois. La Musique embrassoit dans son domaine, non-seulement la danse, mais la poésie, la déclamation & la récitation. La danse, de son côté, ne se bornoit point à figurer des pas, à placer le corps & les bras dans des attitudes avantageuses, à bondir & tripudier en cadence : elle étoit l'Art du geste & de la pantomime ; Art si puissant dans fes moyens, fi énergique dans fon expreffion, qu'il l'emporta fur l'Art même de la parole aidée du gefte; fupériorité que nous ne faurions concevoir. On aima mieux voir les Acteurs exprimer par le gefte feul (fans même le fecours du vifage, car ils étoient mafqués) que de les entendre prononcer en gefticulant. On obferva, il eft vrai, que l'Acteur, difpenfé de parler, réuniffoit tous fes foins & tout fon talent dans le gefte, qui en devenoit plus animé, plus expreffif. Mais comme les anciens avoient imaginé de faire prononcer les vers par un Acteur, & de faire faire le gefte par un autre, on ne voit pas ce qui put les déterminer à retrancher les vers de leurs repréfentations, & à n'y laiffer que la feule pantomime. On le conçoit moins encore, lorfqu'on apprend de Saint Auguftin, que ceux des fpectateurs qui n'étoient pas accoutumés à ces repréfentations muettes, étoient obligés d'interroger leurs voifins, & de fe faire expliquer la pantomime. Sans doute il y en avoit peu qui fuffent réduits à cette néceffité; autrement ces fpectacles euffent été moins univerfellement goûtés. Mais s'il falloit quelque habitude de la pantomime pour pouvoir la comprendre, comment, dès le règne d'Auguste, ces spectacles réussirent-ils si prodigieusement par l'Art de *Pilade* & de *Bathille*, qui en furent presque les instituteurs (1) ? Pour le concevoir, il faut se rappeler que les Romains, dans leur éducation, étudioient l'Art oratoire ; qu'une partie de cet Art consistoit à exprimer par le geste ; que pour faire un apprentissage plus utile de cette partie, ils consultoient les Comédiens, & prenoient de leurs leçons (2). Tout le monde sait les défis que se faisoient Roscius & Cicéron, à qui rendroit de plus de façons différentes, l'un par le geste, l'autre avec la voix, la même phrase oratoire. Ce défi suppose une prodigieuse étendue à l'Art du geste, mais une étendue que la convention & une étude approfondie peuvent lui donner. En convenant de gestes pour l'ironie, pour le mépris, pour les diverses affections de notre âme, &

____

(1) Saumaise a prouvé que la Pantomime existoit avant eux ; mais ils la perfectionnèrent. Voy. le Vol. I. de l'Académie, pag. 128.

(2) *Debet etiam docere Comœdus quo modo narrandum,* &c. Quint. *lib.* I, *cap.* 19.

pour les êtres métaphysiques, on crée une langue pour les yeux, comme il en est une pour les oreilles. Cette langue *oculaire*, moins claire que l'autre dans plusieurs de ses parties, sera aussi plus expressive dans tout ce qui sera d'institution naturelle : le geste de la fureur dit infiniment plus que le mot *fureur* (1).

A l'aide de l'apprentissage que les Romains faisoient de l'art du geste, ils arrivèrent tout préparés à l'institution de la pantomime; on l'entendit, on la goûta. Un fait, cependant, recueilli des Anciens, peut nous faire juger combien l'expression de la pantomime étoit vague & indéterminée. *Hilas*, élève de *Pilade*, représentoit un Monologue qui finissoit par ces mots : *le Grand Agamemnon*. Il est bon d'observer que les Acteurs pantomimes se piquoient de rendre jusqu'aux mots des scènes qu'ils exécutoient. Hilas, pour rendre ceux-ci : *le Grand Agamemnon*, fit le geste qui désigne une taille élevée. Pilade son maître lui cria de l'Orchestre, *tu me peins un homme grand, & non pas un grand homme*. Le

---

(1) *Plerumq. etiam citrà verba significat.* (Quintil.)

peuple exigea que Pilade joignît l'exemple au précepte, & qu'il jouât lui-même le Monologue: Pilade obéit; & lorsqu'il en fut à l'endroit où son Élève avoit manqué, il représenta un homme abîmé dans les plus profondes réflexions, & le peuple applaudit.

La critique de Pilade étoit juste; je ne sais si les applaudissemens du peuple le furent. Pilade, en représentant un homme enseveli dans la profondeur de ses pensées, n'avoit pas plus désigné un héros qu'un vil scélérat, pas plus le *Grand Agamemnon*, que le lâche & féroce *Atrée*.

L'étude de l'art du geste me paroît tenir à plus d'une science. Toutes les fois qu'il s'agit de soumettre à l'œil des choses purement métaphysiques, il faut chercher dans ce qui n'est pas apparent, quelque qualité apparente qui le désigne. Le geste appliqué à un mot métaphysique, en devient la démonstration physique, & la définition détaillée. L'amour embrasse, la haine tue, l'orgueil met au-dessous de soi. La vérité d'un tel langage a quelque chose d'effrayant: elle dit ce que les mots ne disent pas. Tous les jours on prononce & l'on entend ce mot: *je hais*, sans être ému ; qui ne le seroit pas, si le geste du meurtre remplaçoit la parole ?

Cette étude du geste est précisément l'inverse des opérations qui ont amené l'établissement d'une langue. Nous défaisons ce qu'on a fait alors. Des gestes & des cris, l'on en vint aux mots, qu'on leur substitua : des mots, on rétrograde vers les gestes, & on les supplée à la parole.

Il est aisé de concevoir pourquoi la pantomime nous plaît moins qu'aux Anciens ; faute de l'avoir étudiée, nous la concevons moins qu'eux. L'espace immense des Théâtres anciens favorisoit aussi les représentations muettes, plus que l'espace resserré des nôtres. Si l'on jouoit la Tragédie en plein air, dans la place Vendôme, que les Acteurs fussent à l'une des extrêmités de la place, les Spectateurs à l'autre, ceux-ci se contenteroient plus aisément du geste sans la prononciation. On est tenté de croire alors que l'éloignement ne permet pas à la voix de parvenir jusqu'à nous ; & l'on se trouve heureux de concevoir par le geste, ce que l'on n'entend pas.

Chez nous, le talent de la pantomime appartient plus aux Comédiens & à leur art, qu'aux Danseurs. Nous avons vu ceux-ci pourtant exécuter le ballet de Médée avec une perfection que les plus grands Acteurs auroient peine à surpasser; & nous possédons un homme à qui la composition des plus grands Ballets pantomimes a fait une réputation dans toute l'Europe. Ceux qui lui reprochent le choix qu'il a fait du sujet des *Horaces*, ignorent peut-être que, du tems de Louis XIV, la scène dans laquelle Horace tue sa sœur, fut exécutée en pantomime avec un prodigieux succès (1).

La danse des Anciens, même celle qui, hors du Théâtre, servoit à leur amusement particulier, tournoit absolument vers l'imitation : la *Pyrrhique* figuroit des évolutions militaires ; la *Théséide* représentoit la sortie du labyrinthe. Ces danses subsistent encore en Grèce; & ce que j'en ai appris par M. *Guis* de Marseille (2), me fait juger qu'elles sont plutôt marchées que dansées : les figures & l'imitation en font le plus grand charme.

---

(1) Réflex. critiq. sur la Poésie & la Peinture.
(2) Auteur des Lettres sur la Grèce, Ouvrage curieux, instructif & agréable.

Chez les Peuples les moins policés, &, par conséquent les moins capables d'embellir leurs Arts par des accessoires conventionnels, la Danse se montre imitative. Parmi les Nègres, un homme & une femme qui dansent ensemble, jouent en quelque sorte la scène de deux Amans, qui s'agacent, se cherchent & s'évitent, se brouillent & se raccommodent : & (ce qui me paroît remarquable) l'air qui dirige leurs pas, est toujours le même. La Musique ne prend aucune part aux révolutions de la scène : elle se maintient exempte de toute imitation, tandis que la Danse s'y dévoue toute entière.

Malgré ces exemples de Danse imitative, je ne saurois penser que l'imitation soit de l'essence de cet Art. La Danse proprement dite, est *l'art de former avec grace & mesure tous les mouvemens que la Musique commande.* C'est le rhythme musical rendu sensible aux yeux dans toutes ses divisions & subdivisions; voilà l'art tout entier. On a très-bien dit des bons Danseurs, qu'ils *écrivent l'air qu'ils dansent :* lorsqu'ils le jouent en Pantomime, ils ajoutent un autre talent à celui qui leur est propre.

Que l'on ne croie pas l'Art de la Danse détérioré, ni avili par la définition que nous en avons donnée. On vante beaucoup l'union des paroles & de la Musique ; mais si j'ose dire ce que j'en pense, la bonne Musique se passe plus aisément de paroles que de gestes & de mouvemens. Sa première & sa plus soudaine impression sur nous, est d'agiter notre corps & nos membres, si ce n'est par les mouvemens violens de la Danse, du moins par les ondulations de la mesure & les agitations du rhythme. Tel homme applaudit un Air qu'il a entendu, la tête, les bras & le corps immobile ; chaque coup de main qu'il donne, est un mensonge qu'il fait à autrui & à lui-même ; il n'a pas senti ce qu'il approuve. Tel autre décide en Musique, & n'est pas sûr de battre juste la mesure? Dites-lui : *Vous goûtez la mélodie comme celui qui couperoit à tort & travers les phrases & les mots, goûteroit le sens du discours.*

Le rhythme, ont dit les Anciens, est ce qu'il y a de plus puissant dans la Musique. Eh! qui en doute? Cet éléphant qui, au son des instrumens, agite en cadence sa masse énorme, ne vous le dit-il pas? Les

Sauvages du Canada, rangés sur deux files auprès de celui qui chante, marquent tous avec des sons renfermés dans la poitrine, les tems de l'Air qu'ils écoutent. C'est en vertu du rhythme qu'on voit dans une Fête villageoise, toute une multitude grossière, bondir & retomber en cadence. Le rhythme fait faire au même instant, à vingt mille hommes, la même évolution. L'intonation la plus douce & la mieux choisie, sans la force du rhythme, ne forceroit pas le malade piqué de la tarentule, à s'élancer hors du lit, où il languit abattu, & à tomber dans une espèce de convulsion mesurée. La vertu du rhythme bien comprise & fortement sentie, réduit presque à la vraisemblance les Fables d'Orphée & d'Amphion ; & l'on s'étonne moins que les pierres se soient mues en cadence.

Les *adagio* & les danses graves, ne fatiguent & n'ennuient à la longue, que parce que le ryhthme n'en est pas assez ressenti. Ce charme principal de la Musique étant affoibli, il n'en reste plus assez pour qu'elle puisse long-temps nous plaire.

Voulez-vous sentir combien le geste &

les mouvemens tiennent essentiellement à la mélodie ? Voyez un homme de génie faire exécuter sa Musique à un grand Orchestre. C'est par le geste & les mouvemens qu'il commande & manifeste ses intentions. Ici, les notes se lient ; là, elles se détachent ; l'une moins appuyée mollit à côté de l'autre : toutes les recherches d'une exécution soignée s'indiquent par les mouvemens du Compositeur.

Si le rhythme est une partie de la Musique si essentielle, que les hommes les plus grossiers le conçoivent & l'exécutent, comment la vieille Musique Françoise l'a-t-elle si longtemps négligé & méconnu ? Rien ne prouve mieux qu'une fausse éducation pervertit l'homme, & corrompt son instinct le plus naturel. L'esprit le plus inculte est plus près du bon sens que ne l'étoit, il y a deux siècles, celui qu'on avoit infatué de la fausse doctrine de l'école ; mais comme vous ne verrez point un homme d'un sens brut & sans culture, proférer les absurdités qu'on soutenoit en règle sur les bancs ; de même, vous n'avez jamais entendu des gens de Village chanter des Monologues d'anciens Opéras. Ils chantent des Airs mesurés d'Opéras-comiques, des Airs Italiens parodiés. Ces François livrés à l'instinct de la nature, entendent mieux la Musique étrangère cadencée, que celle de leur pays qui ne l'est pas. Mais puisque la Musique inspire si naturellement le geste & le mouvement, les Anciens, dira-t-on, avoient donc raison d'en faire un Art d'imitation, en y joignant la Pantomime : ceci mérite explication.

Les gestes, les mouvemens que commande tel Air, ne sont pas ceux qu'exigeroient telles paroles, telle situation. On seroit fort embarrassé pour expliquer tout de suite les mouvemens les plus vrais auxquels la Musique nous détermine; & ce qui le prouve, c'est que personne ne donneroit un sens aux pas d'une entrée dansée absolument dans le caractère de l'Air. Comme les sons modulés n'ont pas eux-mêmes une signification précise & distincte, les mouvemens, les gestes qui en résultent, n'en ont pas non plus une déterminée. La Musique & la Danse, si j'ose le dire, s'entendent à merveille; elles disent la même chose, l'une à l'oreille, & l'autre aux yeux; mais toutes
deux

deux ne difent à l'efprit rien de pofitif. Leur effet eft une fenfation, & par conféquent a quelque chofe de vague. Il faut un travail de l'efprit pour attacher à cette fenfation, une fituation & des mots analogues; & c'eft cette dernière opération qui fait de la Danfe & de la Mufique deux Arts imitatifs.

La raifon pour laquelle on juge mieux des Arts par inftinct que par raifonnement, c'eft que leur premier effet eft une fenfation.

CHAPITRE XIII.

De la Mufique confidérée comme une langue naturelle en même-tems & univerfelle.

Tout ce que nous avons établi jufqu'à préfent, tend à confidérer la Mufique comme une langue univerfelle, dont les principes & les effets ne font pas fondés fur quelques conventions particulières, mais émanent directement de l'organifation humaine, & de celle de plufieurs animaux. Si le Lecteur fe rappelle les exemples d'inftinct mufical que nous avons tirés de la brute, du poiffon, de l'infecte, de l'enfant au maillot, de l'homme sauvage, il lui en coûtera peu pour admettre la conséquence que nous en déduisons. La nature fait participer les êtres animés au plaisir de la mélodie, pour ainsi dire, comme au bienfait de la lumière.

Ce qui reste à observer, c'est que la mélodie résultant de rapports vrais, naturels, entre les sons, elle est nécessairement (à de petites différences près) par-tout la même. Il ne dépend pas plus de l'homme de se faire une mélodie de convention, & qui diffère essentiellement de la mélodie connue, qu'il n'est en son pouvoir de faire que deux & deux fassent six. La Musique examinée comme science mathématique, est soumise à des calculs, qui ont été les mêmes pour les Egyptiens, les Chinois, les Grecs, les Latins, & qui sont les mêmes encore pour toute l'Europe moderne. M. l'Abbé Roussier, dans ses Ouvrages savans & lumineux, a présenté cette vérité dans tout son jour. Ces calculs du rapport des sons entr'eux, ne font que l'appréciation exacte de nos sensations musicales : les Mathématiciens ont chiffré la raison de nos plaisirs. L'analogie des sons qui détermine leur succession mélodique, n'étant pas une de ces vérités conventionnelles, que la fantaisie de l'homme altère & dérange à sa guise ; la mélodie doit avoir par-tout le même fonds, la même base. Le rhythme, autre partie constitutive de la mélodie, est encore d'institution naturelle, & ne peut être détruit par la convention. En effet, quand une société nombreuse d'hommes éclairés, se prescriroit de battre & de sentir à faux tous les tems de la mesure, (ce qui est impossible) que deviendroit leur convention, toutes les fois qu'ils rencontreroient une multitude d'hommes grossiers, de paysans rassemblés par la Danse & la Musique ? Ceux-ci, par l'impulsion de l'instinct, sautant, bondissant, retombant en cadence, détruiroient la convention, & y substitueroient l'éternelle vérité du rhythme senti, exécuté avec justesse.

Après une telle observation, on ne sera plus étonné si tant d'êtres qui se meuvent & respirent sur la terre, dans l'air & dans l'eau, se montrent sensibles aux sons modulés & cadencés. Remarquez la différence du chant à la langue parlée, à la poéſie. Récitez à des gens de village les plus beaux vers lyriques, épiques, &c. ils ne vous entendent pas : chantez-leur un air, ils le conçoivent, le goûtent & le répètent. Vos plus belles tirades de Tragédie & de Comédie, ont-elles jamais paſſé dans la bouche du peuple ? Vos airs les plus chantans des Opéras ſérieux ou comiques, Eſpagnols, Italiens, ou François, deſcendent du Théâtre, courent les rues, & y réjouiſſent la populace : ils ſont, ainſi que le pain, l'aliment du pauvre & du riche. Miladi Montagu part de Londres, ſe rend à Conſtantinople, & de-là parcourt une partie de l'Aſie ; partout elle ſe loue de la Muſique qu'elle entend. Pour lui faire goûter la poéſie de ces divers pays, il fallut la traduire ; l'intelligence de la Muſique n'a pas beſoin de ce ſecours. M. Rouſſeau cite des airs Perſans & Chinois, conformes à notre ſyſtême des ſons. Les Nègres d'Afrique, tranſportés dans nos Colonies, n'y font point entendre une mélodie inintelligible à nos oreilles ; pluſieurs de leurs chanſons ne manquent pas de grâce & de naïveté. J'ai noté quelques chanſons des Sauvages d'Amérique, d'après un Officier qui avoit vécu long-tems parmi eux. Ces airs reſſemblent abſolument aux nôtres; (on les trouvera ci-après notés) c'eſt le même tour de chant, c'eſt la même règle d'harmonie ſous-entendue. L'un de ces airs eſt aſſez agréable, pour qu'un Compoſiteur habile pût en faire un morceau de Muſique qu'il completteroit en le modulant; car les Sauvages ne modulent point, ou fort peu du moins : voilà ce qui, chez eux, caractériſe la naiſſance de l'Art, ſi l'on peut appeler *Art* un langage auſſi naturel que le chant (1).

Quoi ! les langues, les idiômes, les dialectes, les patois varient au point, que ſouvent on n'entend pas le payſan de ſon village, & la Muſique eſt *une* par toute la terre ! Quoi ! l'idée de la beauté n'eſt pas la même pour tous les peuples, & pour tous les peuples le chant eſt le même ! Le Huron chante comme le Laboureur de Vaugirard ! Ce que l'un a conçu, l'autre l'entend tout d'abord & l'exécute !

Je vais rapporter un paſſage de M. l'Abbé

_____

(1) Moduler, c'eſt paſſer d'un ton à un autre.

Dolivet, qui tient d'assez près à ce que nous venons de dire.

„ On peut envoyer un Opéra en Canada,
„ il sera chanté à Québec comme à Paris :
„ on ne sauroit envoyer une phrase de con-
„ versation à Montpellier, à Bordeaux, &
„ faire qu'elle y soit prononcée comme dans
„ la Capitale (1). „

C'est peu que nous ayons reconnu l'universalité de la langue musicale ; recherchons dans quelle intention, pour quelle fin, cette langue nous a été donnée par la nature.

CHAPITRE XIV.
A quoi le Chant est propre ; dans quelle intention la nature nous l'a donné ?

IL EXISTE une langue que tous les hommes parlent à-peu-près de même, que les enfans & les animaux même entendent sans l'avoir étudiée : comment cette langue ne sert-elle pas aux hommes pour communiquer entr'eux, & pour traiter de leurs

_____
(1) Prosod. Franç.

besoins les plus essentiels ? Faites attention à la réponse simple & naturelle qu'amène la question précédente ; pour celui qui voudra l'approfondir & en déduire toutes les conséquences, elle enfantera mille vérités liées à celle que nous venons d'établir : notre office n'est pas de tout dire, & ce Livre n'en sera que meilleur, s'il met le Lecteur dans le cas d'en faire toute la partie que nous n'aurons pas faite. La nature qui a voulu que le chant fût une langue universelle, n'a pas voulu que cette langue servît à nos besoins : pour que le chant eût exprimé & transmis des idées, il auroit fallu que la convention les y attachât : rien n'étoit plus facile. Pourquoi deux sons chantés à la tierce l'un de l'autre, n'eussent-ils pas signifié *du pain*, comme ces deux mots le signifient ? Soutenons un moment cette supposition. Dans le cas où le chant eût été la langue en usage, les muets n'étoient plus privés de la parole; ils s'énonçoient par la voix des instrumens : ce qui rend une telle supposition moins déraisonnable, c'est qu'en s'occupant des moyens de la réaliser, on est conduit à chercher dans la Musique, ce qui porte une expression plus claire, un sens plus déterminé. Mais si le chant fût devenu une langue de besoin & de nécessité, il n'auroit plus été ce qu'il est, un langage uniquement propre à nous procurer du plaisir, & qui, dans quelque tems, dans quelque circonstance que ce soit, ne peut jamais être détourné de cet usage, ni appliqué à aucun autre. Telle est la vérité dont nous devons développer les preuves.

De toutes les espèces d'animaux, la plus musicienne est celle des oiseaux. Pensez-vous, avec le Père Bougeant, que le chant est la langue à l'aide de laquelle ils conversent entre-eux, & se communiquent leurs besoins? S'il est ainsi, pourquoi les oiseaux sont-ils silencieux l'hiver? Cette saison est pour eux celle des plus grands besoins ; c'est celle où ils vivent le plus attroupés : ils se taisent cependant. C'est que le froid qui contriste leur existence, étouffe en eux les accens du plaisir. Aux premiers rayons du printemps, dès que l'air commence à s'attiédir, l'oiseau reprend sa gaîté, & en même-tems son ramage. Dans cette langue chantante, s'il dit quelque chose à ses semblables, il leur dit qu'il est heureux ; c'est aussi ce que les autres lui répondent ; & ce concert de voix qui annonce le bonheur, est un des plus doux charmes du printemps.

Vertuntur species animorum, & pectora motus
Nunc alios, alios, dum nubila ventus agebat,
Concipiunt : hinc, ille avium concentus in agris,
Hinc lætæ pecudes, & ovantes gutture corvi.
(VIRG. Géorgiques.)

Les Êtres animés changent avec le tems ;
Ainsi muet l'hiver, l'oiseau chante au Printems ;
Ainsi l'agneau bondit sur le naissant herbage,
Et même le corbeau pousse un cri moins sauvage.
(*Traduction de M. l'Abbé de Lille.*)

Seul dans sa cage, l'oiseau chante : ce ne peut être pour communiquer ce qu'il sent : à qui le communiquer ? Ce ne peut être non plus pour parler à sa manière ; on ne parle pas long-tems seul. C'est donc par l'instinct du plaisir qu'il chante ; & l'hiver même ne le réduit pas au silence, parce que la température de l'air corrigée, adoucie dans l'intérieur des maisons, lui laisse ignorer les rigueurs de la saison.

L'oiseau pris à la pipée, que l'on fait crier pour appeler ses semblables, ne forme plus de sons pareils à son ramage. Il chantoit lorsqu'il étoit libre & content : il crie lorsqu'il souffre. Cela est vrai pour tous les oiseaux qui ont un ramage. Quinault a dit plus vrai peut-être qu'il ne le croyoit lui-même, lorsqu'il a fait les vers suivans :

Si l'amour ne causoit que des peines,
Les oiseaux amoureux ne chanteroient pas tant.

Mais où vais-je chercher la preuve d'une assertion philosophique ? Dans un distique d'opéra !

On pourroit dire encore en style lyrique, que le rossignol développe le charme de sa voix, tant qu'il veut plaire à sa compagne : sont-ils unis ? il se tait, il n'a plus le besoin de lui plaire.

Si les enfans goûtent le chant, quelle est l'impression qu'ils en reçoivent ? Une impression de gaieté, un sentiment de bien-être & de plaisir.

Dans quelles circonstances les Sauvages, les Nègres, les gens du peuple font-ils usage de la Musique ? Dans leurs amusemens. Quel usage faisons-nous de cet Art ? Il préside à nos fêtes : de quelque genre qu'elles soient, il les anime, les embellit; fans lui il ne peut y avoir de fêtes. Entrez au Colifée au moment où l'Orcheftre fe taît, vous ne faurez que penfer de cette multitude d'hommes défœuvrés qui marchent l'un après l'autre : on ne fait s'ils fe cherchent ou s'ils s'évitent. En vain l'appareil & la décoration du lieu avertiffent qu'on s'y eft affemblé pour un amufement public : l'oreille livrée à un filence qui l'attrifte, rejette & contredit le témoignage des yeux. Mais auffi-tôt que l'Orcheftre fe fait entendre, tout fe ranime, tout vit : la Mufique eft la voix du plaifir, elle en porte le fentiment jufques dans les cérémonies qui appartiennent à la douleur. Une pompe funéraire devient une repréfentation touchante, lorfque la douleur s'y embellit du charme de la Mufique. Les hautbois, les clarinettes & les cors changent en appareil de fête, l'appareil meutrier de la guerre : la Mufique donne l'air du plaifir aux fureurs des combats.

Si la Mufique nous a été donnée uniquement pour une fin agréable, fi l'on n'en fait ufage que pour fe procurer de l'amufement, & lorfqu'on eft en état d'en recevoir, j'en conclus que les douces affections de l'ame, que ses situations heureuses, sont celles auxquelles la Musique s'adapte le plus facilement : puisque son effet naturel est le plaisir, ce qui nous en cause, est ce qu'elle doit exprimer le mieux : au contraire, tout ce qui gêne l'ame, tout ce qui la fait souffrir & la rend malheureuse, la Musique, enfant du plaisir, interprète du bonheur, ne peut le rendre qu'avec imperfection : cet emploi forcé la déplace de ses fonctions naturelles.

CHAPITRE XV.
Des situations où l'on est porté plus naturellement à chanter.

CE n'est pas assez d'avoir dit que la Musique appelée dans toutes les fêtes, y joue un rôle principal & nécessaire : hors de ces circonstances, voyons quelles sont celles de la vie commune, où l'homme, machinalement & par instinct, recourt à ce langage du chant dont il posède la faculté naturelle: c'est lorsqu'il est dans un état de calme, de bonheur, ou du moins dans une agitation si douce, que cet état a de quoi lui plaire.

Vous cherchez quelle fut chez les Grecs l'origine de la Poésie pastorale, de cette Poésie qui consiste dans les combats de la flûte & du chant : ce fut la vie douce & inoccupée des Pasteurs de la Sicile. Affranchis des besoins de l'indigence, placés sous un beau Ciel, dans de riches campagnes, environnés des bienfaits de la nature, ces hommes heureux n'avoient à craindre que le vuide & l'ennui d'un loisir continuel : ils chantèrent ce loisir même, & les beautés de la nature prodiguées devant eux : la Musique ajouta les délices de ses plaisirs au calme indolent de leur situation.

Homère, Virgile, Horace, Anacréon nous avertissent qu'au milieu des festins où l'on se couronne de roses, où la saveur des mets & la sève des vins les plus exquis, disposent l'esprit à la gaîté, le chant & la lyre s'offrent aux convives comme les moyens les plus naturels d'introduire la joie au milieu d'eux.

Tout homme qui ne chante pas de commande, dit Aristote, chante par un instinct de plaisir (1).

---

(1) Probl. d'Aristote.

Pénétrons dans ces réduits où des femmes rassemblées manient l'aiguille & le fuseau : exemptes de soins & de douleur, livrées à des occupations mécaniques qui les attachent sans les fatiguer, elles veulent égayer leur travail : le chant leur rend cet agréable office. Toutes en chœur modulent les mêmes sons; & le charme de la mélodie les distrait de l'uniformité de leurs occupations : il abrége pour elles la durée du tems.

Intereà longum cantu solata laborem,
Arguto conjux percurrit pectine telas.
(Virg. Géorgiques.)

Leur compagne près d'eux partageant leurs travaux,
Tantôt d'un doigt léger fait rouler ses fuseaux,
Tantôt cuit dans l'airain le doux jus de la treille,
Et charme par ses chants la longueur de la veille.
(*Traduction de M. l'Abbé de Lille.*)

L'Artisan, dans son attelier, libre aussi de soins qui l'attristent, appelle le chant à l'aide de ses travaux, & par sa modulation grossière, il s'en facilite l'exercice : *Musicam natura ipsa videtur ad tolerandos facilius labores, velut muneri nobis dedisse.* (Quintil. lib. 1.)

A ces situations calmes, heureuses, substituons-en d'autres toutes différentes.

Prenez un homme dans le mal-aife d'une fanté languiffante ; prenez un ambitieux déchu de fes honneurs ; un joueur dépouillé de fes tréfors : propofez-leur de chanter, ils vous répondront comme le Joueur de Regnard : *Que je chante, bourreau !* Rien de fi vrai que ce mot de fituation.

Tout le monde connoît la Fable du Savetier & du Financier. Le chant du Savetier atteftoit fon contentement, fa gaîté, & troubloit le repos de fon voifin, qui, fuivant la Fontaine :

> Étant tout coufu d'or,
> Chantoit peu, dormoit moins encòr.

Que fallut-il à l'Artifan pour négliger fes chanfons ? Perdre fa tranquillité d'efprit.

> Dans fa cave il enterre
> L'argent, & fa joie à la fois ;
> Plus de chant : il perdit la voix
> Du moment qu'il gagna ce qui caufe nos peines.

Perfonne n'a jamais réclamé contre la vérité que ces vers établiffent ; elle eft trop généralement reconnue. Préfentons-la encore fous un jour différent.

Un homme eft enfermé feul chez lui : vous

le croyez au désespoir de la perte d'une femme ou d'un ami. Tout-à-coup vous l'entendez chanter; de ce moment, n'êtes-vous pas rassuré sur la violence de son affliction ? Oui, vous l'êtes; car vous sentez que le chant ne s'allie pas avec une douleur profonde. Je maintiens qu'il n'est pas un homme frappé d'une grande calamité, & très-sensible à son infortune, qui ne soit révolté de la proposition qu'on lui fera de chanter, comme d'un démenti que l'on donne à sa douleur.

Les Prisonniers, dira-t-on, chantent dans leurs cachots; leur situation n'est ni heureuse ni tranquille. — On sait que la plupart de ces hommes, accoutumés au vice & aux châtimens qu'il encourt, s'étourdissent sur les punitions qu'on leur fait subir. On les entend chanter dans leur prison comme on les voit s'y enivrer, y faire l'amour, s'ils en trouvent l'occasion : mais s'il en est un que sa détention accable ou épouvante, vous ne l'entendrez pas mêler ses chants à ceux des Prisonniers qui l'entourent.

N'est-il pas naturel de penser que les situations où l'homme fait usage du chant, machinalement & par instinct, sont celles où où la Musique paroîtra mieux appliquée dans les imitations théâtrales? Elle y portera une expression plus naturelle & plus vraie. Nous voici parvenus au Chapitre le plus important & le plus difficile de cet Ouvrage. Il s'agit de bien reconnoître les différens caractères dont la Musique est susceptible, d'examiner l'usage que l'homme en fait, 1°. lorsqu'il se sert du chant comme d'une langue naturelle; 2°. lorsqu'il emploie la Musique comme un Art d'imitation adapté aux illusions du Théâtre.

CHAPITRE XVI.

Des différens caractères de la Musique, de leur usage naturel, & de leur emploi imitatif.

LES caractères de la Musique peuvent se réduire à quatre principaux, dont tous les autres sont les nuances, les approximations, les appartenances. La Musique est, 1°. tendre, 2°. gracieuse, 3°. gaie, 4°. vive, forte & bruyante : rien ne détermine l'ordre dans lequel nous rangeons ces caractères; nous n'avons voulu que passer graduellement d'une extrémité à l'autre. Chacun de ces caractères comporte une certaine latitude qui embrasse les caractères analogues & mitoyens.

Musique tendre.

L'attendrissement n'est pas un état de l'ame qui soit douloureux : il naît souvent du sentiment que l'on a de son bonheur. On s'attendrit en songeant à l'ami que l'on va revoir, à la maîtresse que l'on possède. Dans des situations semblables, rien de si naturel que de chanter; il est peu d'amans & d'amis qui n'en aient fait la douce expérience. La Musique tendre s'accommodera parfaitement sur le Théâtre à de telles situations.

Quelquefois l'attendrissement naît de la douleur : en ce cas, il est bon d'examiner si cette douleur prend sa source dans une affection douce, si c'est une douleur affectueuse, & jusqu'à quel degré elle est portée.

Un amant éloigné de sa maîtresse, éprouve une impression de tristesse & de mélancolie : ses souvenirs, ses pensées, son ame errent dans le vuide. Si j'ofe avancer que cette fituation a quelques douceurs, je ne craindrai pas que les ames tendres me dédifent: elles ont goûté ce charme d'une inquiétude amoureufe, dont le flux & le reflux agitent doucement la penfée ; & ceux qui aiment la Mufique, ont dû fe fervir du chant comme d'un acceffoire convenable à cette fituation. Ainfi (pour parler encore une fois le langage d'Opéra) les peines même de l'amour font douces : le plaifir s'y cache fous le nom & l'enveloppe de la douleur, à-peu-près comme le fuc délicieux de quelques fruits, fe couvre d'une peau & d'une écorce amère. De tous les fentimens, le plus lyrique, c'eft l'amour. Il ne paroît pas que nos Poëtes l'aient ignoré. La raifon qu'on pourroit en donner, eft peut-être que l'amour, même malheureux, conferve je ne fais quoi qui plaît à l'ame en l'affligeant. Le plaifir de fes douleurs, fi j'ofe ainfi m'exprimer, eft comme le nœud de convenance qui l'unit à la Mufique, & le lui rend propre.

Obfervez que l'amant heureux & malheureux peuvent chanter fur le même ton, fi ce ton eft celui de la tendreffe. Vous direz également bien fur la même phrafe de chant, quelle qu'elle foit,

>Je vous vois, mon fort eft trop doux;
>Je vous perds, mon fort eft affreux.

La Mufique n'a pas de nuances non plus pour différencier la tendreffe d'une mère, de celle d'une maîtreffe ou d'un ami. Les chants qui conviennent à l'une, conviendront de même aux deux autres ; & la fenfation muficale s'adaptera indifféremment aux émotions de la nature & à celles de l'amour.

La douleur de l'amour peut être fi exceffive, qu'elle n'ait plus rien du tout d'agréable pour l'ame qui la reffent ; alors elle n'appartient plus à la Mufique tendre. Rancé cherchant fa maîtreffe, & trouvant fon cadavre défiguré, n'eut ni le defir, ni le pouvoir de chanter. *Les grandes douleurs fe taifent*, a dit Sénèque : ce mot eft encore plus applicable au chant qu'à la parole. Auffi fur le Théâtre une Mufique tendre formeroit un contre-fens avec cette fituation de Rancé.

Réfultat. Premier caractère; la Mufique tendre. Son emploi naturel eft propre à toutes les fituations d'attendriffement, & fon emploi imitatif auffi. La même Mufique exprime également bien tous les genres de tendresse. Ce caractère comprend dans sa latitude la tristesse affectueuse, qui devient une nuance de la tendresse.

Musique gracieuse.

La Musique gracieuse ressemble assez par ses intonations, à celle qui est tendre ; mais elle en diffère par le mouvement qu'elle anime un peu plus.

La musique gracieuse tient naturellement à la situation d'une ame tranquille, qui repose dans une sorte d'impassibilité heureuse. C'est sur ce ton que chantera *Tityre*, couché au pied d'un hêtre : c'est ainsi que chanteront tous les hommes qui jouiront des voluptés de la nonchalance : il ne leur faut point de rhythme trop actif, il contrasteroit avec leur situation, & la changeroit peut-être. Il ne s'agit pour eux que d'échapper à l'engourdissement de l'inaction : c'est ce qu'opère sur eux la Musique gracieuse. Une des nuances de ce caractère est le gracieux tendre & sensible, l'*amoroso*. Ce Tityre, qui tout-à-l'heure chantoit gracieusement, exempt de soins, & de pensées pour ainsi dire, déclinera vers un chant tant foit peu plus fenfible, s'il fe fouvient de Galatée qu'il aima. Ce fentiment affoibli, qui n'eft plus qu'un fouvenir, reffemble aux dernières ondulations d'un fon qui n'exifte déjà plus. Quelquefois le chant gracieux emprunte auffi quelque chofe de la gaieté. Placé entre la joie & la tendreffe, il s'étend vers l'une & vers l'autre; il agrandit fon domaine en anticipant fur le leur.

Second caractère, Mufique gracieufe; applicable au calme de l'ame, & par extenfion à des fentimens mitigés. Cette Mufique convient aux chanfons, à la galanterie; fon ufage métaphorique & pittorefque la rend propre à tout ce qui eft doux, frais & riant.

Mufique gaie.

L'homme gai chante gaiement; cependant il n'eft pas néceffité à chanter de même, non plus que l'homme calme & indifférent à proférer des chants gracieux. Le chant n'eft pas tellement un langage d'expreffion naturel, que l'homme qui s'en fert pour fon ufage familier, le faffe toujours concorder avec fa fituation. Ce feroit s'attacher à un symptôme bien trompeur, de vouloir décider, entre deux hommes qui chantent par instinct, lequel est le plus gai, en se déterminant d'après leur chant. Toutes ces observations, minutieuses peut-être, mais nécessaires, doivent confirmer au Lecteur ce que nous lui avons dit d'abord, que les premiers effets de la Musique ne sont que de simples sensations. L'homme gai peut donc machinalement proférer des sons tendres ; mais le contraire, je crois, ne sauroit exister : un homme fort attendri ne sauroit proférer les accens de la gaieté : nous laissons au Lecteur Philosophe le soin d'expliquer cette bizarrerie, que nous croyons pouvoir donner pour un fait bien observé.

La Musique précisément gaie, dans l'usage imitatif & théâtral que l'on peut en faire, n'est guères susceptible d'un emploi détourné. Ce qui est tendre en Musique, peut être considéré comme triste, ou comme tendre, à cause de la prochaine affinité de ces deux caractères. Un tambourin gai, une allemande gaie, ne peuvent paroître que gais dans toutes les circonstances : il n'y a que du plus ou du moins. Communément plus l'air est vif, plus il acquiert d'allégresse. Il faut pourtant que le choix des intonations, que le tour mélodique contribue à lui donner ce caractère. Tel chant exécuté avec une mesure rapide, reste toujours froid & inactif : c'est un homme impotent que l'on traîne avec impétuosité ; il va vîte, mais il ne se remue pas.

La gaieté est donc le caractère le plus déterminé, le moins équivoque que nous trouvions dans la Musique : c'est celui auquel on peut le moins se méprendre : il n'a point *d'à-peu-près*. Ce caractère est celui auquel en général la multitude est le plus sensible. L'homme qui aime le moins la Musique, ne se défend pas de l'impression d'un air qui égaie. On se lasse promptement d'une Musique lente, forte, triste, sérieuse : on soutient sans peine la continuité des airs qui respirent l'allégresse.

Troisième caractère, Musique gaie ; dans la réalité comme dans la fiction, tenant principalement à des situations gaies.

Musique forte, vive & bruyante.

Par Musique forte, nous entendons celle

qui porte un caractère de fermeté, de fierté, de vigueur; ce qui s'effectue ordinairement par des notes pointées, piquées, auxquelles on donne une articulation plus dure. Cette Musique n'a jamais plus d'effet que lorsqu'elle est rendue à grand Orchestre : c'est pourquoi nous la considérons comme une des espèces de la Musique bruyante.

Ces épithètes, *forte, vive* & *bruyante*, nous apprennent que cette Musique ne convient pas à une voix seule : aussi est-ce l'espèce de chant dont l'homme isolé, qui chante pour son délassement, fait le moins d'usage. S'il y recourt quelquefois, c'est plutôt par une froide opération de la mémoire, que par une détermination du goût.

Le caractère dont nous parlons, porte une expression peu déterminée : le sens que l'esprit & la réflexion tirent de cette sensation musicale, est si vague, qu'il s'applique heureusement à des circonstances qui diffèrent beaucoup entre-elles. Citons-en quelques exemples.

Le chant des fifres, soutenu du son des tambours, au combat & dans tous les simulacres de guerre, excite une ardeur martiale :

dans la Chapelle de Versailles, au moment où le Roi paroît, ce bruit devient auguste, imposant ; il relève la majesté du Souverain, & ajoute à l'appareil de sa grandeur. Telle symphonie au Théâtre exprime un bruit de guerre : voulez-vous qu'elle signifie toute autre chose ? Il n'en coûtera rien ni à l'Auditeur, ni à la Musique : il n'y a qu'à changer la situation, le spectacle & la décoration. Vous avez vu que l'ouverture de Pygmalion, entendue au moment d'un orage, en étoit devenue la peinture parlante. Cet exemple dispense d'en citer d'autres.

Le Lecteur est loin de soupçonner peut-être tout ce qui tient à la flexible indétermination de ce genre de Musique, à son caractère souple & changeant. Cette propriété reconnue, résout tous les problêmes inexplicables sans elle. C'est à l'aide de cette Musique, qui *n'est rien*, d'une manière décidée, qu'on *exprime tout*, c'est-à-dire, tout ce qui semble se refuser à l'expression musicale.

Revenons sur nos pas, & rappelons ce que nous avons dit. *Plus un sentiment, dans la réalité, s'allie naturellement avec le chant ;*

plus dans l'imitation théâtrale, le chant doit l'exprimer facilement & avec vérité. Mais ce joueur désespéré qui vient de perdre sa fortune, ne sauroit chanter dans la réalité ; sa situation y répugne. Comment donc le ferez-vous chanter sur le Théâtre ? Quel caractère de Musique adapterez-vous à une situation qui, hors de l'imitation, rejette toute Musique ? Ce sera ce caractère vif, fort & bruyant. C'est avec un mouvement précipité, une mélodie tumultueuse, que vous ferez parler le désespoir de ce malheureux. Au sortir de son premier trouble, s'il profère quelques réflexions tristes & amères sur l'horreur de sa situation, vous emploierez ce caractère grave & austère que j'ai joint à la Musique bruyante ; ces notes pointées, piquées, dont l'articulation est âpre & vigoureuse.

Nous avons dit que de tous les sentimens, le plus lyrique est l'amour ; la haine, par la même raison, ne l'est guères ; & plus elle tourmente l'ame par la fougue de ses accès, plus (dans la réalité) elle est anti-lyrique ; car dans le transport de la rage, qui voudroit chanter ? Il faudra donc au Théâtre, faire pour *Vendôme* furieux, ce que nous avons fait tout-à-l'heure pour *Béverlei* au défefpoir, faifir un mouvement rapide, faire éclater l'Orcheftre & la voix dans toute leur force. Le premier inftant paffé, fi le perfonnage fubftitue aux convulfions de la colère, les mouvemens plus compofés d'une haine fombre & réfléchie, les notes piquées fe préfentent de nouveau comme un moyen d'expreffion. Le Lecteur fent, par cet exemple, que le même monologue de Mufique conviendra également à *Béverlei* ou à *Vendôme*. Nous développerons cette vérité par de nouvelles preuves & de nouveaux exemples, lorfque nous traiterons du *ftyle* & de *l'imitation déclamatoire*.

Quatrième caractère. Mufique forte, vive & bruyante ; elle n'eft compatible dans la réalité avec aucun état de l'ame : au Théâtre, elle s'applique à toutes les fituations qui comportent du trouble, quelles qu'elles foient.

Ce Chapitre contient le dépouillement de l'art tout entier. Mais il ne tient qu'au Lecteur de réduire à bien peu de chofe ce long étalage de doctrine. Quatre mots techniques lui en auroient dit prefque autant. *Largo*,

Andante, *Allegro*, *Presto*; voilà le sommaire de tout ce que nous venons d'écrire : tant la nomenclature d'un Art en contient quelquefois les secrets les plus cachés.

CHAPITRE XVII.
Nouvelles observations sur la Musique vive, forte & bruyante.

Voulez-vous reconnoître plus positivement encore, combien est vague & indéterminée l'expression de la Musique forte & bruyante ? Une expérience peut vous en assurer. Otez à cette Musique le commentaire des paroles, celui du bruit qui l'accompagne ; réduisez-la à la seule mélodie exécutée, je ne dis pas sans accompagnement, mais sans fracas ; & interrogez alors cette mélodie ; écoutez ce qu'elle vous dira. Je donne à l'homme le plus versé dans la Musique, le choix de l'air François, Italien, Allemand, qui lui aura paru exprimer la colère & la rage avec le plus de vérité : sans savoir quel sera le morceau choisi, j'affirme d'avance qu'il perdra toute son expression,

lorsqu'il perdra l'accessoire des paroles & du bruit. Hé ! pensez-vous que M. Gluck ait méconnu cette vérité ? Qu'il s'en soit rendu compte ou non, il l'a sentie ; ce qui suffit pour l'accomplissement des œuvres du génie. Entre-t-il dans la tête d'un Compositeur de mettre, pendant un air entier, la voix d'un seul homme aux prises avec soixante instrumens, qui redoublent de force pour la couvrir & l'étouffer ? C'est pourtant ce que M. Gluck a pratiqué dans la colère d'Achille. N'en doutez pas ; ou de réflexion, ou de génie, voici comme il a raisonné. « J'ai
» à peindre la fureur de l'homme le plus
» violent : ces mots seuls, *la colère d'Achille*,
» annoncent une passion extraordinaire &
» terrible. Comment élever le chant jusqu'à
» cette situation ? La colère est un senti-
» ment qui ne chante pas : produisons un
» effet de symphonie & d'ensemble, impo-
» sant, effrayant, s'il est possible. L'illusion
» de cet effet sera réversible sur mon héros ;
» & le Spectateur qui entendra le bruit de
» tout l'Orchestre, croira que ses cent voix
» font la voix d'Achille. » C'est ainsi que sent ou raisonne l'homme de génie : on

fait si le procédé de M. Gluck lui a réussi : l'air des fureurs d'Achille n'a pas trouvé peut-être un seul détracteur. Essayez d'y substituer un chant *colérique*, & qui fasse moins de bruit, vous verrez combien il y aura à perdre. Je dis plus ; l'air des fureurs d'Achille détaché de la situation & des paroles, exécuté par un petit nombre d'instrumens, ne sera plus qu'une marche fière & articulée ; ce qui ne peut jamais s'alléguer au désavantage de l'air ni du Compositeur. Qu'importe que le caractère de cette mélodie puisse être affoibli ou dénaturé par les circonstances ? l'homme de génie qui l'a conçue, l'a revêtue de tout ce qui la rendoit propre à la situation : avec ce chant, il a produit le plus grand effet possible ; il a fait voir la colère où elle n'étoit pas : imitons ce coup de magie, au lieu d'en faire la censure.

L'expérience que je viens d'indiquer, il faut, pour la rendre complette, la répéter sur des airs gais, tendres & gracieux. Si la mélodie de ces airs mise à nud, sans bruit, sans paroles, sans accompagnement même, reste toujours ce qu'elle étoit ; si elle conserve son caractère gai, tendre & gracieux, la différence que nous avons établie, devient incontestable.

Une autre différence que je veux faire observer encore, & que l'exemple ci-dessus proposé met dans tout son jour, c'est qu'au-dessous d'une figure peinte ou dessinée, dont le trait simple n'exprimeroit pas la colère, si vous écriviez *la colère d'Achille*, vous traceriez un mensonge, qui ne tromperoit ni l'esprit, ni les yeux : en Musique, où il n'y a point d'expression parlante de la colère, un homme de génie fait choix d'une mélodie propre à opérer le prestige dont il a besoin ; il dit à ce chant qu'il a conçu : *deviens l'interprète de la fureur*. Le prodige s'opère ; tout le monde s'y méprend, & l'on se sent, pour ainsi dire, animé du sentiment que le Musicien a voulu exprimer.

Quels sont les moyens qui effectuent une illusion si étonnante ? Les voici.

Toute mélodie forte & bien conçue, exécutée à grand bruit, excite une émotion vague, une sensation indéterminée : elle met du trouble dans nos sens. L'esprit travaille sur cette sensation, & voici les rapports qu'il qu'il lui trouve avec la colère. 1°. Le tumulte des idées, dont le tumulte des sons devient à-peu-près l'image. 2°. La colère précipite le mouvement du sang, & fait battre le pouls à coups redoublés. De même, la mesure (qui est le pouls de la Musique) précipite ses impulsions & renforce ses secousses. 3°. La colère fait jaillir la voix par éclats: de même dans cet air de fureur, l'Acteur fait dominer les sons de sa voix; ce qui ne signifie pas qu'il imite l'accent inarticulé de la colère, mais qu'il donne aux sons qu'il profère, l'expression du *fortissime*, comme la donnent les instrumens qui n'imitent aucun cri.

Ajoutez à ces moyens d'imitation, le geste, le regard, la démarche de l'Acteur, les paroles dont le sens est *la colère*, vous concevrez que le Spectateur cède à l'illusion de tant d'accessoires qui entourent & enveloppent la mélodie, & qui lui communiquent une expression *locale* & du moment.

Cette transformation de la même Musique en différens caractères, ne peut pas avoir lieu pour tous les caractères pris indifféremment. D'un air tendre, d'un air gracieux,

L

vous ne ferez jamais le langage de la fureur, l'analogie ne s'y trouve pas. Les caractères de Musique qui ont une expression déterminée, peuvent tout au plus l'étendre, mais non pas la contredire ; ils ne peuvent pas signifier autre chose que ce que leur caractère propre leur permet. La Musique dont l'expression est moins décidée, par cette raison même, admet plus facilement diverses expressions. Elle est, si j'ose le dire, dans le cas des hommes qui manquent de caractère ; c'est à ceux-là qu'il est le plus aisé d'en trouver un d'emprunt, qu'ils doivent à la circonstance.

Tous nos chants militaires fournissent un complément de preuves de ce que j'avance : ils sont vifs, bruyans, articulés. L'air *de la charge*, qui est le signal du meurtre, est une contre-danse. Demandez à nos Officiers, si cet air, exécuté au moment du combat, avec le fracas des instrumens guerriers, donne envie de danser ; si son caractère primitif ne s'efface pas, ne se perd pas dans le caractère qu'il prend accidentellement. Mais, dira-t-on, c'est la circonstance qui détermine l'impression que l'air doit faire. Eh ! au théâtre n'est-ce pas de même? Si vous me passionnez pour un de vos personnages réduit à désespoir, pensez-vous que je ne sois pas très-bien disposé pour trouver l'expression du désespoir dans ce qu'il chante?

Lorsque j'observai pour la première fois les quatre caractères principaux dans la Musique, lorsque je reconnus leur emploi propre & *extensif*, il me sembla que cette idée n'avoit encore été saisie par personne: depuis, je l'ai trouvée dans les anciens, avec de légères différences.

« Les Philosophes avoient divisé la Musique, relativement à ses effets sur l'ame, en trois espèces, *Musique tranquille, active, enthousiastique*. La première étoit un chant grave, d'un mouvement modéré, ce qui la fit nommer *morale, ethica*. La seconde étoit un chant plus vif, qui convenoit aux passions. La troisième saisissoit l'ame & la remplissoit d'ivresse ». (Notes de M. l'Abbé le Batteux sur la Poët. d'Aristote).

» Il y a trois principes de la Musique, dit Plutarque; la gaieté, la douleur, l'enthousiasme (1) ».

---

(1) *Sympos. quæst.* 5.

» La Musique se divise en trois espèces :
» *Musique d'affliction*, de *gaieté*, de *calme*. »
(Aristide-Quintil.)

Euclide établit trois caractères de mélodie, celui qui *élève l'ame*, celui qui *l'énerve* & *l'amollit*, celui qui *la tranquillise*.

Plutarque, dont les trois divisions sont la *gaieté*, la *douleur*, l'*enthousiasme*, approprioit-il à la douleur toute Musique lente & sensible ? Cela ne nous semble pas juste ; car un amant dans l'extase du bonheur, chante sur un ton sensible & touchant.

La distinction d'Aristide-Quintilien, Musicien Grec, se rapporte à ces trois mots, *Adagio*, *Andante*, *Allegro*. Il considère l'*adagio* plutôt comme *triste* que comme *tendre* : je m'éloigne en ce point de son opinion. L'*andante* peint le calme & les émotions si douces, qu'elles ne détruisent pas l'idée du repos. L'*allegro* exprime la gaieté, comme le nom seul l'indique. Aristide-Quintilien, qui ne fait pas mention de la Musique enthousiastique, auroit-il conçu, ainsi que moi, que l'allégro devient enthousiastique, lorsqu'on y joint l'accessoire du bruit & l'appareil de l'imitation ?

CHAPITRE XVIII.

Du style en Musique.

Nous considérons le style de deux manières, quant à la composition, & quant à l'exécution.

Du style quant à la composition.

Le mot *style*, lorsqu'on l'applique à la langue, signifie la manière de *composer* & d'*écrire*. Composer, c'est régler la suite & la marche de ses pensées, déterminer celles qu'il faut étendre, resserrer & même supprimer. Écrire, c'est choisir les tours, les mots, & en fixer l'arrangement.

Le style en éloquence & en poésie a tant d'efficacité, qu'il peut faire goûter un Ouvrage stérile pour le fonds, & en faire négliger un dont le sujet comporte de l'intérêt. Cicéron appelle le style *optimus, ac præstantissimus dicendi effector, ac magister*. Le maître en l'Art de bien parler, & ce qui produit les grands effets. Denis d'Halicarnasse attribue à l'arrangement des mots, une sorte de puissance

divine qui modifie le ftyle de mille manières.
Il compare le pouvoir de cette partie du
ftyle, à celui de Minerve dans l'Odyffée,
qui fait paroître Ulyffe, tour-à-tour jeune
& vieux, fous un extérieur abject, & fous
une repréfentation augufte.

La Mufique eft une langue. Cette langue
a fes caractères élémentaires, les fons ; elle
a fes phrafes qui commencent, fe fufpen-
dent & fe terminent. Ce n'eft pas feulement
la néceffité de ménager à la voix des inftans
de repos, qui fait imaginer ces fufpenfions
& ces terminaifons de la phrafe muficale ;
la nature de l'Art les indique. Après telle
fuite de fons modulés, l'oreille attend quelque chofe ; après telle autre, elle n'attend
plus rien.

Le mérite du ftyle en Mufique, comme
en éloquence, confifte à bien diftribuer fes
penfées, à les rendre amies & dépendantes
l'une de l'autre, à favoir à propos les ref-
ferrer & les étendre.

Quant à cette autre partie du ftyle, qui,
en éloquence, confifte dans l'arrangement
des mots, elle n'a point lieu pour les fons
en Mufique. Le chant une fois conçu, la

place des sons est nécessairement fixée. Expliquons ceci par un exemple.

Je préfère la mort à l'esclavage.

L'Écrivain qui veut mettre au jour cette pensée, peut la présenter sous des mots & des tours différens. Il peut s'exprimer ainsi :

J'aime mieux la mort que l'esclavage ;
La mort m'effraie moins que la servitude ;
J'aime mieux n'être plus, que d'être Esclave.

Que sais-je enfin ? M. *Jourdain* peut dire de vingt façons, à *Dorimène*, qu'il *meurt pour ses beaux yeux* : c'est toujours la même chose qu'il lui aura dite. Il n'en est pas ainsi en Musique. Si vous mettez le son qui étoit le troisième dans votre phrase musicale, à la place de celui qui étoit le premier, & que vous intervertissiez ainsi l'ordre successif, vous ne retrouverez pas la moindre trace du premier chant. D'où provient cette différence ? De ce que les tours & les mots ne sont que les signes conventionnels des choses : ces mots, ces tours ayant des synonymes, des équivalens, se laissent remplacer par eux ; mais les sons en Musique ne sont pas les signes qui expriment le chant, ils sont le chant même. Que fait-on lorsqu'on imagine une phrase de mélodie ? On dispose les sons de telle ou de telle manière : le chant une fois déterminé, la disposition des sons l'est donc aussi nécessairement.

Il suit delà, qu'en Musique on ne peut jamais exprimer obscurément sa pensée. On chante, on note les sons que l'on a dans la tête : ces sons ne sont pas l'expression de la chose, ils sont la chose même. Mais l'Écrivain qui a le choix des tours & des mots, s'il ne tombe pas précisément sur ceux qui appartiennent à sa pensée, il ne l'explique pas : il dit *blanc*, tandis qu'il pense *noir* : l'impropriété d'expression n'est que trop commune en écrivant.

Il n'y a qu'une façon d'énoncer obscurément sa pensée en Musique ; c'est de l'étouffer par l'harmonie. Si vingt instrumens articulent à la fois des chants qui se contrarient, l'un écrase l'autre, & l'on ne distingue plus rien. Cette obscurité résulte de la confusion de plusieurs voix qui parlent ensemble, & ne disent pas la même chose. Aussi ce qu'on appelle Art d'écrire en Musique, n'est relatif qu'à l'harmonie : c'est l'art de distribuer les parties auxiliaires du chant, de façon à le laisser paroître & à l'embellir.

Observons, en passant, combien les expressions propres d'un Art, tiennent aux procédés qui lui sont propres. On appelle *style*, l'Art de composer la mélodie : & chaque mélodie n'admettant qu'un seul arrangement de sons, on annexe l'*Art d'écrire* à l'harmonie, parce qu'elle a la liberté d'arranger les sons de plusieurs façons différentes : on ne dit point le style de l'harmonie, parce que l'harmonie prise en elle-même, a peu d'expression & de caractère.

Le style en composition est donc le tour mélodique, la façon de faire chanter les sons.

Du style quant à l'exécution.

Par quelle bizarrerie dit-on d'un Chanteur distingué, d'un instrument fameux, *il a un style excellent*, & qu'on ne sauroit le dire d'un Orateur qui prononce un Discours, d'un Déclamateur & d'un Comédien qui récitent & qui jouent ?

Il est mal aisé d'en trouver la raison :

quelle qu'elle foit, nous remarquerons que l'Art d'exécuter en Musique est infiniment difficile, parce qu'il est infiniment fécond & varié. Il ne faut pas, pour ainsi dire, que deux sons qui se succèdent, aient la même affection, la même propriété. Le style de l'Exécutant doit donc se rouler continuellement d'opposition en opposition, de contraste en contraste. Ajoutez encore, qu'un Récitant habile ne s'asservit pas strictement à ce que le Compositeur a noté. Ici, il orne le texte ; là, il le simplifie ; il altère une valeur aux dépens d'une autre ; & par ces modifications qu'il imagine, il se rend presque Propriétaire & Auteur de ce qu'il exécute.

Démosthène, lorsqu'on lui demanda quelle est la première partie de l'éloquence, répondit *la déclamation :* la seconde, lui dit-on ? -- *La déclamation.* -- La troisième ? *La déclamation.* Que dirons-nous donc de l'exécution musicale ? Elle ajoute plus à la Musique, que la déclamation n'ajoute à la Poésie, à l'Eloquence. Prononcez mal un discours, ou des vers ; que leur faites-vous perdre ? L'harmonie, & le ton passionné, s'ils en sont susceptibles ; mais les mots, signes vivans de la pensée, la montrent dans tout son jour. Ils indiquent les mouvemens passionnés de l'Ecrivain, quoique le Déclamateur n'en profère pas l'accent. Au contraire, les sons de la Musique étant nuls par eux-mêmes & sans signification, ils n'en acquièrent que par les inflexions qu'on leur donne, par le contraste qu'on y met. Si vous leur ôtez cet unique moyen qu'ils ont de s'exprimer, ils restent muets & inanimés. Tirez un sens de la gamme chantée scholastiquement. Quel sera l'homme assez Musicien, ou plutôt assez peu Musicien, pour juger d'une Musique mal exécutée?

C'est par cette nullité intrinsèque des sons musicaux, qu'il faut expliquer la nécessité à laquelle l'Art est astreint de varier toutes les inflexions des sons, & de n'en pas accoupler deux qui se ressemblent. Le style de l'Exécutant est l'artisan de ces modifications créatrices; il oppose à chaque instant le *fort* au *doux*, les vibrations molles aux vibrations serrées, les *coulés* aux détachés; autrement il fatigue l'air d'un vain bruit, où l'oreille ne peut rien concevoir.

La langue parlée emploie quelquefois,

ainsi que la Musique, des sons qui n'ont ni signification, ni caractère; on n'a d'autre ressource que d'en varier l'inflexion pour déterminer le sens qu'ils doivent avoir. L'interjection, *ah!* est un de ces sons nuls par leur nature ; suivant l'inflexion que la voix lui donne, elle exprime la douleur, la joie, l'étonnement, la tendresse, l'admiration, &c. &c. Voilà ce que fait la Musique : elle accentue à sa manière, *mélodiquement ;* elle rhythmise des sons qui manquent de toute expression, & par cette opération elle leur en communique une. Le Compositeur & l'Exécutant réunissent pour un même effet toute la magie de leur style. L'un, comme Pygmalion, modèle la Statue ; l'autre, comme l'Amour, la touche & la fait parler.

CHAPITRE XIX.

De ce que l'imitation déclamatoire ajoute au style musical.

COMMUNÉMENT on ne chante pas au pupitre comme sur la scène. Quelles sont les différences qui distinguent ces deux façons de chanter ? Quels font les caractères de Musique les plus susceptibles de ces différences ? Tel sera dans ce Chapitre l'objet de nos recherches.

En chantant au pupitre, on donne à la Musique toute son expression naturelle, toute celle qui tient proprement au style, & qui le constitue ce qu'il est : on retranche l'expression déclamatoire, parce que tenant à l'action, à la représentation, elle doit disparoître avec l'appareil du Théâtre. Un air, en passant de la scène au pupitre, fait donc ce que fait le chanteur lui-même ; il quitte sa parure théâtrale, & se montre sous un vêtement ordinaire. En quoi consiste cet ornement que la Musique emprunte de la déclamation ? Dans l'altération de la voix, dans le geste & l'expression du visage. Ces deux dernières parties tiennent uniquement à la déclamation ; nous sommes dispensés d'en parler. Mais l'altération de la voix ne pouvant être indépendante de l'Art des sons, il convient d'en dire quelques mots.

On ne parle point comme l'on chante. L'émission de la voix, dans ces deux procédés de l'organe, n'est pas la même (1) ; le chant exige des sons homogènes, qui tiennent à un même corps de voix. La déclamation suit moins sévèrement ce principe ; elle permet aux passions d'altérer, de dénaturer le son de la voix pour le rendre expressif : le chanteur doit toujours maintenir la sienne *mélodique* ; il n'a pas plus le droit de déroger à ce principe, que les instrumens, de tirer un son éraillé & vicieux, pour exprimer des sentimens contraints & pénibles. Au Théâtre lyrique, où la Musique & la déclamation se réunissent, il faut que les deux principes opposés se combinent ensemble, & se modifient l'un par l'autre. La Musique admet donc quelque altération dans la voix. L'Acteur la rend dans plusieurs instans, moins mélodique & plus déclamatoire : il exagère aussi l'expression naturelle du chant, convenablement au geste, aux regards, aux mouvemens dont il l'accompagne. Il anime, il passionne la mélodie sur la scène plus qu'au concert : telle est l'influence de la déclama-

---

(1) Voyez Aristoxène, & tous les Musiciens Grecs. Voyez aussi l'Ouvrage intitulé : *Mécanisme du Langage*.

tion sur le chant. Mais tous les caractères de chant ne recourent pas également à cette expression empruntée d'un autre Art. Un air gracieux, un air tendre se chantent au pupitre comme au Théâtre. Faites-en l'épreuve sur le premier air de la Colonie, & sur les airs que je vais indiquer : *Je n'ai jamais chéri la vie. C'est l'amour qui prend soin. Ah! quel tourment d'être sensible. Amour, Amour, quelle est donc ta puissance*, &c. &c. Au contraire, les airs, *j'ai perdu mon Euridice* ; celui d'Alceste, *me déchire & m'arrache le cœur. Je me reconnois*, de l'Opéra de Roland ; la reprise vive du duo de Silvain, &c. &c. tous ces morceaux reçoivent au Théâtre une expression plus forte, plus pathétique, & qu'ils empruntent de la déclamation. Ces morceaux sont tous du genre *vif, fort & bruyant* : c'est sur ce caractère, moins déterminé que les autres, que la déclamation exerce un empire plus facile & plus absolu ; moins elle lui trouve une signification positive, plus elle peut lui en donner une accidentelle & de rencontre.

J'avançois un jour, que d'un air infiniment

pathétique au Théâtre, & que je défignois, l'on feroit une pièce de clavecin charmante, mais qui ne feroit que vive, fpirituelle, animée : je n'en fus pas cru fur ma parole : tous ceux qui m'écoutoient, encore pleins de l'émotion tragique que l'air leur avoit caufée, ne pouvoient croire qu'ils l'entendiffent jamais avec un plaifir dénué de ce trouble attendriffant. Il furvint un homme d'un talent diftingué pour le clavecin, qui exécuta ce que je propofois, & opéra l'effet que j'avois annoncé. Ce fait ne prouve rien ni contre l'air dont il s'agit, ni contre l'Auteur, ni même contre l'Art. L'air fur la fcène eft pathétique autant qu'un air puiffe l'être : l'Auteur eft un homme de génie qui a vu dans la mélodie de fon air, toute l'expreffion déclamatoire dont elle eft fufceptible. Eh ! quel tort cela peut-il faire à l'Art, qu'un morceau plein de trouble & de délire au théâtre, foit, dans la chambre, une pièce de clavecin charmante ? Une telle mélodie fait les fonctions d'un Acteur intelligent, qui multiplie fon emploi, & joue des rôles différens : c'eft *Garrik* que la Tragédie & la Comédie fe difputent, & qui, en changeant

changeant de masque & d'habit, les sert également bien l'une & l'autre.

Familiarisons le Lecteur avec cette idée, que le même chant peut emprunter de la déclamation différentes expressions presque contraires l'une à l'autre : eh! c'est ce qui arrive aux phrases du discours. L'ironie fait prononcer les mots dans un sens contraire à celui qu'ils ont : le Kain, au cinquième acte de Zaïre, disant : *je ne suis point troublé*, par le prestige de la déclamation, disoit effectivement : *je suis dans le plus grand trouble*. Mais si la déclamation peut arracher aux mots le sens qui leur est propre, & leur en donner un tout contraire, comment, sur de simples sons, aura-t-elle une efficacité moins grande ?

Apprenez donc, Lecteur, à n'être plus la dupe de toutes les critiques dictées par l'ignorance ou la mauvaise-foi. *Tel air est mauvais*, dit-on, *car j'y peux appliquer d'autres paroles que celles qui y sont.* -- Il n'est point d'air *vif*, *fort*, *bruyant* (exprimant *la haine*, *la rage*, *le désespoir*, tous ces sentimens douloureux & anti-lyriques), qui ne puisse dépouiller cette expression, & en revêtir une autre. Ne vous tourmentez point l'esprit pour nuire à vos plaisirs ; ne combattez point vos sensations par des sophismes. Tel air au Théâtre vous pénètre de passions turbulentes & impétueuses ; le Musicien qui opère un tel prodige, est un Magicien dont l'Art doit vous être cher & précieux : tous ne le posèdent pas cet Art si difficile.

Ce n'est pas la Tragédie seulement que l'on associe au chant ; le Comique, le Bouffon se chantent aussi, & dans ce genre comme dans le pathétique, la déclamation aide la Musique de ses moyens, & lui prête son expression.

L'Auteur de *la Serva Padrona* donnoit à son Musicien une tâche difficile à remplir, en lui prescrivant d'exprimer l'impatience d'un homme qui attend (1). Comment voulez-vous que la Musique atteigne à cette expression ? Quels moyens a-t-elle pour y réussir ? Le Musicien a fait un air vif, & il ne pouvoit rien faire de plus pour exprimer.

---

(1) Voyez le premier Air de *la Serva Padrona*.

Ce caractère, comme nous l'avons dit, est susceptible de diverses interprétations. La déclamation lui prête celle de l'impatience, & démontre ce sentiment par le jeu de l'Acteur.

L'Auteur du charmant Opéra-comique de *Rose & Colas*, a voulu que son Musicien exprimât *l'ironie*, sentiment dont la Musique ne parle point le langage. La déclamation supplée à ce qu'elle ne peut faire ; mais quelque talent d'expression que l'Acteur déploie dans l'air : *Ah ! quelle douleur*, chanté vivement ; l'oreille Musicienne sent, au caractère de la mélodie, que l'air eût gagné à être chanté dans un sens positif, sans ironie, & avec moins de vîtesse.

Parlerai-je de ces imitations bouffonnes que la déclamation joint quelquefois à la Musique, comme de rire, ou de bâiller en chantant, de contre faire le ton cassé & le babil ridicule d'un vieillard, &c. &c? C'est faire grimacer la Musique, de la mettre à de telles épreuves : c'est enlaidir la mélodie, c'est la dépraver pour le bien de l'imitation : c'est vouloir qu'un beau visage ressemble à ce qu'il y a de plus laid. On peut faire, en passant, de si cruels sacrifices à la vraisemblance théâtrale ; les répéter trop souvent, ce seroit les faire dégénérer en abus. Essayez au Concert ces grotesques modifications du chant, elles en paroîtront la décomposition monstrueuse : on ne pourra les soutenir. Que cet exemple achève de nous faire connoître qu'on ne chante pas au pupitre comme sur la scène. Mais qu'on m'explique comment les partisans déclarés de la mélodie, qui, dans les guerres de Musique, se battent sous son enseigne, & qui excluent du genre tragique tout ce qui tend à l'expression la plus vraie, aux dépens (disent-ils) de la grace & de l'unité requise dans la mélodie, qu'on m'explique, dis-je, comment des *Mélodistes* si délicats & si scrupuleux applaudissent avec transport à des représentations comiques, où la mélodie toute contrefaite, pour se rendre imitative, substitue de hideuses grimaces à ses graces naturelles ? De tels jugemens sont-ils de bonne-foi ?

CHAPITRE XX.

Réponse à diverses questions concernant le style d'exécution.

QUESTION.

Si le style d'exécution a tant d'efficacité en Musique, il n'est donc point d'air qu'on ne puisse rendre agréable, lorsqu'on en fait accentuer & modifier tous les tons ?

RÉPONSE.

Si l'habillement & la parure ajoutent tant à la beauté, il n'est donc point de visage que l'Art ne puisse embellir. Le vice de ce raisonnement fait sentir le vice du premier. Une mélodie mal composée n'inspire rien à celui qui l'exécute ; il ne sauroit où placer ses inflexions, ses agrémens ; rien ne les détermine. Voulez-vous vous assurer d'une manière infaillible, si la mélodie de tel Musicien a du charme & du caractère ? Regardez, écoutez l'Orchestre qui l'exécute.

S'il s'anime en exécutant, si leurs sons ne sortent point à *froid* de leur instrument, la mélodie a parlé à leur ame ; cette preuve est sans réplique.

QUESTION.

Le même morceau de Musique comporte-t-il différens styles d'exécution ? Peut-il être rendu de plusieurs manières ?

RÉPONSE.

Entre toutes celles que l'on pourroit employer, il en est une plus convenable au style de l'Air ; cette manière doit être regardée comme l'unique, puisqu'elle est la plus vraie.

QUESTION.

Cet Air pathétique que vous avez cité, & qui au clavecin est devenu une pièce charmante, dans ces deux emplois différens, en variez-vous le style ?

RÉPONSE.

Non, j'ajoute ou retranche l'expression déclamatoire; mais le style reste le même.

QUESTION.

Et tous ces Virtuoses du premier ordre dont le style diffère; les *Pagins*, les *Gaviniés*, les *Jarnovich*, les *Pugnani*, les *Jansons*, les *Duport*, les *Rault*, les *Bezzozi*, exécuteront-ils le même morceau de la même manière?

RÉPONSE.

C'est dans leur propre Musique qu'ils différeront le plus. Tous doivent se rapprocher, en saisissant l'esprit de chaque Compositeur, & le sens de chaque morceau. Celui qui y seroit le moins propre, auroit le talent le plus circonscrit, & mériteroit le moins d'être appelé un grand Musicien.

QUESTION.

Chaque Nation a-t-elle un style d'exécution, comme elle a un accent & un langage?

RÉPONSE.

Non, chaque Nation adopte différens

styles suivant les tems & les circonstances. Communément il suffit d'un talent supérieur pour donner le ton à tous les autres. Le style du chant Italien s'est fort corrompu depuis quarante ans : on y a mis une exagération souvent ridicule, que les grands Maîtres condamnent, & dont les grands talens, tels que celui de Madame *Todi*, savent s'affranchir.

CHAPITRE XXI.

De l'Harmonie jointe à la Mélodie.

Jusqu'ici nous nous sommes renfermés dans l'idée la plus simple que l'on puisse concevoir de la Musique, dans la seule mélodie ; complettons cette idée, & reconstituons l'Art dans son entier, en lui rendant l'un de ses accessoires les plus nécessaires, l'harmonie.

Le Lecteur n'attend pas que nous lui donnions un traité scientifique des accords & de la manière de les employer. Dans ce Chapitre, comme dans le reste de l'Ouvrage, nous considérons la partie métaphysique de l'Art, plus que la partie matérielle & technique. Au lieu de répéter ce qu'ont dit les plus favans Théoriciens fur la formation & l'ufage des accords, nous nous bornerons à quelques réflexions, faites, plutôt pour les ignorans, que pour les perfonnes verfées dans la Mufique.

C'eft certainement un phénomène digne d'obfervation, que la co-exiftence de plufieurs fons, que l'oreille diftingue tous, & dont l'impreffion fimultanée ne produit qu'une fenfation nette & diftincte. De tous nos fens, l'ouie eft le feul fufceptible d'une telle fenfation, compofée & fimple tout-à-la-fois, & la Mufique a feule le droit de nous la faire éprouver. Que différens bruits parviennent enfemble à l'oreille, ils fe détruifent réciproquement : que plufieurs perfonnes parlent à la fois, aucune ne fe fait entendre. Mais que plufieurs voix chantent en même-tems des parties harmoniquement diftribuées, l'oreille (en les diftinguant toutes) reçoit l'impreffion de ces voix réunies, comme elle recevroit l'impreffion d'une feule voix. Dans ce mêlange de fons affiliés par l'harmonie, la mélodie fe montre claire &

distincte : elle est le résultat de tout ce que l'oreille entend. Si les sons secondaires adjoints au chant ne sont pas ceux que prescrit l'harmonie, dès-lors l'unité est détruite, le chant disparoît; il ne reste plus qu'un désordre & une confusion inintelligibles.

Ce seroit une expérience curieuse pour un Européen transporté parmi les Sauvages, de leur faire entendre, avec les embellissemens de l'harmonie, les airs qu'ils ont coutume de chanter à l'unisson. Quel seroit l'effet de cette première impression ? Seroit-elle importune ou agréable ? L'instinct musical de ces hommes grossiers leur feroit-il d'abord démêler, à travers toutes les parties, celle du chant, en lui subordonnant celles qui l'accompagnent ? Ces questions ne peuvent être éclaircies que par l'expérience. La solution que l'on pourroit en obtenir, apprendroit jusqu'à quel point le sentiment de l'harmonie est naturel à l'homme, jusqu'à quel point la sensation qu'il en reçoit, est factice, réfléchie & combinée.

L'harmonie paroît dériver immédiatement de la nature du son, puisque tout son retentissant produit ses harmoniques. Une cloche frappée fait entendre, avec le son principal, sa tierce & sa quinte. Le son par sa nature n'existe donc jamais seul; il naît avec les sons affiliés qui l'accompagnent.

Jouez d'un instrument dans une chambre où il y en a vingt autres, les cordes de tous ces instrumens s'ébranlent & frémissent, toutes les fois que celui sur lequel on joue, fait entendre des sons qui leur sont analogues. Mais pour tous les autres sons, ces cordes restent muettes & insensibles; elles n'éprouvent aucun frémissement.

On ne peut toucher deux cordes à la fois sur le même instrument, sans qu'il en résulte la résonnance sourde d'un troisième son plus grave que les deux autres, & qui se mêle avec eux, comme pour déclarer qu'il leur appartient, & qu'on ne peut l'en séparer.

Telles sont les expériences principales qui nous révèlent la sympathie des sons & leur co-existence nécessaire: expériences qui servent de base aux savantes spéculations des Théoriciens. Nous nous contenterons ici d'observer que le troisième son produit par le retentissement de deux autres, loin d'être une basse toujours vraie, ne peut, dans une infinité de cas, s'associer aux deux sons qui le produisent. La raison en est que ces deux sons, suivant le tour de la mélodie, appartiennent à un mode ou à un autre, & souvent le mode constitué rejette le son donné par la résonnance. Voyez l'exemple ci-joint.

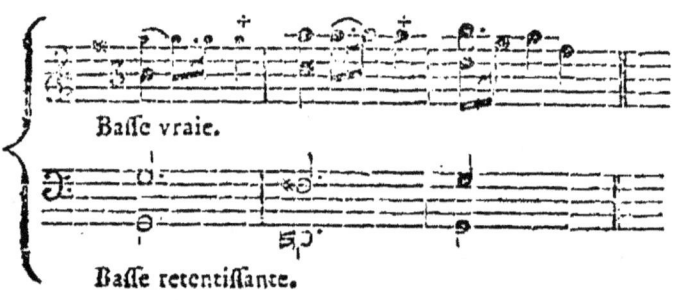

Basse vraie.

Basse retentissante.

Les résonnances du corps sonore peuvent être regardées comme les premiers élémens de la Théorie des Accords, & comme le berceau de l'harmonie. Non que ce soit à cette expérience que nous soyons redevables de l'Art d'écrire la Musique à plusieurs parties. Cet Art avoit pris naissance long-tems avant que le phénomène des résonnances eût été observé; & les découvertes de l'instinct, en ce point comme en tout autre, devancèrent celles de la Science.

Autant on a lieu d'être étonné que les Anciens n'aient pas connu l'harmonie, autant on pourroit l'être que les Modernes aient étendu si loin la Théorie des Accords. Comment les premiers, avertis, par le fentiment de l'oreille, de la fympathie de quelques fons, n'ont-ils pas tenté de les allier dans leurs chants ? Comment les feconds ont-ils ofé affocier des fons que la diffonnance femble rendre incompatibles ?

L'effet de quelques diffonnances eft tellement âpre & rude, qu'il met, pour ainfi dire, en fouffrance l'inftrument qui les produit. Touchez un accord de *feconde* fur le violon, vous fentez frémir avec violence les parois de l'inftrument, comme fi elles vouloient fe disjoindre. A cet accord, faites fuccéder la confonnance, ce frémiffement raboteux n'a plus lieu, & l'inftrument participe à l'état de calme, de quiétude où l'oreille fe trouve.

Tout notre fyftême d'harmonie cependant fe compofe également & de confonnances, & de diffonnances. Les Légiflateurs en harmonie ont, il eft vrai, capitulé avec l'oreille pour lui faire admettre les accords diffonnans.

La règle de les préparer & de les sauver, consiste à faire entendre d'abord l'une des notes dont l'accord se compose, ensuite à en approcher le son ennemi auquel cette note craint de se joindre, & enfin à le faire disparoître, afin qu'un son plus ami lui succède. C'est à ces conditions que l'oreille s'accommode de la dissonnance, qu'elle en supporte la contrariété passagère, afin de se reposer après plus agréablement sur des sons mieux assortis. C'est ainsi que, dans la vie, de courtes épreuves varient l'uniformité du bonheur, & en rendent le sentiment plus doux.

Les personnes peu versées dans la Musique, peuvent imaginer que chaque son ayant ses harmoniques, l'Art de la *composition* ne consiste qu'à les joindre au son principal, & à les faire toujours parler avec lui. Mais cette méthode produiroit de la confusion, l'Art en prescrit une différente. Souvent, pour répondre à vingt ou trente notes que la mélodie fait jouer & badiner ensemble, l'harmonie n'établit qu'une seule note de basse : non que les vingt notes du dessus appartiennent au son grave de la basse, &

soient comprises dans ses harmoniques ; mais la mélodie trompe l'oreille, lui donne le change, & les lui fait prendre pour des dérivés de ce son grave.

La mélodie est donc souveraine de la Musique, même considérée du côté de l'harmonie. C'est elle qui arrange les matériaux que l'harmonie lui fournit. C'est elle qui fait chanter les parties secondaires, chacune conformément au rang qu'elle occupe dans l'ensemble : c'est elle encore qui fait à son gré passer le chant principal de la voix aux instrumens, & de tel instrument à tel autre. Or, dans ces transmigrations, comment suivre le chant, sans l'instinct prompt d'une oreille exercée ?

Il n'y a pas de raison (même au Théâtre) pour que la voix humaine chante toujours la partie principale, c'est à-dire, la plus intéressante. Si l'on allègue que l'Acteur présent sur la Scène, & conduisant l'action, attire sur lui la plus grande attention du Spectateur ; je répondrai que l'Orchestre n'est pas moins présent que l'Acteur, qu'il n'est pas uni à l'action moins intimement ; j'ajouterai que l'Orchestre fait parler cent voix, puissantes par leur diversité, puissantes par leur réunion, & que l'Acteur n'en fait parler qu'une, infiniment bornée dans ses moyens d'exécution.

C'est donc avec raison que l'on a justifié, ou plutôt loué le Monologue de Renaud dans le second Acte d'Armide (1). Le chant principal est dans la symphonie, & c'est à l'Orchestre qu'il convenoit d'exprimer ces paroles : *Ce Fleuve coule lentement*, &c.

Ceci nous conduit à une observation naturelle. Si la Musique étoit essentiellement un Art d'imitation, le chant, les accompagnemens, tout devroit unanimement concourir à imiter. Cependant nous voyons dans les Airs les plus pathétiques, dans les *adagio* les plus touchans, l'accompagnement s'écarter de l'imitation, & se jouer mélodieusement autour du sujet (2) : dans les morceaux où l'accompagnement s'efforce de peindre des

_____

(1) Opéra de M. Gluck.

(2) Voyez *Che farò senza Euridice*, l'accompagnement joue & badine sous le chant. Cela est encore plus sensible dans l'Air, *Alceste, au nom des Dieux*. On feroit la même observation sur la plupart des Airs Italiens.

effets, la partie supérieure s'affranchit de cette fonction imitatrice, & se réduit simplement à chanter.

On cherche depuis long-tems un principe universel d'harmonie, d'après lequel on puisse admettre ou rejeter telle ou telle suite d'accords. Je doute que ce principe jamais se découvre. Le plus simple & le plus général qu'on puisse donner aux Etudians, est de lier les accords qui se succèdent, par une ou plusieurs notes qui leur soient communes. Ce principe souffre des exceptions, & très-heureuses; car il n'est point d'harmonie plus douce & plus suave qu'une suite de sixtes en descendant. Or, ces accords successifs ne sont liés entre-eux par aucune note qui se conserve de l'un à l'autre. Au défaut du principe que l'on cherche, voici celui que je propose. Toute harmonie dont il résulte une mélodie facile & naturelle, est bonne & selon les règles : celle qui n'engendre que des chants pénibles & difficiles, ne mérite pas qu'on l'admette. Réservez-la tout au plus pour ces préludes, où l'exécutant fait briller son savoir encore plus que son goût : que dans ces combinaisons savantes, l'harmonie se montre, si l'on veut, âpre, hérissée : fuyant les routes communes, qu'elle s'ouvre un chemin à travers les ronces & les broussailles ; mais cette marche détournée ne sera jamais comptée pour un des procédés naturels de l'harmonie : c'en est plutôt l'écart licencieux & le savant délire. L'harmonie est tributaire & sujette de la mélodie ; elle ne doit rien oser que de l'aveu de celle qui lui commande. Que cette vérité soit la première & la dernière de toutes celles que nous devons établir.

Fin de la première Partie.

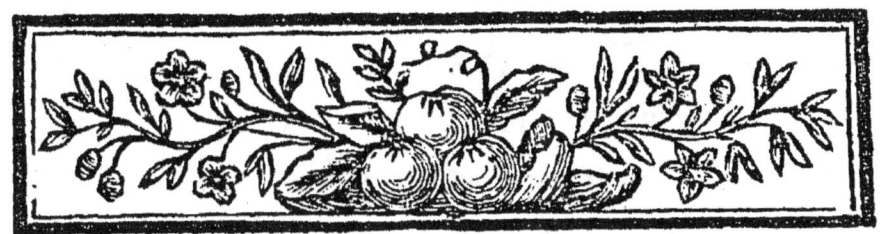

SECONDE PARTIE.

CHAPITRE PREMIER.

Des propriétés Musicales des Langues.

Nous voici parvenus à cette partie de notre Ouvrage, où la Musique n'est plus simplement un assemblage de sons inarticulés, & qui n'ont qu'une signification vague & indécise. Désormais la Musique invoque le secours de la parole, elle attache à ses propres sons vaguement expressifs, des mots dont le sens est fixe & précis, dont l'articulation est déjà déterminée. Les effets les plus apparens d'une telle association, ceux que d'abord on imagine, & qu'on doit regarder comme nécessaires, c'est que des chants, qui, par eux-mêmes, ne signifioient rien de précis, ni de positif, doivent, unis aux mots, dire précisément la même chose qu'eux, ou faire mentir ceux dont ils se constituent les interprètes : premier mystère à discuter, à éclaircir. Secondement, ne semble-t-il pas que le chant entre, pour ainsi dire, en servitude, dès qu'il se fait l'allié de la parole ? Ne se doit-il pas, non seulement au sens des mots qu'il veut rendre, mais à leur prononciation différente ; & se peut-il que la diverse articulation des Langues ne le modifie pas d'une ou d'autre manière ? Quelle est donc l'influence des Langues, des idiômes, sur le chant ? Pour connoître leurs propriétés les plus musicales, il faut d'abord étudier les propriétés du chant, & voir ensuite, du chant aux langues, ce qui peut exister, & ce qui existe en effet de plus analogue & de plus sympathique.

La Musique est l'art des sons ; elle tend le plus qu'elle peut à en améliorer la nature : elle cherche à les rendre purs, clairs, timbrés, retentissans, aisés, souples, sensibles. Tel chant qui déplaît exécuté par une voix rauque & pesante, acquiert de l'agrément lorsqu'une voix douce & légère l'exécute. Quelques accords formés sur un instrument ingrat & sans timbre, se placent insipidement dans l'oreille & y meurent sans effet : ces mêmes accords, produits par une harpe, portent une inflexion douce qui pénètre & attendrit. Telle est la puissance attachée à la qualité même du son.

Un des moyens reconnus propres à épurer le son de la voix humaine, c'est de n'en pas rétrécir l'organe, de lui laisser, dans le gosier & dans la bouche, un passage libre & facile; autrement le son gêné dans ses conduits, s'exaspère en se froissant contre les parois entre lesquelles on le resserre : la voix alors perd tous ses avantages; elle cesse d'être fluide, limpide, transparente, pour me servir des expressions hardies que les Anciens ont consacrées.

La langue qui favoriseroit le plus cette émission claire & brillante de la voix, seroit celle qui maintiendroit le plus l'organe ouvert & déployé, dans laquelle, par conséquent, domineroient des sons tels que *a*, *ès*, *ôi*; au contraire les voyelles *é*, *i*, *o*, *u*, le tiennent dans un état de rétrécissement défavorable au son mélodique. La voyelle *u*, prononcée à la manière des Italiens, n'est pas plus avantageuse : elle concentre le son dans le gosier, & lui donne un retentissement intérieur.

D'après ces observations, la langue la plus musicale seroit le Grec, prononcé suivant le Dialecte Dorique. L'A en est le son dominant ; il s'y représente sans cesse, & cette prononciation large & *bâillante*, si j'ose ainsi parler, (Hiulca) a été quelquefois un sujet de dérision parmi les Grecs (1). Il ne paroît pas qu'ils en aient senti les propriétés musicales : ce Dialecte ne fut point annexé au chant, comme lui appartenant de droit naturel ; & l'on peut s'étonner que les Grecs, qui ont poussé si loin les recherches en tout genre, en aient omis une de cette nature.

On lit dans Démétrius de Phalère, un fait assez singulier. » En Egypte, dit ce » Grammairien, les Prêtres invoquent les » Dieux avec les sept voyelles, qu'ils chan- » tent l'une après l'autre ; & le son de ces » lettres, à cause de l'euphonie, s'emploie » au lieu de la Flûte & de la Cythare. »

Je sais que chacune de ces voyelles, a, $é$, $ê$, i, $ó$, $ô$, u, étoit, comme chaque jour de la semaine, assignée à un Dieu. Prononcer ces voyelles, c'étoit nommer ces Divinités ; mais il n'en est pas moins singulier, premièrement,

---

(1) Voyez les Sirac. de Théocr.

qu'un Hymne fe borne à répéter le nom des Dieux auxquels il s'adreffe ; 2°. qu'à caufe de l'euphonie on chante fept voyelles (1).

La lettre N, eft commune aux langues anciennes & modernes, & dans ce point on peut les regarder comme peu muficales; cette lettre déprave le fon, en l'attirant vers les conduits de la refpiration. » L'ofcillation » nazale bien ménagée, a dit un Écrivain, » donne de l'agrément à la parole, mais » elle nuit au chant. »

L'Anglois fe prononce la bouche peu ouverte & les dents à moitié ferrées. Cette difpofition de l'organe eft abfolument contraire à celle que requiert la perfection du chant. Ainfi l'Anglois manque d'une des propriétés muficales les plus effentielles.

On a cité comme favorables au chant, les deux vers Italiens qui fuivent:

Teneri fdegni, è placide, è tranquille
Repulfe, è Cari Vezzi, è liete paci.

---

(1) Le mot *Euphonie*, dans cette phrafe, ne peut fignifier que la difpofition favorable de l'organe en prononçant les voyelles. Car, a, e, i, o, u, prononcés l'un après l'autre, ne forment pas un concours de fons harmonieux.

L'Écrivain qui leur donna cet éloge, ne fit pas assez d'attention au vice musical de la voyelle *i*, qui s'y répète : son effet est de comprimer le son, de rendre la voix grêle & sans timbre ; & cet effet n'est pas rare dans les vers Italiens.

Non-seulement l'Art du chant tend à corriger la nature du son, à la rendre aussi parfaite qu'elle peut l'être ; mais dans le passage d'un son à un autre, dans leur enchaînement mélodique, cet Art exige une préparation, une douceur infinie. Rien de dur, rien de heurté : tous ces tons dont la succession constitue la mélodie, doivent s'approcher & se joindre comme des sons amis, qui ne se recherchent que pour se faire valoir. Si l'intervalle d'un son à un autre est considérable, la voix, au lieu de le franchir brusquement, glisse de l'un à l'autre par un passage insensible, par un souffle qui se prolonge entre les deux sons extrêmes, & en facilite la communication. Toute langue dont la prononciation seroit forte, rude, aspirée, sautillante, offriroit, par ces qualités mêmes, autant d'obstacles à la perfection du chant. La molle fluidité de la prononciation françoise, observée dès le tems de Théodore de Bèze (1), & depuis augmentée encore, ne peut-être considérée que comme un caractère musical de la langue.

Dans la Musique chaque son, pour peu qu'il continue sa durée, reçoit des nuances différentes. Foible & presque insensible lorsqu'il commence, il s'enfle par degrés, & par degrés s'atténue jusqu'à ce qu'il expire sur les lèvres. Ce même procédé se retrouve encore dans une infinité de passages mélodiques, où la voix descend mollement sur un degré inférieur ; alors elle se perd en mourant comme une vapeur qui s'exhale. Nos syllabes muettes finales ont un rapport si marqué avec ce procédé mélodique, qu'en composant une langue exprès pour la Musique, on n'auroit pu rien imaginer qui lui fût plus favorable. C'est donc injustement qu'on nous a reproché, comme un défaut musical, nos syllabes muettes. Si elles contrarient le chant dans quelques endroits, il en est mille autres où elles le favorisent. Je

---

(1) On en verra la preuve ci-après, dans nos observations sur les Langues.

tiens de M. Piccini que les Italiens, dans leur façon de chanter, se font des syllabes muettes qu'ils n'ont pas. Dans l'exemple qu'il me citoit, la première syllabe du mot *Canto*, étoit haute & appuyée ; la dernière, incidente & affoiblie, n'étoit qu'à demi prononcée.

Tous les sons que la Musique emploie, ont nécessairement une durée fixe & déterminée, que l'on ne peut altérer sans changer quelque chose à la mélodie. Toutes les syllabes de toutes les langues ont aussi leur valeur précise, à laquelle on ne sauroit porter atteinte sans défigurer la prononciation. Que l'on veuille bien un moment y faire attention ; peut-être est-il quelquefois difficile d'affirmer avec précision si telle syllabe est longue ou brève ; mais pour peu qu'en la prononçant, on accourcisse ou l'on allonge cette syllabe plus que l'usage ordinaire ne le comporte, l'oreille s'en étonne, elle s'offense de cette innovation. Chaque syllabe a donc sa valeur fixe & inaltérable.

En Musique on évalue la durée des sons avec l'exactitude la plus rigoureuse, parce qu'étant tous soumis aux loix de la mesure, étant les parties conſtitutives du rhythme général de chaque morceau, on compare ces parties entre-elles, & l'on apprécie leurs valeurs. La durée des ſyllabes dans le diſcours ordinaire, ne peut s'évaluer ainſi, parce qu'on ne parle pas communément en meſure. Il n'eſt perſonne qui, en prononçant un dactyle, puiſſe ſe répondre qu'il emploie ſur la ſyllabe longue, le même intervalle de tems que ſur les deux brèves, s'il ne ſcande pas ces trois ſyllabes ſur une meſure donnée. La quantité d'une langue, juſqu'à ce que l'on y ait introduit la Poéſie-métrique, eſt donc inappréciable; &, comme la voix, en parlant, erre & flotte confuſément entre mille degrés d'intonation, que l'oreille ne peut eſtimer avec préciſion, ce que Cicéron appelle *obſcurior cantus*; de même la voix, en parlant, allonge & raccourcit la durée des ſons, ſuivant mille degrés inappréciables.

Lorſque les Anciens commencèrent à ſe donner une Poéſie-métrique, ils corrigèrent cette vague indétermination de la proſodie, c'eſt-à-dire, qu'à beaucoup d'égards, ils ſe firent une proſodie de convention, comme nous l'obferverons ailleurs. Je n'en toucherai ici qu'un mot en paffant. L'*Omicron*, chez les Grecs, étoit une voyelle brève; mais, dit Denis d'Halicarnaffe, dans le mot *Odos*, cette voyelle eft plus brève que dans *Rodos*; dans *Rodos*, elle l'eft plus que dans *Tropos*; dans *Tropos*, plus encore que dans *Strophos*; ce qui n'empêche pas, ajoute ce Grammairien, que ces quatre fyllabes, de fait inégales en durée, ne foient réputées égales en poéfie, & confidérées toutes comme valant la moitié d'une fyllabe longue. N'eft-ce pas là donner évidemment le change à l'oreille, tromper fes fenfations, lui commander d'entendre ce qu'elle n'entend pas? N'eft-ce pas enfin fe faire une profodie conventionnelle?

On auroit tort de reprocher aux Anciens cette efpèce de licence : puifque toute langue eft l'ouvrage de la convention, qu'importe une convention de plus? Mais de ce que les Anciens ont eu cette profodie conventionnelle, on n'a pas craint de conclure que leur langue étoit infiniment plus muficale que la nôtre; je ne craindrai pas de conclure tout autrement.

Ou la poésie des Anciens asservissoit la Musique à ses valeurs, ou l'on avoit plus d'égard aux valeurs de la Musique qu'à celles de la poésie. Dans le premier de ces deux cas, la mélodie étoit réduite à des noires & à des croches, signes représentatifs des valeurs métriques ; & la Musique, alors détériorée dans un de ses moyens les plus puissans, dans la variété infinie des quantités, n'étoit qu'un Art pauvre, indigne d'être cité parmi nous. Suppose-t-on que la Musique, aussi riche autrefois qu'elle l'est aujourd'hui, usoit de toutes les quantités, depuis la ronde jusqu'à la quadruple croche ? Alors la valeur des notes dénaturoit celle des syllabes ; le rhythme musical disloquoit le rhythme métrique, & anéantissoit toutes les conventions de la prosodie.

L'idée la plus destructive de toute mélodie, est celle d'asservir les procédés du chant à ceux de la parole ; & cela n'est pas moins vrai, relativement à la quantité qu'à l'intonation. Il n'est point de langue dans laquelle on laisse reposer la voix sur une syllabe pendant une ou deux minutes : il n'est point de Musique où l'on ne doive souvent soutenir & filer un son pendant cet intervalle de tems, puisque les longs développemens de la voix forment un des agrémens de la mélodie. Admettez le rapport nécessaire des valeurs musicales avec la quantité prosodique de la langue, il n'existera pas une langue dans l'univers avec laquelle on puisse chanter le début du *Stabat*.

Si les Musiciens avoient le droit de se faire une langue convenable à leur Art, n'en doutons pas, ils ne donneroient à cette langue aucune prosodie déterminée. Eh! pourquoi en auroit-elle une, puisque la Musique, par son essence même, est forcée de lui donner la sienne ? Les syllabes que le chant allongeroit, seroient longues ; celles qu'il raccourciroit, seroient brèves. C'est ainsi que les mots *ut, ré, mi, fa, sol, la, si, ut,* (espèce de langue à l'usage des Musiciens) s'adaptent, suivant les circonstances, à des rondes, à des noires, ou à des doubles croches.

Les Musiciens ne peuvent avoir une langue uniquement à leur usage ; mais du moins celle dont la prosodie non reconnue, non étudiée, n'assigne pas à chaque syllabe une quantité bien appréciée, & permet de les appeler presque indifféremment brèves ou longues; cette langue, dis-je, a certainement un avantage musical; & c'est ce qu'on ne peut contester à la nôtre, puisque ses ennemis le lui ont reproché (1).

Toutes les personnes qui s'élèvent contre le chant moderne, ne lui imputent qu'un défaut, de s'associer mal à notre langue. J'admire l'effet illusoire de l'habitude, qui seul peut faire juger ainsi. Notre prosodie, vive & légère, marche rapidement, portée sur un grand nombre de syllabes brèves, qui hâtent la prononciation. Le chant de *Lulli*, au contraire, tardif & paresseux, se traîne plus qu'il ne marche, & craint de presser ses mouvemens. Quel rapport établir entre un tel idiôme & une telle mélodie ?

Dans les incursions que l'on a faites sur notre langue, afin de trouver entre elle & la Musique des raisons d'incompatibilité, on lui a fait un tort de l'ordre grammatical auquel elle s'assujétit. » La phrase, dit l'élo-
» quent Ecrivain de Genève, se développe

---

(1) Voyez la Lettre de Rousseau sur la Musique.

» d'une manière plus agréable & plus in-
» téressante, quand le sens du discours,
» long-tems suspendu, se résoud sur le verbe
» avec la cadence, que lorsqu'il se développe
» à mesure. »

1°. Je ne puis sentir le mérite musical de l'inversion, & l'analogie du verbe à la fin, avec la cadence.

2°. Le verbe rejeté à la fin, ne tient pas le sens de la phrase plus suspendu que si c'étoit le substantif qui la terminât.

Misero Pergoletto,
Il tuo destin non sai.

Quand on mettroit le verbe avant le substantif, le sens du discours n'en seroit pas plutôt expliqué.

3°. Métastase, dont les paroles s'allient à de si beaux airs, fait un usage modéré de l'inversion.

4°. Si les longues périodes sont favorables à la Musique, on peut en trouver dans plusieurs de nos Poëtes, & principalement dans Gresset, qui contiennent jusqu'à vingt & trente vers : notre langue, à cet égard, n'est donc pas contraire à la Musique.

Ce qui jette de la clarté sur le discours, en favorise l'union avec le chant. Songez qu'entendre de la Musique avec des paroles, c'est entendre parler deux langues à la fois, c'est commenter l'une par l'autre. Si cette opération applique, il n'y a point de plaisir à en attendre. Il est donc à propos que le sens des paroles lyriques ne s'enveloppe point dans les replis de l'inversion; qu'il ne circule point, à demi expliqué, dans le contour d'une longue période; enfin, pour énoncer plus nettement notre assertion, l'usage de construire grammaticalement les phrases, ne peut être considéré que comme une propriété très-musicale.

L'examen rapide que nous venons de faire des procédés du chant & des propriétés des langues, nous a fait voir les uns presque toujours en contradiction avec les autres. Il n'est donc point de langue parfaitement musicale; & dans tous les pays, la parole s'unit au chant pour le tyranniser. Une telle union seroit absurde, s'il n'en résultoit l'avantage d'attacher des images & des sentimens aux sensations que la Musique nous cause. Du reste, si la parole tient en servitude la mélodie, & gêne par mille entraves la liberté de ses procédés naturels; la mélodie, de son côté, réagit contre les langues qui l'oppriment, & en viole les privilèges les plus sacrés. Elle élargit la prononciation des voyelles resserrées: elle corrige les inflexions nazales, & les fait disparoître autant qu'elle peut. Je n'ai jamais entendu chanter des paroles Angloises; mais je suis bien assuré que ceux qui les chantent avec succès, défèrent plus au principe musical d'ouvrir la bouche, qu'au principe de prononciation qui maintient les dents serrées.

Chez les Grecs, l'intonation musicale différoit entièrement de l'intonation prosodique & accentuée de la langue. Denis d'Halicarnasse nous a transmis à-peu-près le chant noté de quelques vers d'Euripide, dans une de ses Tragédies. Il observe que la mélodie, à chaque syllabe, contredit formellement l'accent de la langue. Les valeurs des syllabes Grecques & Latines n'étoient pas plus respectées par la mélodie: souveraine de la langue, elle en maîtrisoit les quantités, & y substituoit les siennes. C'est ce que Denis d'Halicarnasse & Quintilien ont dit l'un

& l'autre d'une manière si positive, qu'il n'y a pas moyen d'en douter. Comment donc a-t-on publié tant de merveilles sur le caractère musical des langues anciennes ?

Notre Musique moderne porte de même atteinte à la prosodie des langues. Le premier couplet du *Stabat*, fait les mots *Lacrimosa*, *dolorosa*, de quatre syllabes égales entre-elles : le second couplet est scandé ainsi : Cŭjūs, ănĭmăm gĕmēntēm. Dans la déclamation notée de Lulli, vous prononcez *gloireu*, *victoireu*, *Atis est trop heureu-eux*. Dans une Musique plus moderne, au mépris des quantités, la phrase, *si des galans de la ville*, se scande par une suite de sons égaux en valeur. Le même défaut se remarque dans ce vers : *J'āi pērdū mōn Sērvĭtēur*. Cet autre est plus vicieux encore :

Mōn chălūmēau, mā hŏŭlēttĕ.

Eh ! que dirons-nous de ceux-ci ?

Quand on sait aimer & plaire,
A-t-on besoin d'autre bien.

Ils se chantent ainsi :

A-a-t-on-on be-e soin-in, &c.

Je cite des morceaux consacrés par le

suffrage de la Nation. Sans doute ceux qui les goûtent, se croient zélateurs ardens des privilèges de notre langue; & cependant ils supportent, sans s'en appercevoir, tous les outrages que fait essuyer à cette langue, une mélodie qui flatte leur oreille.

C'est principalement dans la Musique Italienne, que l'on peut observer le dommage que le chant cause aux paroles. Parcourez un grand nombre d'airs Italiens, vous y verrez les paroles jetées çà & là dans la suite de l'air, sans ordre, sans syntaxe, sans signification. Vous y verrez les phrases coupées par le chant, avant que le sens en ait été expliqué : que dis-je ? Vous y verrez les mots tronqués & mutilés par les notes ; & en considérant ces ruines de la langue, vous vous demanderez de quoi lui sert d'être mélodique par excellence (comme on l'assure), si elle n'en est qu'un peu plus maltraitée par la mélodie.

La Musique n'est pas dans tous les tems également ennemie des paroles. Lorsque l'Art, encore en enfance, trouve en lui-même peu de ressources, il emprunte celles des paroles qu'il s'associe ; il se rend l'esclave de la langue, & la favorise en tout, afin de lui devoir ses succès. Mais plus la Musique, en se perfectionnant, reconnoît & étend ses ressources propres, plus elle s'efforce d'en recouvrer l'entier & libre usage. De ce moment, la Musique se révolte contre la langue, lutte contre elle pour échapper aux entraves qu'elle veut lui donner, & finit toujours par l'accabler de la supériorité de ses privilèges.

Eh! comment expliquer autrement que par cet asservissement des paroles à la Musique, l'usage bizarre, & pourtant nécessaire, de répéter souvent les mêmes paroles dans le même air? Cet usage sans doute révolte la raison: hors du chant il ne sauroit avoir lieu; & il ne peut être que ridicule de redire vingt fois la même chose; mais la Musique doit, par essence, répéter les mêmes chants: ces redites tiennent à la constitution de l'Art, elles accroissent le plaisir qu'il procure: le retour des mêmes chants amène naturellement celui des mêmes paroles; & quand l'oreille est séduite par les sons, pensez-vous que l'esprit puisse, avec avantage, objecter ce qui doit lui déplaire?

Nous autres François, nouvellement initiés aux procédés de la mélodie, nous alléguons encore de tems-en-tems les privilèges de notre langue, sévère & délicate, contre les usurpations que la mélodie fait sur elle. Mais plus notre Nation deviendra Musicienne, moins elle se rendra scrupuleuse sur les prérogatives de la langue &, comme les Italiens, nous aurons un jour un idiôme reconnu vraiment lyrique; ce sera lorsque nous aurons permis à la Musique de le défigurer convenablement à ses besoins.

Au moment où nous écrivions ceci, il nous est tombé entre les mains l'Ouvrage d'un Étranger, homme de beaucoup d'esprit, & à qui notre Nation doit de la reconnoissance pour l'estime & le goût qu'il lui témoigne. Le sentiment contraire à celui que je soutiens, est trop fortement énoncé dans cet Ouvrage, pour que nous négligions d'y répondre.

L'opinion par laquelle J. Jacques étonna tous les esprits, & en révolta plusieurs; cette opinion dont il fit ensuite l'abjuration solemnelle aux autels de M. Gluck, M. Sherlock la fait revivre. Examinons en détail les raisons qui le déterminent.

Objection.

Il y a cinq sons dans la langue Françoise qui font souffrir toute oreille qui n'a pas été accoutumée à les entendre dès son enfance : ce sont *an*, *en*, *in*, *on*, *un*, le dernier sur-tout est vraiment insupportable. La lettre *u* est un sifflement, & l'*e* muet ne peut pas se faire entendre.

Réponse.

La discussion que j'entreprends, me meneroit trop loin, si, dans l'examen des reproches faits à notre langue, je ne me bornois pas uniquement à ce qui concerne la Musique. Dans ce cas, je dirois que l'harmonie d'une langue ne peut guère être connue & goûtée, que par ceux qui en ont contracté l'habitude dès leur enfance. Je dirois qu'il n'est point de langue ancienne ni moderne, qui n'ait des syllabes nazales; que ces sons ingrats, fondus habilement avec des sons plus éclatans, forment comme les ombres, les masses, le clair-obscur du langage. Je dirois que Quintilien, dont le témoignage en fait de goût & d'harmonie, est d'un si grand poids, envioit aux Grecs la douce euphonie de la lettre *u*, dont M. Sherlock réprouve le fifflement vicieux, & qu'il la préféroit à l'*ou* des Romains, qui étoit précisément le même que celui des Italiens modernes. Je dirois..... mais ne confidérons uniquement que les propriétes musicales des lettres & des syllabes, qu'on attaque dans notre langue.

An & *en*, loin de former des sons défavorables au chant, maintiennent la bouche & le gosier dans un état de développement, qui laisse retentir la voix contre le palais. Chantez, *Entrez dans la carrière; enfin je vous revois*, vous éprouverez que rien ne gêne & ne rétrécit l'ouverture de la bouche, dans la prononciation des mots *entrez, dans, enfin*; & l'expérience faite sur ce dernier mot, justifie en même-tems deux syllabes de l'accusation que M. Sherlock leur intente. Je doute fort que dans *ingrato*, *in*, chanté suivant la prononciation Italienne, en faisant vibrer & retentir l'*n*, soit aussi avantageux qu'il l'est dans le mot *ingrat*, chanté suivant la prononciation françoise. Je ne vois pas ce que l'*i*, étroit & serré, accompagné de l'oscillation de l'*n*, auroit de vocal. Quoique l'*u* françois forme un son peu musical, encore ne fait-il que l'étrécir en le portant sur les lèvres; mais l'*ou* Italien fait rentrer la voix; *è tornò la flebile parola, à rimbombar indietro su'l cuore*; voilà ce qu'on pourroit dire de la résonnance sourde & intérieure de l'*ou* Italien.

Objection.

Demandez à un Compositeur Italien qui travaille sur des paroles françoises, le parti qu'il peut tirer des mots *amour, cœur*; il vous dira qu'il est impossible d'en tirer aucun.

Réponse.

Sans avoir proposé à M. Piccini cette question à résoudre, c'est de lui que je tirerai la réponse qui la résoud définitivement. Chantez l'air charmant de Roland: *C'est l'amour lui-même qui prend soin d'embellir*. Chantez cet Air avec les graces dont il est susceptible, & vous forcerez M. Sherlock de convenir qu'en Musique on n'est pas trop embarrassé du mot *amour*. Après avoir goûté la phrase musicale à laquelle ce mot est attaché, substituez le mot *amor* à celui d'*amour*, & demandez-vous ce qu'il ajoute au charme de la mélodie, vous aurez peine à concevoir ce que M. Sherlock a voulu dire. Voulez-vous, par un autre passage de M. Piccini, répondre à une autre objection du Critique, & vous démontrer le mérite musical de l'*e* muet ? Prenez l'air sensible & délicieux de Roland : *Je vivrai, si c'est votre envie*; vous trouverez que ces mots : *Mon sort est trop doux*, tiennent à la douce incidence d'un son supérieur sur un autre inférieur, ce qui contraint la voix à traîner en descendant le son *oux-ou*, effet désagréable & peu mélodique, quoiqu'il se rencontre sur la syllabe *ou*, que M. Sherlock affectionne. Au lieu de cela, voyez le même passage dans le même Air, appliqué à ces paroles-ci : *mon sort est digne d'envie*; c'est la syllabe *ie* qui est soutenue, & qui, fléchissant mollement avec la voix, se repose sur l'*e* muet, & s'évapore, s'évanouit avec lui. Si je ne m'aveugle pas, ces exemples ont une force démonstrative.

M. Sherlock s'afflige, ou se courrouce, de ce que notre langue est sans accent; & moi, en Musicien zélé, je m'en réjouis. Donnez-nous des accens prosodiques, il faudra ou en observer la règle, ou la contredire : dans ce dernier cas, il vaut mieux être affranchi de toute loi, que d'en reconnoître pour les violer. Si vous déférez à la règle de l'accent prosodique, vous ferez donc toujours contraint d'élever la syllabe accentuée, & de ranger dans un niveau inférieur les syllabes qui ne le sont pas. Quelle méthode, bon Dieu ! pour produire de beaux chants ! Gardez-vous de croire que les Italiens l'aient suivie ; jamais ils ne fussent parvenus à la réputation qu'il se sont acquise. Vingt Musiciens habiles en Italie, mettent en Musique les mêmes paroles, & presque avec un succès égal. Tous élèvent-ils le chant précisément jusqu'aux mêmes degrés sur les mêmes syllabes ? Non; des vingt, il n'y en a pas un peut-être, qui ait accordé l'intonation de son chant, avec l'intonation prosodique des syllabes : faites-en l'expérience, & persuadez-vous à jamais, que toutes les fois qu'on cherche, dans l'intonation de la parole, le type de l'intonation mélodique, on commet une erreur essentielle qui en engendre mille autres, & devient une source de raisonnemens contraires à la nature de l'Art.

L'ingénieux Critique contre lequel je me défends, (car il fait les fonctions d'agresseur) prend la peine d'écrire une Lettre entière contre le vice de la lettre *R*. Il prétend que toutes les Nations l'ont en horreur ; que les Grecs l'ont appelée la *lettre des chiens.* Vossius a dit, qu'à la fin des mots cette lettre a une articulation dure, *ut caninum potiùs quàm humanum, &c.* ; mais cela ne prouve pas que les Grecs eussent la même opinion; au contraire, Denis d'Halicarnasse, dans le Traité de la Synthèse, parle avec éloge du *Rho* des Grecs; il l'appelle *guennaiotaton*. Cette Nation eût été à plaindre, si la lettre *R* avoit eu le malheur de lui déplaire ; toute sa langue en étoit hérissée. On y trouve souvent la lettre *Rho* redoublée, & par-tout un esprit rude en accroît encore l'aspérité. Je sais que l'*S*, le *sigma*, chez les Grecs, eut des ennemis déclarés qui voulurent le proscrire de la langue. Je sais que Lasus, Musicien-Poëte, fit un Hymne à Cérès, & une Ode intitulée les *Centaures*, dans lesquels il se prescrivit de ne pas employer une seule fois la lettre S. Pindare, dit-on, en avoit fait autant pour une Ode. Je sais tout cela, & je n'en estime pas moins cette lettre. Quand je n'en connoîtrois pas l'emploi figuratif, tel que dans ce vers de Racine : *Pour qui sont ces serpens qui sifflent sur vos têtes ?* je dirois que ce son, heureusement combiné avec d'autres, contribue au charme, à la variété du langage. La lettre *R* ne me semble pas plus digne de proscription ; sa vigueur & sa rudesse lui prêtent un mérite de circonstance, que M. Sherlock, par les exemples qu'il cite, a mis dans tout son jour. Peut-être s'étonnera-t-on que la sensible Sapho, dans l'Ode où elle peint avec tant de passion son amour, ait inséré des vers où la lettre *R* domine : si elle parle du feu qui court dans ses veines & colore sa peau, voici les mots qu'elle emploie (je les écris en lettres françoises) :

Chro pûr upodedromachen.

Peint-elle la sueur froide qui lui baigne le visage ? voici ses expressions.

Hidrôs pfuchros Keitai, tromos pâsan agrei. Ce qui n'étonnera guère moins, c'est que les Italiens, que M. Sherlock félicite d'employer sobrement cette lettre, semblent prendre soin de la rechercher, & de l'attacher aux mêmes désinences que nous : maîtres de dire *amore, cuore*, ils disent très-souvent *amor, cuor*; dans nos verbes terminés par une *R*, & que l'on nous reproche amèrement, l'*R* ne sonne pas; on dit *aimer, charmer*, comme on diroit *aimé, charmé*; en Italien ce n'est pas de même, il faut que l'*R* retentisse dans les infinitifs *amar, far, dir, morir, &c.*

Abrégeons cette discussion. Ce n'est peut-être pas un exemple de bonne-foi bien parfaite, de mettre en comparaison des vers Italiens, & la traduction *parodiée* qu'on en a faite en françois. Si toute traduction perd auprès du texte, à plus forte raison celle qui a subi toute la contrainte de la parodie, & que l'on a faite en attachant des syllabes sur les notes. Malgré cela, que l'on prononce correctement en Italien :

Ché farò senza Euridice,
Dov' andrò senza'l mio ben.

Et je me permettrai de douter que la contexture de ces mots ait plus de douceur que celle-ci :

>J'ai perdu mon Euridice ;
>J'ai perdu tout mon bonheur.

Il m'en coûteroit pour trouver euphonique *fentſa*, *eouri*, concours de syllabes qu'offre la prononciation Italienne : je n'aime pas non plus *dov'andrò fentſa'l* ; ces élisions, au moyen desquelles les mots se mutilent & se défigurent, en se dévorant les uns les autres, dans quelque langue qu'elles se rencontrent, me paroissent des dépravations du langage, auxquelles l'usage seul peut accoutumer. Dans la prononciation de *fentſa'l*, je trouve le vice des syllabes muettes, fortifié, exagéré, précisément par la raison qu'il y manque une syllabe muette. En effet, je suppose qu'on lut *fentſālĕ mio ben*, il est évident que la voix s'arrêtant sur la syllabe *ſā*, glisseroit ensuite doucement sur la syllabe muette *le*, pour revenir à la consonne suivante *mio*. Mais faute d'un *e* muet, il faut couper plus séchement la prononciation *sal*, & de cette confonne paffer durement à la confonne *m*, fans communication intermédiaire.

M. Sherlock finit par nous exhorter à avoir un Opéra Italien, que nous fubftituions au nôtre. Si ce fouhait s'exécutoit avec tous les avantages poffibles, nous réunirions les plus grands Compofiteurs & les plus grands Chanteurs que l'Italie ait jamais produits. Alors, nous ferions, ainfi que les Italiens, & toutes les Nations qui ont adopté leur Spectacle, nous ferions, dis-je, de notre Salle de Théâtre, une Salle de jeu, de vifites, de rafraîchiffemens, où le plaifir de la fcène dureroit un quart d'heure, une demi-heure au plus; & le refte du tems y feroit confacré aux langueurs de l'ennui, ou au vuide des plus froides diftractions. Comment peut-on propofer aux François un tel échange, lorfque l'on a vu leur Salle de l'Opéra pleine d'étrangers & de nationaux, qui, depuis l'ouverture jufqu'au dernier chœur, fuivoient le développement pathétique d'une action remplie d'intérêt; quand on a vu ces Spectateurs, compofés de toutes les Nations de l'Europe, s'attendrir, pleurer, frémir,

frémir, s'égayer suivant les nuances assorties d'un spectacle aussi grand que régulier; après avoir vu & ressenti ces émotions douces & variées, peut-on dire à un Peuple éclairé de quitter cette continuité de plaisir & d'intérêt dramatique, pour l'éclair passager d'un bel Air Italien ? Si M. Sherlock, d'ailleurs, avoit moins signalé son goût pour notre Nation, à ce conseil on le soupçonneroit d'une antipathie nationale (1).

―――――――――――

(1) La singularité de quelques autres jugemens portés par M. Sherlock, peut mettre en garde contre ses jugemens sur la Musique. C'est dans son Ouvrage (d'ailleurs si estimable) qu'on lit : qu'il n'est personne *qui n'aimât mieux se présenter devant la postérité avec le seul Télémaque, qu'avec les quarante Volumes écrits par M. de Voltaire.* On se souvient aussi quel est le Poëte moderne que M. Sherlock met au-dessus d'Horace ; qu'on relise les citations que fait M. Sherlock, comme pour donner des raisons de cette préférence, & l'on croira pouvoir douter quelquefois de ce qu'il avance.

P

CHAPITRE II.

Des Propriétés Musicales de la Prose, de la Poésie, de la Poésie d'un genre ou d'un autre, de telle, ou de telle mesure de vers.

Après avoir étudié ce qu'il y a de musical dans les langues, l'ordre naturel des idées veut que nous faffions la même recherche pour les différentes formes du langage, prose, ou poésie, vers d'une, ou d'autre mesure. Au-devant de ces questions, il s'en présente une qui peut y servir de préliminaire. Le Chant est-il né de la Poésie, ou la poésie du Chant ? ou enfin ont-ils une origine indépendante l'une de l'autre ?

On pense communément que la Poésie a donné la naissance au chant, & voici comme on le prouve. Le chant n'est que la parole embellie. Les hommes, en polissant leur langage, l'ont modulé & cadencé ; ce qui les a conduits au chant, dernier résultat de la modulation & de la cadence. Ce raisonnement, réduit à son sens le plus clair, signifie qu'à force de parler, on apprend nécessairement à chanter, ce qui ne présente rien de bien évident. Mais, quoi! Casaubon a bien imaginé que la Musique est née de la danse; après une telle découverte, il en coûte peu pour faire naître le chant de la Poésie. Cependant, si le chant a été le dernier résultat des recherches du langage, que de siècles ont dû s'écouler avant que l'on chantât! que de pays où le chant doit à jamais être ignoré! L'évidente fausseté de ces deux conséquences, démontre la fausseté du principe d'où elles sont tirées.

Que signifie cet autre principe, *le chant n'est que la parole embellie?* Pour peu que cette assertion ait de vérité, la parole, dans toutes les circonstances où elle veut déployer ses plus grands avantages, doit recourir à ceux du chant; pourquoi donc Demosthène & Cicéron ne moduloient-ils pas leurs harangues, écrites dans des langues musicales? Pourquoi n'est-ce pas au bruit des flûtes & des cithares que l'un tonnoit contre Philippe, que l'autre déconcertoit le plan d'une conjuration séditieuse? Pourquoi la chaire & le barreau parmi nous ne retentissent-ils pas d'accens mélodiques? Vous riez! Il suffit; vous reconnoissez qu'il y a dans le chant autre chose que la parole perfectionnée.

Renversons l'ordre de génération ci-dessus établi. L'homme de tout tems a chanté, & dès qu'il a connu l'usage d'une langue, il a attaché des mots aux sons qu'il moduloit. Ces mots, appliqués sur le chant, en recevoient l'empreinte. Où le repos se trouvoit dans le chant, il s'en trouvoit un aussi dans le discours : les syllabes tiroient une valeur métrique de la valeur des notes auxquelles on les associoit. Que l'on ait voulu ensuite prononcer ces phrases mélodiquement arrangées, on y a trouvé le moule & l'empreinte de la mélodie dans les mots, dans les phrases & dans les syllabes. Voilà l'art de parler en mesure imaginé : il est mille fois plus naturel de le faire dériver du chant, qui, par sa nature, est mesuré, que d'assigner au chant pour cause productrice, la parole, qui d'elle-même ne se mesure pas uniformément.

Cette origine de la Poésie a quelque vraisemblance, mais elle manque de certitude : entre plusieurs raisons qui peuvent la faire révoquer en doute, ne citons que la stérile uniformité des valeurs métriques, réduites à deux seulement ; tandis que le chant en admet un nombre plus grand & plus différencié. Je crois la Musique & la Poésie sœurs, & non filles l'une de l'autre. Quoi qu'il en soit, elles ont des points d'affinité qui les rapprochent; & ce sont ces moyens de convenance qu'il s'agit de reconnoître.

J'ai lu des traités de Poésie lyrique, dans lesquels on n'a pas eu un seul instant la Musique en vue ; ouvrages assez semblables à des traités d'équitation, qui ne parleroient ni du cheval ni de son allure. Ici nous rapporterons tout à la Musique, nous l'instituerons souveraine législatrice du genre de Poésie qui tire d'elle son nom ; & voici ce qui nous y autorise.

La Poésie la plus belle peut ne pas convenir au chant, elle peut même y répugner. Au contraire, il n'est point de chant, s'il plaît, qui ne convienne à la Poésie : me demandez-vous la raison de cette différence ? Elle est simple : la Poésie a le droit de tout dire, la Musique n'a pas celui de tout exprimer. Quand la Musique affecte vos sens d'une manière douce & agréable, voudriez-vous que la Poésie, par une diversion pénible, appelât votre esprit vers des méditations abstraites ? Admettriez-vous ce concours d'opérations faites pour se détruire? Ne souffririez-vous pas de vous sentir ainsi tirer en sens divers? » Ceux qui ont entendu » une symphonie, dit Sénèque, portent » dans leurs oreilles la mélodie d'un chant » agréable, qui les empêche de penser à » des objets sérieux. » Cette réflexion est d'un Philosophe, que la Musique a distrait quelquefois de ses méditations : Sénèque, en la mettant au jour, établit, d'une manière incontestable, un précepte convenable à la Poésie lyrique. N'alliez point au chant des pensées trop profondes & trop réfléchies, ce seroit vouloir associer les contraires : toute Poésie qui ne tend qu'à un effet d'enseignement & de persuasion, met entre-elle & la Musique, comme un moyen d'incompatibilité, la sécheresse & l'apathie du raisonnement.

La Poésie cependant, dira-t-on, développe quelquefois des idées abstraites & profondes, qu'elle revêt de sons harmonieux? Pourquoi les sons de la Musique s'y associeroient-ils plus difficilement ? Ne comparons point ce qui est hors de toute parité. L'harmonie des mots ne distrait pas de leur sens le plus caché; le charme de la Musique en distrairoit, ou des pensées trop réfléchies nuiroient à la vivacité de ses impressions.

Pour que la Poésie & la Musique s'assortissent l'une à l'autre, il faut donc que de ces deux arts, celui qui a les ressources les plus étendues, les restreigne, qu'il se renferme dans celles qui peuvent lui être communes avec l'art qu'il s'associe. La Poésie doit dire à la Musique : » Quels sont les effets » où ton art peut atteindre ? »- Celle-ci » répond : » J'égaie, j'attendris, j'anime, » je passionne: c'est assez, réplique la Poésie, » je ne vois plus dans l'homme qu'un être » sensible : je traiterai avec son cœur, avec » ses passions, & je ne lui ferai rien entendre » que la magie de tes sons ne fasse » descendre plus avant dans son ame. »

Le mot *émouvoir* est donc pour la Poésie & la Musique le seul mot de ralliement. Que n'y ajoutez-vous le mot *peindre*, dira-ton ? Non, il feroit déplacé. Un tableau en Poéfie n'eft lyrique qu'autant qu'il émeut: qu'importe que Virgile & fon élégant traducteur aient fait de la defcription de la charrue, un tableau recommandable par la fidélité du trait, & la beauté du coloris; la Mufe des fons refte muette devant cette image. Quelle fenfation affortiroit-elle à des idées qui ne produifent aucune fenfation ? Mais toute idée qui s'empare de l'imagination ou du cœur, invite le Muficien à fortifier l'émotion qu'elle a fu produire.

Ce principe fi fimple & fi vrai, les Anciens l'ont-ils connu ? On peut tout-à-la-fois le croire & en douter. Chez les Grecs, les loix originairement furent promulguées en Mufique; on les chanta: quel emploi du chant! combien il détourne cet art de fes fonctions propres & naturelles ! Cette bizarrerie s'explique cependant. On mit en chant les loix, afin qu'il fût plus aifé de les proclamer & de les retenir. Cette efpèce de chant informe, étoit à la Mufique, ce que font à la Poéfie les vers techniques, faits pour confier à la mémoire des enfans, quelques principes arides & dégoûtans pour eux.

L'attribut distinctif de la Poésie lyrique chez les anciens, fut l'enthousiasme & l'audace. On sait que l'Ode en affecte plus que l'Épopée même ; & les législateurs du goût déférèrent à ce caractère de l'Ode, jusqu'à ériger en préceptes son désordre, ses écarts & ses licences. L'esprit d'une telle législation se fait aisément connoître ; la Musique émeut & trouble les sens ; elle enivre, pour ainsi dire, la raison : le langage d'un homme qui parle en chantant, doit donc être celui d'un homme dans l'ivresse, & hors de lui-même. Ne doutez pas que les caractères de la Poésie lyrique ne soient établis sur ce fondement : quand la vraisemblance ne vous l'indiqueroit pas, vous en croiriez le témoignage de Platon, lorsqu'il dit, que *les Poëtes lyriques sont des Corybantes qui dansent avec un esprit égaré* ; & lorsqu'il ajoute que l'Ode dépouillée de son chant, ressemble *à une beauté flétrie, sans grace & sans jeunesse.*

Je prévois l'objection qu'on doit me faire : L'Ode, fille de la Musique, & associée à ses opérations, doit parler au cœur ou à l'imagination : d'où lui vient donc ce caractère d'austérité que nous lui trouvons chez quelques Anciens ; d'où naiſſent ces maximes & ces leçons de vertu qu'ils y ont répétées ? —Eh ! qu'importe, répondrai-je, que ces Anciens parlent de vertu, dès qu'ils en parlent avec enthouſiaſme ? S'ils touchent, s'ils pénètrent, leur langage eſt lyrique. Moïſe, deſcendant du Tabor à la lueur des éclairs, & encore reſplendiſſant de la lumière divine, peut enſeigner aux Juifs proſternés devant lui, les loix que l'Éternel vient de lui donner : la Poéſie lyrique, loin d'accuſer l'impropriété d'un tel ſujet, revendiquera pour elle le pathétique ſublime d'une telle ſituation. D'ailleurs, une obſervation eſſentielle à faire, c'eſt, en jugeant les Odes des Anciens, de juger la Muſique qu'ils y adaptoient. Au défaut de monumens plus certains, on ne peut en parler que d'après une étude réfléchie, & des Lyriques, & des traités écrits ſur leur Art ; mais, appuyé de ces ſeules notions, je crois pouvoir avancer que la Muſique vocale des Anciens, ne fut longtems qu'une ſorte de récitation pſalmodiée, aſſez ſemblable à nos chants d'Egliſe, & moins mélodique encore. Avec une telle Muſique, concevez que les Poëtes ont pu imaginer eux-mêmes le chant de leurs poëmes; concevez qu'ils ont pu, tels que Pindare, donner à leur ſtyle une conciſion auſtère, & le ſemer de fréquentes maximes; concevez que de tels chants s'allioient avec les fonctions magiſtrales du chœur tragique.

Et regat iratos & amet peccare timentes. Concevez que les Philoſophes ont dû protéger & défendre la ſimplicité grave d'une Muſique qui admettoit des paroles ſentencieuſes, & qui laiſſoit à l'eſprit aſſez de tranquillité, pour en pénétrer le ſens moral & inſtructif.

Je dois paroître téméraire en réduiſant les Grecs, du tems d'Alexandre même, à un chant peu mélodique, eſquiſſe informe de ce que l'art doit être lorſqu'il s'eſt perfectionné. Je ſais qu'en argumentant de leur ſupériorité dans les autres Arts, on me condamnera de ne pas leur ſuppoſer la même dans celui-ci. Mais, quoi! dans le beau ſiècle de Louis XIV, la Poéſie, la Peinture & l'Eloquence répandoient leur clarté la plus brillante; & la Muſique ſortoit à peine de ſa première obſcurité. Eſt-ce trop peu de cet exemple pour juſtifier la conjecture que j'ai avancée ? Lisez les Problêmes d'Aristote sur la Musique, vous ne douterez plus que l'Art, de son tems, ne fût encore en enfance. J'attribuerois la lenteur de ses progrès, aux obstacles que la philosophie morale & la politique du Gouvernement y opposoient, si je ne voyois chez les Nations modernes, en France & en Italie, la Musique aussi tardive à se développer. Cette marche est sur-tout remarquable, en ce que la Musique, qui ne se perfectionne qu'après les autres Arts, les devance tous dans son origine : le chant est connu dans des pays incultes & barbares, où le nom de la Poésie ne fut & ne sera peut-être jamais prononcé: que ces pays se civilisent, (ce qui ne s'opère jamais que par la puissance des Arts) l'Éloquence & la Poésie marcheront les premières vers la perfection où elles doivent atteindre, la Musique y parviendra la dernière. Les premiers pas qu'elle fait pour s'éloigner des chants simples & populaires que l'instinct nous révèle, semblent la détourner de sa route véritable, plutôt que l'y avancer. Ne sentez-vous pas que le chant de nos vieux Noëls se rapproche d'une mélodie vraie & agréable, plus que les froides pſalmodies dont vous avez pompeuſement attriſté vos Théâtres, & même vos feſtins, pendant l'eſpace de cent ans ? On diroit que la Muſique (bienfait univerſel accordé à tous les hommes pour leur alléger le poids de la vie) eſt contrainte à ſe dépraver dès qu'elle renonce à l'humble popularité de cet emploi : ſemblable à l'homme, elle ſe pervertit alors qu'elle s'élève.

Achevons d'étudier ce qu'étoit l'Ode chez les Anciens. Relativement au chant, Ariſtote nous en inſtruit aſſez : ″ Le chant de
″ la ſcène, dit-il, varie à tout moment ;
″ il change de genre, de mode & de mou-
″ vement, parce que, dévoué à l'imitation,
″ il obéit aux diverſes paſſions de chaque
″ interlocuteur ; mais le chant du chœur
″ imite beaucoup moins. Ceux qui le chan-
″ tent, exempts de paſſion, interviennent
″ comme juges ou témoins aux événemens
″ de la ſcène. Auſſi le chant des chœurs
″ eſt-il aſtreint aux couplets répétés de la
″ ſtrophe & de l'antiſtrophe. ″ En méditant ſur ce paſſage, que de ſujets d'étonnement ! 1°. L'Ode, (réputée ſi audacieuſe,

qu'à l'égal d'Achille elle nie que les loix soient faites pour elle)

(*Jura neget sibi data.*)

l'Ode, dis-je, étoit chantée par des personnages exempts de passions ; 2°. l'Ode, dont on devroit croire les égaremens poétiques liés à des écarts de mélodie, tournoit, pour ainsi dire, sur elle-même, asservie au retour constant & uniforme des mêmes chants. Expliquons ces singularités.

1°. Aristote, en comparant la situation des chœurs tragiques à celle des personnages de la tragédie, en butte aux plus grands revers, & tourmentés des plus grandes passions, a dû dire que les chœurs en étoient exempts ; mais sans être opprimés par l'infortune, ni déchirés par la douleur, ils étoient émus du spectacle des événemens : ainsi leur situation n'étoit point impassible.

2°. Il vous semble que ce chant de la strophe uniformément répété, devoit éteindre ou contredire l'enthousiasme des paroles. Cette erreur vient de ce que vous jugez de la Musique d'après la poésie. La plus belle pensée, si on la répète, ne se repré-

sente qu'avec l'air & les rides de la vétusté;
mais un chant se rajeunit par l'emploi répété
qu'on en fait; il acquiert à la seconde, à
la troisième fois qu'on l'entend, une grace
qu'il n'avoit point à la première. Ce chant,
périodiquement ramené, est semblable à
une roue qui s'échauffe en tournant; son
ardeur se communique aux pensées qui l'approchent. Ignorez-vous que les Improvisateurs commencent, sur un mouvement
modéré, le chant qu'ils précipitent en le
répétant, & qu'ils finissent hors d'haleine?

Résumons. Ce qui fonde & justifie, chez
les Anciens, l'audace & les licences de
l'Ode, c'est qu'elle étoit chantée. Le Dithyrambe affecta un désordre encore plus
grand, c'est qu'il ajoutoit un délire bachique au délire de la Musique & des vers.
L'Ode admit un ton d'austérité & les
leçons les plus graves, parce que l'austère
& grave simplicité de son chant, supportoit
ou requéroit ce genre de poésie. Les Lyriques anciens semblent avoir affecté les
sujets nobles & relevés, de préférence aux
autres sujets : c'est encore par une conséquence de l'auguste dignité répandue sur

leurs chants. Les Philosophes avoient donc raison lorsqu'ils s'alarmoient des progrès de la Musique ; ils dûrent voir qu'en s'élevant, elle alloit étouffer la poésie, son alliée naturelle. Ils dûrent voir qu'avec des chants trop expressifs, on se passeroit aisément de paroles ; que la musique envahiroit toute l'attention, ou en laisseroit peu pour les vers. Ils dûrent voir que les noms de vertu, de devoir, s'uniroient rarement aux molles inflexions d'une mélodie suave & voluptueuse. L'évènement a confirmé leurs prédictions ; & lorsque la Grèce a compté des Musiciens dignes d'exciter le courroux de ses Philosophes, elle n'a plus compté parmi ses Poëtes, de Pindares, d'Alcées, de Stesichores.

Les Modernes ont tout pris des Anciens ; mais quelquefois, en s'appropriant leurs usages, ils les ont tronqués & défigurés : sans sortir de notre sujet, nous en trouvons la preuve. La poésie qu'on appelle lyrique, n'a plus rien de commun avec la lyre : nous avons conservé à l'Ode la division en strophes, & l'orgueilleuse licence de son style ; mais nous lui ôtons le chant, qui
seul

seul justifioit ces attributs. Doutez-vous qu'en dénaturant ainsi le genre, on n'ait travaillé à lui faire perdre ses honneurs ? Si le règne de l'Ode, plus court parmi nous que celui des autres poésies, a éprouvé une décadence prématurée, c'est peut-être parce que l'Ode, sans le chant, n'est plus qu'une beauté vieillie, comme l'a dit Platon. En effet, le ton & les formules de l'Ode annonçant une espèce de fureur, le Lecteur qui n'en voit, ni n'en ressent la cause, prend ce saint délire pour une folie de commande, & pour un mensonge ridicule. Combien cette disconvenance de ton devient plus choquante, lorsque l'Ode entière n'est qu'une suite de raisonnemens ! Quoi ! la raison, pour énoncer des vérités, & en développer les preuves, affecte des transports & de la fureur ! Etrange préliminaire à des leçons de sagesse, de crier, *ma raison s'égare*.

L'Ode parmi nous s'est reproduite sous une forme vraiment lyrique, puisqu'elle fut déterminée par la Musique même. Rousseau inventeur de ce genre, fut obligé d'en créer jusqu'au nom, tant celui d'*Ode*, détourné de son acception première, devenoit impropre pour désigner une Poésie chantée. Il intitula ces nouvelles Odes *cantates*.

Par quelle singularité Rousseau, qui, dans ses autres Odes, employoit les formules de l'enthousiasme & du délire, y renonce-t-il en quelque sorte dans ce nouveau genre, où l'ivresse du chant les justifie ? Rousseau, dans ses Odes, imita des Anciens les formules du délire, & peut-être il crut avoir besoin de leur exemple, pour les admettre au sein d'une nation recommandable par un goût circonspect & sévère. Dans un genre qu'il créoit, il put se sentir moins téméraire; d'ailleurs, la Musique de son temps, timide & réservée encore, osoit peu elle-même, loin de lui apprendre à tout oser. Aujourd'hui le champ de l'Ode seroit resserré dans des limites moins étroites ; je ne sais même quelles bornes on oseroit lui prescrire, que l'impérieuse Musique n'eût pas le droit de renverser. C'est en parcourant avec enthousiasme les cordes d'une harpe, ou les touches d'un clavier, qu'un Musicien-Poëte jouiroit sans reproche de toute l'étendue de ses priviléges : eh ! quel reproche lui faire, si par-tout les paroles étoient le juste commentaire de la Musique ?

Rousseau déploya dans ses Cantates le talent qui lui étoit spécialement propre, celui du langage poétique, parlé avec élévation & harmonie. Les défauts de ces poëmes, s'il nous est permis de les relever, tiennent à une foible connoissance de l'art que le Poëte ne pratiquoit pas, & dont la nation, il y a soixante ans, n'avoit encore qu'une notion très-imparfaite. Je ne craindrai point de le dire ; Rousseau plus imbu, plus pénétré du véritable esprit de la Musique, n'eût point donné à ses Cantates le double visage de l'allégorie, froide combinaison de l'esprit, dont le résultat ne rend rien à l'imagination ni aux sens. Il eût jeté dans ses récits plus de mouvement, & des tableaux plus pathétiques : il eût sur-tout évité de donner pour motifs à ses airs, de petites moralités galantes, aussi étrangères au sentiment, qu'à la Musique. Il est tellement ordinaire de juger les vers lyriques sur la simple lecture, & sans considérer leur convenance avec la Musique, que les Cantates de Rousseau, les plus estimées & les plus connues, ne font pas les plus lyriques : c'eſt dans *le triomphe de l'amour*, que la Poéſie me ſemble muſicale.

> *Mais que vois-je, grands Dieux ! quels magiques efforts*
> *Changent la face de ces bords !*
> *Quelles danſes ! quels jeux ! quels concerts d'alégreſſe !*
> *Les grâces, les plaiſirs, les ris, & la jeuneſſe*
> *Se raſſemblent de toutes parts.*
> *Quel ſonge me tranſporte au-deſſus du tonnerre !*
> *Je ne reconnois point la terre*
> *Au ſpectacle enchanteur qui frappe mes regards.*

Le Poëte, qui ſe peint dans l'extaſe de cette viſion, ſuppoſe des prodiges que la Muſique a le pouvoir d'effectuer. La Cantate intitulée *Bacchus*, reſpire la fureur du Dithyrambe, & ménage à la Muſique les contraſtes, les oppoſitions qui font le ſecret de ſon art. La Cantate de *Circé*, ſombre & uniforme dans ſes tableaux, fut inſpirée par un génie moins ami de la Muſique.

Le nom d'*Ode*, chez les Anciens, étoit commun & à ces poëmes de quelque étendue, tels que nous en liſons dans Pindare, & à ces bagatelles fugitives, qui, attachées à deux ou trois phraſes de Muſique, charment l'oiſiveté de quelques momens ; auſſi la chanson chez les Grecs participoit-elle aux plus superbes priviléges de l'Ode ; elle s'arrogeoit la majesté des mêmes sujets, & le droit de faire entendre au milieu d'un banquet les leçons de la vertu, les louanges des Dieux & des Héros. Cet usage me paroît tenir aux mœurs républicaines ; elles enseignent à célébrer les bienfaiteurs de l'état; & dans les républiques, les plaisirs du Citoyen ont je ne sais quoi de religieux & de patriotique.

La chanson, ramenée à des sujets moins grands, devenoit aussi, chez les Anciens, le libre enfant de la joie & du plaisir ; mais alors même, elle étoit exempte & des subtilités du bel-esprit, & des fadeurs de la galanterie, défauts, qui, chez les modernes, ont gâté trop souvent son aimable simplicité. La popularité des mœurs antiques semble avoir été aussi favorable à l'Éloquence & à la Poésie, que le costume ancien des vêtemens l'étoit aux arts de Phidias & d'Apelle. Les Romains & les Grecs, couronnés de myrte dans leurs festins, & couchés sur les fleurs, ne faisoient point, d'un banquet, une cérémonie d'étiquette & de grandeur ; pour eux un repas étoit une fête ; ils y admettoient la Musique, ou pour y ranimer l'alégresse, ou pour en prévenir les excès. Anacréon lui-même, ainsi qu'Horace, craint que la gaîté des festins ne dégénère en orgie tumultueuse & sanglante: on sent combien ce licentieux abandon de soi-même, disconviendroit à nos mœurs vaines & fastueuses, au maintien symmétrique & composé qu'elles nous prescrivent. La chanson s'est exilée de nos repas avec l'ivresse, l'enthousiasme & la gaîté ; & lorsqu'elle s'y représente, elle prend l'unisson de nos mœurs & de notre langage. Où les sentimens de l'ame se taisent, quel supplément y admettre ? Les froides gentillesses de l'esprit, indignes de représenter ce qu'elles suppléent.

La Poésie lyrique varie ses caractères suivant ceux dont la Musique est susceptible: elle devient tour-à-tour tendre, vive, gracieuse, élevée & sublime. Dans ces diverses modifications, jamais l'alliance des deux arts, selon moi, n'est si parfaite, que lorsqu'une Poésie naïve s'allie avec un chant qui a de la naïveté ; le négligé de l'expression dans les paroles, en rend le sens plus clair & plus facile ; l'ame le conçoit, pour ainſi dire, ſans l'intervention de l'eſprit, & elle s'ouvre ſans réſiſtance à des mots, à des ſons qu'elle comprend ſans effort.

Juſqu'ici, nous avons conſidéré dans la Poéſie lyrique ſa ſubſtance même, la nature des idées qui lui ſont propres ; entre les différentes formes Poétiques, voyons s'il en eſt qu'elle doive ſpécialement adopter. Ou ces formes privilégiées n'exiſtent point, ou elles ſont déterminées par celles du chant. Celles-ci conſiſtent dans le récitatif & dans l'air.

Le récitatif marche affranchi de toute contrainte. Il ne s'aſſervit point au commandement impérieux d'une meſure conſtante & réglée ; il ne ſe dévoue point à un ton primitif, auquel il ſoit tenu de ramener le chant, après l'avoir promené par les modulations circonvoiſines. Le récitatif eſt le diſcours libre de la Muſique, c'en eſt la proſe proprement dite : il ne ſauroit donner à la Poéſie les chaînes qu'il ne porte pas lui-même. Libre & vagabond, qu'il permette à la Poéſie une marche auſſi déréglée que la ſienne ; qu'il s'aſſocie la proſe, plus indépendante encore, leur mutuelle liberté ne causera nul dommage ni à l'un ni à l'autre.

L'air procède autrement que le récitatif. Attaché à une cadence constante & uniforme, il conserve le caractère que lui donne la première phrase de chant ; il consiste enfin dans le développement de cette première pensée Musicale, qui en ayant engendré quelques autres, se promène avec ce cortège d'idées auxiliaires, & les ramène au point d'où elles sont parties.

Ces formes de l'air me semblent moins de convention que d'institution naturelle. On les retrouve à-peu-près chez les peuples qui n'obéissent qu'à l'inspiration de la nature. Les Sauvages ne modulent point, & cette ferme adhérence au même ton, me paroît une indication d'y revenir, lorsque l'art, enhardi dans ses procédés, se permet d'en sortir par des excursions passagères.

Sur ces formes de l'air qui se soumettent à l'unité du caractère & de la mesure, un homme de beaucoup d'esprit, que je lis avec autant de plaisir que j'en trouve à le louer (1),

---

(1) M. Le Marq. de Chastellux.

asseoit le principe de l'unité dans les paroles. Il demande que l'idée soit une, ainsi que la forme du vers. Peut-être à ce principe ingénieusement établi, peut-on opposer la loi des contrastes, si nécessaire à la Musique, & qui seule la fait vivre.

Si les idées Musicales que la première engendre & s'associe, doivent en différer par le doux & le fort, par des articulations tout-à-fait contraires, comment une seule idée Poétique s'alliera-t-elle à ces diverses idées Musicales ? Comment une même forme de vers s'adaptera-t-elle à des rhythmes différemment coupés ? Le premier couplet du *Stabat*, n'offre au Musicien qu'une idée à rendre, qu'un sentiment à exprimer : la Musique en est moins *une* que les paroles ; on y trouve des contrastes que n'indique point le sens des mots ; la règle stricte de l'unité dans les paroles de l'air, n'est donc pas aussi absolue qu'on le pense.

Le grand vers, a-t-on dit mille fois, est ennemi du chant, il se refuse aux procédés mélodiques : je cherche la raison d'une assertion semblable, & ne puis la trouver. Quoi ! nulle phrase de chant ne peut, par son étendue, correspondre à un vers de douze syllabes! Eh! quand il seroit vrai! le repos de l'hémistiche au troisième pied, n'offre-t-il pas au Musicien le moyen de suspendre son chant? Ce double emploi du vers alexandrin, considéré comme un seul vers, ou comme en formant deux de moindre mesure, le rend à mes yeux le plus musical de tous les vers.

Je crains que les principes de la Poésie lyrique, n'ayent été dictés par des Musiciens de mauvaise humeur, & adoptés par des Poëtes ignorans en Musique. Dès qu'un Musicien éprouve quelque stérilité, il aime mieux en accuser son Poëte que lui-même, & il rejette sur ses paroles tout le tort de son génie.

Il est assez généralement reçu pour la ponctuation musicale des Airs, que les repos du chant (sur-tout dans les premières phrases) soient placés à des distances égales, & que les mesures comprises dans chaque phrase, soient en nombre pair. Je ne sais que penser de ce principe; l'oreille a tant de penchant à le suivre, qu'on le croiroit d'institution naturelle ; mais il fouffre des exceptions fi heureufes, qu'on feroit tenté de ne pas lui donner force de loi.

Le fentiment inné que nous avons du rhythme, tient fans doute à ce que le mouvement, qui eft en nous le principe de la vie, s'opère fuivant des articulations rhythmiques & régulières. Le poumon s'élève & s'abaiffe uniformément; le cœur & l'artère donnent des pulfations égales ; ainfi le *levé* & le *frappé* de la mefure, fignes du mouvement, emblêmes de la vie dans la Mufique, fe retrouvent dans notre organifation animale ; & l'homme, confidéré fous ce rapport, eft une machine muficale qui fe meut & refpire en cadence. La régularité de nos mouvemens méchaniques, eft peut-être la caufe de cet inftinct qui nous fait fentir la mefure, comme la fymmétrie de notre organifation eft le principe fecret de notre goût pour tout ordre & tout arrangement fymmétrique. Cependant, (nous l'avons déjà dit) la règle de couper les phrafes muficales, fuivant des nombres de mefures pairs, & égaux entre-eux, fouffre de fréquentes & d'heureufes exceptions. Qu'il fuffife d'un exemple où l'on peut en citer mille; la reprife de l'air, *Je fuis Lindor*, s'affranchit heureufement de la règle dont nous parlons. Obfervons fur-tout que le moyen le plus fimple d'y foumettre la mélodie de cet air, feroit de retrancher la répétition de cette mefure alors la phrafe numérique- ment quarrée, feroit eftropiée & boiteufe pour le fens mufical.

Quand la règle dont je parle feroit auffi abfolue qu'elle l'eft peu, gardez-vous de croire qu'il fût aifé d'en tirer un principe de verfification lyrique. L'ufage libre, & varié jufqu'à l'infini, que le chant peut faire des fyllabes, rend incalculable leur rapport numérique avec celui des mefures. Ce vers, *Stabat mater dolorofa*, dans le chant de Pergolèfe, correfpond à huit mefures, fi je ne me trompe; dans un chant tourné différemment, il correfpondra à un nombre plus ou moins grand; cela dépend de la durée que l'on donne aux fyllabes.

Ils font paffés ces jours de fête,
Ils font paffés, ils ne reviendront plus.

Le même chant s'adapte à ces deux vers de

mesure inégale. Faut-il un exemple encore plus frappant ?

Si jamais je prends un Époux,
Je veux que l'Amour me le donne. (1)

De ces deux vers égaux, le Musicien en a fait trois dissemblables ; & tandis qu'il décompose la régularité des vers, il en construit des phrases de chant régulières, égales, & quarrées. Que l'on vante après cela les rhythmes symmétriques de la Poésie, & qu'on en fasse une loi fondamentale du genre lyrique !

Pour confondre mes opinions sur cette matière, on m'a quelquefois renvoyé au témoignage des Compositeurs. J'en crois plus, ai-je dit, leurs ouvrages que leurs discours. Si l'Auteur d'Andromaque & de Sylvain maintenoit (ce que je ne puis croire) la nécessité d'insérer peu de paroles dans un air, & d'y couper symmétriquement tous les vers, je lui alléguerois le bel air de Blaise dans

---

(1) Voici comme ces vers se chantent :
Si jamais je prends un Époux,
Je veux que l'Amour,
Que l'Amour me le donne.

Lucile; il contient soixante vers irréguliers. Si les Italiens se prévaloient de la coupe de Métastase, j'y releverois des vers de quantités différentes : or, s'il est permis d'altérer une fois le rhythme poétique, pourquoi ne pas le violer plus souvent ? D'ailleurs, jetons un coup-d'œil sur les paroles des finales Italiennes ; que de vers elles contiennent, & de toute mesure ! mais le mouvement change dans la Musique, direz-vous ? Soit ; ne dites donc plus que pour faire de belle Musique il faut s'astreindre à un seul mouvement.

Il est une manière infaillible de s'assurer si le chant, par sa nature, comporte telle ou telle coupe de vers, courte ou étendue, symmétrique ou irrégulière : parodiez beaucoup d'airs agréables composés sans paroles; parodiez-les, sans vous mettre en tête aucun principe de versification, en ne songeant qu'à l'accord des mots & du chant. Si des morceaux différens produisent différentes coupes de phrase, si dans le même morceau les repos ne se trouvent pas symmétriquement placés; si, lors même qu'ils le sont, vous concevez la possibilité de les distribuer autrement, & d'allonger un membre de la phrase aux dépens d'un autre, fans que la mélodie en foit altérée, concevez que le principe des vers uniformes, n'eft point tiré de la nature du chant ; & vérifiant ce que font les paroles des plus beaux airs, quand la mélodie en a travaillé & décompofé les formes, reconnoiffez qu'elles tiennent plus de la profe, que d'une poéfie régulière (1).

Quel mot vient d'échaper à ma plume ? quoi ! les vers lyriques ne feroient au fond

---

(1) Un exemple fert plus que les raifonnemens. Lifez dans le *Huron* les vers du duo tels que l'Auteur les a coupés, chantez-les enfuite, vous trouverez à la fin

Non, non, ne croyez pas,
Non, non, ne croyez pas
Qu'on aime,
Ne croyez pas
Qu'on aime
Du foir au lendemain,
Du foir au lendemain.

Voilà des vers très-irréguliers ; qui empêche qu'on ne les coupe autrement ? & qu'on ne life :

Non, non
Ne croyez pas,
Non, non
Ne croyez pas qu'on aime.

Rien n'eft plus arbitraire, la mélodie refte toujours la même.

que de la profe ! Quoi ! cette antique & folemnelle alliance du chant & de la poéfie, que l'on a crue fondée fur la génération de l'un par l'autre, ne feroit qu'un pacte de convention, que le goût & la raifon permettent de diffoudre ! Oui, fans douté; & pour ajouter à la furprife qui naît de cette affertion, nous avancerons qu'elle fut admife par l'antiquité favante, par ces Nations dont la poéfie métrique fembloit, plus que la nôtre, emprunter de la Mufique fes principes & fa méthode.

Le dernier Chapitre du Traité de la Synthèfe, écrit par Denys d'Halicarnaffe, eft confacré tout entier à prouver ce que j'avance. Cicéron dit formellement que les vers lyriques, lorfqu'on les fépare du chant, ne font plus que de la profe : *Cantu remoto, foluta effe videatur oratio. Nifi cum tibicen acceffit, orationi funt folutæ fimillima*. Ce que Cicéron nous enfeigne à ce fujet, Quintilien le confirme. Plutarque établit la même doctrine. Horace, en parlant de Pindare, nous dit, qu'il fuit un rhythme affranchi de toute règle, *Numerifque fertur lege folutis*. La plupart des Chanfons Grecques font écrites en profe.

profe. Voilà donc où aboutit cette théorie merveilleuse du système musical des Anciens, qui (nous dit-on) par la conformité du rhythme & du mètre, lioit indissolublement le chant & la poésie ! On voit à quoi se réduisent ces idées, lorsqu'on les met à la coupelle de l'art d'où l'on a su faussement les extraire.

Ce qui fut vrai autrefois, l'est encore aujourd'hui. Loin que la prose répugne aux airs le plus symmétriquement composés, en laissant agir la mélodie sur des vers réguliers, elle détruit leur régularité, elle allonge & raccourcit, suivant ses besoins ou ses caprices, les membres de la poésie. Quel Musicien se plaignit jamais que la prose Latine des Pseaumes donnât des entraves à son génie ? Quel Auditeur, en écoutant un beau Motet, s'avisera d'y regretter les formes poétiques ? Cette observation est de d'Alembert, nous la répétons d'après lui.

Terminons ce Chapitre par une observation générale. Parler & chanter sont deux procédés de la voix si différens, que l'harmonie du chant ne ressemble en rien à celle de la parole. En effet, que leur reste-t-il de commun, si la mélodie substitue ses intonations à celles de la prononciation, & si elle altère la valeur des syllabes & la durée des mots ? En quoi le chant du *Stabat* se rapproche-t-il de la prononciation des mots dont il est composé ? Chantez sans les lire, des vers que vous ne connoissez pas, j'ose vous défier de sentir s'ils ont quelque harmonie. Composez des vers, en les chantant, & sans jamais les réciter, vous pouvez être assuré qu'ils manqueront de nombre & de cadence.

Le principe d'asservir les vers lyriques à une mesure parfaitement régulière, n'est donc pas de stricte nécessité : nous le croyons fondé sur l'imitation des Grecs & des Latins, qui chantoient toutes les strophes d'une Ode sur le même air. Au reste, si notre doctrine semble un relâchement de discipline, si elle déplaît aux Poëtes, d'autant plus épris du joug qu'ils portent, qu'il est plus pesant ; qu'ils s'astreignent à la plus grande rigueur de leurs règles, l'usage les y autorise ; & dans les cas où la Musique auroit peine à s'en accommoder, elle saura bien s'y soustraire.

CHAPITRE III.

De la Tragédie chantée, du Poëme par rapport à la Musique.

SECTION PREMIÈRE.

Unir le chant à la parole est une opération de l'instinct commune à presque tous les hommes : unir le chant à des actions graves, touchantes, terribles ; nous montrer l'homme qui raisonne, délibère, commande, gémit, souffre & meurt en chantant, c'est nous présenter un ordre de choses purement hypothétique, disons même, inconcevable ; c'est en quelque sorte convoquer des êtres raisonnables & fiers de leur raison, pour les amuser en dépit d'elle.

Je ne sais ce qu'on pensoit de l'Opéra lorsqu'il n'existoit que dans l'esprit de son inventeur ; mais aujourd'hui que l'invention en est justifiée par de si longs succès, on ne peut s'empêcher de le regarder encore comme un prodige d'invraisemblance.

Un Poëte comique a conçu comme une

idée plaisante, & qui prête au ridicule, la supposition d'un pays où l'on ne fait rien qu'en chantant (1). Cette supposition, l'Opéra la réalise, & ce spectacle n'est rien moins que plaisant.

Je me persuade que, sous le nom du maître à danser de M. Jourdain, Molière nous a fait connoître son opinion sur l'Opéra ; voici comment il s'exprime. « Quand on a des » personnes à faire parler en Musique, il » faut bien, pour la vraisemblance, qu'on » donne dans la bergerie; il n'est guère na- » turel en dialogue, que des Princes ou » des bourgeois chantent leurs passions. » Voilà donc le dialogue en chant jugé tout-à-fait invraisemblable ? Pourquoi l'est-il moins lorsque ce sont des bergers qui dialoguent ? Quel privilége ont-ils pour parler autrement que d'autres ?

« Rien de si bizarre, a dit Voltaire, que de » chanter des Ariettes dans la destruction » d'une ville, & de danser autour d'un » tombeau (2) ». Par-tout je vois la tragédie

---

(1) L'Isle sonnante.
(2) Préf. d'Œdipe.

chantée, proscrite par la sévère raison; partout je la vois admise par un goût juste & délicat, distinction dont nous abandonnons l'examen à l'esprit philosophique de ceux qui nous liront.

La Tragédie en Grèce sortant de son berceau, admit, que dis-je? choisit le chant pour sa langue naturelle, & ce choix par la suite ne fut point révoqué comme une erreur du premier âge.

Dans l'Italie moderne, la Tragédie fut parlée d'abord, quelque tems après chantée. Ce changement ne fut déterminé par aucune circonstance; il s'opéra de lui-même; on put le regarder comme une réforme de goût, comme une amélioration de l'art.

Chez les François, Corneille & Racine avoient porté la tragédie, pour ainsi dire, à son dernier période, quand la Musique entreprit d'y allier les sons modulés, & d'élever son théâtre à côté de celui qu'illustroient nos chef-d'œuvres. Le siècle qui admiroit *Phèdre* & les *Horaces*, ne réclama point contre cette innovation; il crut pouvoir aussi se passionner pour *Armide*.

Avec quel désavantage la scène lyrique,

à cette époque, se montroit en concurrence avec l'autre! Quand Quinault eût été l'égal de Racine, ce que nous sommes loin de penser, l'un créoit son Art, l'autre perfectionnoit le sien ; & le chant, coopérateur de la Poésie pour l'institution d'un Théâtre lyrique, ne l'y secondoit qu'imparfaitement. Ce Théâtre s'accrédita cependant, & la Tragédie chantée parut une merveille ajoutée à toutes celles du siècle de Louis XIV. Despréaux, ennemi du genre, en décria, il est vrai, la mollesse efféminée ; mais en réprouver les dangers, n'étoit-ce pas en reconnoître le mérite? Un spectacle sans charme & sans illusion eût moins alarmé ce Rigoriste sévère.

Cependant, tandis que Boileau sentoit, ou affectoit du mépris pour la Tragédie chantée, la Bruyère en jugeoit un peu différemment. *L'Opéra*, disoit-il, *est l'ébauche d'un grand spectacle, il en donne l'idée.* Ainsi, par un pressentiment de génie, dont on auroit dû croire le Poëte plus susceptible que le Moraliste-profateur, celui-ci, sur les premiers essais de l'Opéra, devinoit sa perfection future.

Observons, au grand étonnement de notre siècle, que Despréaux & la Bruyère ne faisoient porter que sur les paroles, la réforme nécessaire à l'Opéra. *Jusqu'à présent, ce n'est pas un poëme, ce ne sont que des vers.* Ce jugement de la Bruyère autorise à conclure qu'il présumoit des facultés de la Musique, plus que Quinault n'en exigeoit; il ne la croyoit pas inférieure à la majesté d'un poëme, plus digne de ce nom que ceux même de notre plus fameux Lyrique.

Ce que la Bruyère sembloit nous annoncer s'est accompli: l'Opéra s'est perfectionné. Eh! comment en douter, quand les ouvrages de ce siècle ne permettent plus de revoir ceux du siècle dernier? Jamais, quoiqu'on puisse dire, le bon n'a disparu devant le mauvais; & l'on n'a vu sur aucun Théâtre du monde, des chef-d'œuvres anciens déplacés par de modernes sottises. Mais la réforme du Théâtre lyrique ne s'est pas opérée comme on l'avoit prévu; c'est la Musique seule qui s'est perfectionnée; & Quinault, qui, selon la Bruyère, n'avoit fait qu'ébaucher un grand spectacle, n'a vu aucun tableau effacer ses brillantes esquisses.

Des révolutions mêmes qui conduisoient la Tragédie-chantée à sa perfection, il est né une opinion bien extraordinaire, *que cette Tragédie est absurde, & d'une exécution impossible.* Ce n'est plus le prodige de la dent d'or sur lequel on argumentoit avant d'en vérifier l'existence ; c'est un prodige qui frappe nos sens, & duquel on conteste la possibilité. On croit entendre *Spinosa*, qui, dans l'ingénieux badinage des *Systêmes* (1), parlant à Dieu, lui soutient qu'il n'existe pas.

Qu'on ne m'accuse point de créer des chimères pour les combattre ; l'opinion dont je parle est consignée dans plusieurs écrits, & tous les jours on rencontre de ses partisans qui la défendent.

Pour prouver qu'on peut faire de bonnes Tragédies en Musique, si j'allègue que nous en avons de telles, quelques personnes nieront ce que j'affirme. Raisonnons sur ce qui peut être, puisqu'on ne permet pas de raisonner sur ce qui est.

Je crois me faire une idée juste & complette de la Tragédie, lorsque je pense que son but est d'inspirer la terreur & la pitié, & que les moyens qu'elle y emploie sont le discours & l'action. Dans ce but, dans ces

---
(1) Épître de Voltaire.

moyens, quoi d'incompatible avec la Musique ? Seroit-ce d'agir & de parler en chantant ? Rien de si naturel. Seroit-ce d'émouvoir, d'attendrir, de passionner ? C'est le propre de la Musique. D'une part, elle sympathise donc avec les moyens que la Tragédie met en œuvre ; de l'autre, elle paroît elle-même un moyen propre à conduire la Tragédie aux grands effets qu'on doit en attendre.

Comment donc l'alliance du chant & de la Tragédie est-elle réputée si peu naturelle, puisqu'en étudiant la nature de l'un & de l'autre, on découvre entre-eux tant de rapports & de convenances ? Avant de répondre à cette question, je présenterai au Lecteur une observation nouvelle ; j'augmenterai sa surprise avant de chercher à la détruire.

Les obséques de nos proches, les chocs meurtriers de la guerre s'accompagnent du son des voix & des instrumens. Alors, ce ne sont plus de vaines représentations, ce sont des Tragédies terribles, dont l'effrayante & lugubre réalité, par une convenance (trop générale pour n'être pas naturelle) s'associe aux inflexions de la mélodie. Après de tels exemples, qui croira qu'il existe quelque invraifemblance dans la Tragédie-chantée?

Il en exifte une pourtant; la voici. A la guerre on ne tue ni ne meurt en chantant: dans nos cérémonies funéraires, ce ne font pas les perfonnes affligées qui prêtent leur voix aux chants qu'on y fait entendre. Au Théâtre, qu'on pleure ou qu'on rie, qu'on meure, ou qu'on tue, on n'en chante pas moins. Voilà l'abfurdité monftrueufe fur laquelle les preftiges de l'Art ont befoin de fafciner l'œil de la raifon, & de corrompre la droiture de fes jugemens.

Il y auroit fur quelques arts d'imagination un problême à réfoudre, ce feroit de fixer les degrés d'invraifemblance qui peuvent leur être permis. *Aucun*, va répondre quelque efprit févère: je crains bien qu'une telle décifion ne fût un arrêt d'interdiction pour les Arts, & qu'il ne fupprimât des chefs-d'œuvres juftement admirés.

Sans parler des récits où le merveilleux trouve place, les plaifirs de la fcène ne fubfiftent qu'à l'aide de beaucoup d'invraifemblances. Le Théâtre eft l'enceinte magique où le tems & l'étendue fe refferrent. Là, un jour ne dure que deux heures, & l'efpace circonscrit de quarante pieds représente une Ville entière. Tranchons court sur cette énumération.

Il n'est guère plus naturel de mourir en vers qu'en musique : cependant il faut bien qu'entre parler poétiquement & chanter, l'esprit conçoive une extrême différence, puisque Voltaire jugeoit les vers essentiels à la Tragédie, & qu'il n'y admettoit le chant que comme une bizarrerie.

Quoi qu'il en soit de ces calculs d'invraisemblance, voici quelques principes que l'expérience ne permet guères de rejeter.

Le grand intérêt de la scène s'allie difficilement avec des vraisemblances parfaites. Les Auteurs font bien de tendre de toutes leurs forces à cette perfection ; le Public fait encore mieux de s'en passer. Il faut bien se réduire à l'approximation, quand le point juste est si difficile à rencontrer.

Le tort des invraisemblances au théâtre, s'apprécie principalement d'après le peu d'effet qu'elles produisent. Quand on laisse le cœur & l'imagination froids, c'est bien peu d'avoir pour soi la raison. Le chef-d'œuvre de régularité qu'avoit composé d'Aubignac est au même rang que les Tragédies aussi froides & moins régulières que la sienne. Leur commun tort fut d'ennuyer, leur destinée est la même ; ou l'ennui distribué avec plus ou moins de méthode, n'a mis entre ces Tragédies que bien peu de différence.

Dans l'embarras de concilier l'intérêt avec la parfaite vraisemblance, ou de sacrifier un peu l'un à l'autre, c'est le chef-d'œuvre du goût de déterminer de quel côté doit être le sacrifice, & quelle en doit être l'étendue : mais un exemple particulier ne donne pas une loi générale, & les Poëtes dramatiques n'auront jamais un tarif des licences qui leur sont permises.

La Tragédie en prose seroit plus près de la vérité que celle qui est écrite en vers. Celle-ci obtient & mérite la préférence sur l'autre. Toute invraisemblance qui produit un grand effet, porte avec elle, je ne dis pas son excuse, mais son titre de légitimité & de prééminence.

C'est ainsi que la Musique se présente au Théâtre, entourée des prestiges & des illusions qu'elle y apporte. Ce cortège imposant lui donne droit de souveraineté sur la scène, lorsque la raison, armée de toute la rigueur de ses droits, pouvoit lui en disputer l'entrée.

O ! le puissant raisonneur ! ô ! le délicat appréciateur des Arts, que celui qui demandoit un jour (de ce ton qui n'interroge pas, mais qui prononce) dans quel instant d'une Tragédie déclamée, on avoit pu regretter qu'elle ne fût pas mise en musique ? Dans quel instant ! lui répondis-je ? Toutes les fois que la majesté du spectacle, attachant un de nos sens, requiert la puissance des sons pour en attacher un autre : toutes les fois que la nature du sujet admet le merveilleux, car la Musique alors est un prodige de plus, qui donne de la vraisemblance à tous les autres. Toutes les fois encore que la scène, livrée au silence d'un personnage qui délibère, tombe dans le vuide & la langueur que préviendroit l'énergique expression des instrumens : toutes les fois même qu'il s'agit de jeter le Spectateur dans l'excès d'une passion violente & terrible, car il est douteux que la colère d'Achille pût produire au théâtre François l'effet de délire & d'emportement qu'elle a produit sur la scène lyrique. Alexandre, dans un transport qu'inspiroit la Musique, se jeta en furieux sur ses armes : nu Poëte n'a fait sur lui la même impression, pas même le divin Homère, qu'il portoit sans cesse avec lui.

Que l'on ne borne pas les avantages de la Tragédie chantée à ceux que je viens de décrire. Le moyen d'introduire sur la scène un chœur intéressé à l'événement qui s'y passe, & de supprimer l'oisive interlocution des Confidens, c'est d'admettre le chant comme l'idiôme du Théâtre. Cent voix alors n'en forment qu'une, & servent d'interprête à des passions, qu'une multitude agissante transmet à la multitude qui écoute. Quelle différence d'entendre gémir & se plaindre en Musique, le Peuple de Thèbes qui invoque Œdipe & les Dieux, pour échapper aux ravages de la peste, ou d'entendre successivement prononcer quelques mots par des malheureux, qui, mourant tous à la fois, n'osent à la fois gémir & soupirer! Quelle différence d'entendre un ou deux Romains, par une courte exclamation, maudire & bénir tour-à-tour la mémoire de César assassiné, ou de voir une populace fougueuse, agitée des mouvemens qu'on lui communique, promener mélodieusement ſes vœux de la haine à l'amour, & faire tous éclater les cris de la fureur! Génie de Voltaire, quand tu traitois de tels ſujets, n'accuſois-tu pas le miniſtère inofficieux de la parole? ne deſirois-tu pas un agent plus rapide, plus fait pour animer la ſcène entière?

Croirai-je que Voltaire ait fait gémir l'ombre de Ninus au fond de ſa tombe, ſans avoir ſenti qu'il appartenoit à la Muſique de rendre & d'ennoblir ces accens de la mort? Croirai-je qu'il ait fait ſortir Ninus du monument & tonner ſon ombre menaçante, ſans s'être rendu compte que l'enchantement des ſons jetteroit ſur ce prodige plus d'illuſion & de vraiſemblance? Eh! quel autre ſentiment guidoit ce grand Poëte dans le choix du ſtyle dont il a colorié ſa Sémiramis? Pourquoi ſa voix s'y monte-t-elle au ton ambitieux de la lyre? Pourquoi ſa poéſie, & plus figurée, & plus harmonieuſe, y tient-t-elle du preſtige de la Muſique, ſi ce n'eſt parce qu'un juſte ſentiment des convenances, rapprochoit le Poëte d'un Art qui lui devenoit en quelque façon néceſſaire, & lui faiſoit rechercher un langage merveilleux pour un ſujet où s'opèrent des merveilles?

On a parlé souvent du pouvoir qu'ont les Arts, de faire perdre aux objets qu'ils imitent, leurs difformités les plus effrayantes. A quel Art, plus qu'à la Musique, appartient cette magique puissance ? Soit, qu'imitant moins parfaitement, elle en dissimule mieux l'horreur de l'objet imité, soit que le charme de ses impressions convertisse en plaisir l'effroi des images auxquelles on l'associe. Ce qui justifie dans les Tragiques Grecs les cris d'Hyppolite blessé, ceux de Philoctète se roulant sur la terre, & telle autre hardiesse qui ne nous semble qu'horrible, c'est que la Musique opérant ces imitations, en faisoit disparoître la plus grande horreur. Rien ne pouvoit être trop vrai, lorsque la vérité étoit partout embellie par cet art enchanteur.

Que seroit-ce à la guerre qu'un combat meurtrier qui se donneroit en silence ? N'entendre autour de soi que les cris des mourans, & de sang-froid augmenter le nombre de ceux qui meurent ! cette idée fait frémir. La Musique couvre de son illusion cette scène de carnage ; & les fanfares militaires jettent dans l'ame des combattans l'alégresse du courage. Ce prestige de la Musique qui s'étend

jusques

jusques sur la mort même, fait juger des effets qu'on peut en attendre au théâtre.

La Tragédie en Grèce n'eut point les avantages qu'elle a depuis acquis parmi nous; ceux des habiles développemens, des combinaisons profondes, des savantes recherches de l'Art: pour suppléer à tant de mérites, elle en eut un, son extrême simplicité, qui la rapprochoit de la nature, autant que notre syftême plus perfectionné nous en éloigne quelquefois. Ce mérite, elle le dut sans doute à la Musique; il fut un attribut naturel de la Tragédie chantée.

Chez toutes les Nations de la terre, les premiers essais dramatiques n'ont été qu'un amas indigeste de faits cumulés les uns sur les autres. Comment les Grecs seuls échappèrent-ils à cette erreur de la raison & du goût? *Par le privilège de leur nature, supérieure à toute autre*, eût répondu sans hésiter Madame Dacier: grace au bénéfice des tems, on ne raisonne plus de même. La Tragédie Grecque, née des premiers chants sur la vendange, fut politiquement & religieusement asservie à conserver & le chant & le chœur. Cette forme lyrique une fois instituée, ce fut une néceſſité de faire les Tragédies ſimples, pour ne les pas faire trop longues. La marche du chant étoit grave, une partie du tems étoit remplie par le chœur, il n'en reſtoit plus que ce qu'il falloit pour le court développement d'une action peu intriguée : l'action étant ſimple, la Tragédie en fut plus aiſément régulière. Ainſi la Tragédie Grecque trouva dans la Muſique la ſource de toutes ſes perfections, & l'invraiſemblance du chant lui valut toutes les vraiſemblances qu'elle s'appropria.

Lorſque l'on conſidère la ſpacieuſe étendüe des Théâtres anciens, la diſtance où le Spectateur ſe trouvoit de la ſcène, circonſtances qui obligèrent d'exhauſſer les Acteurs ſur des cothurnes, de leur faire une taille, une repréſentation, une figure, une voix artificielles, on conçoit qu'à tant d'artifices il fallut en ajouter un de plus, celui d'un langage mélodique & ſoutenu : non-ſeulement c'étoit un moyen de propager la voix, mais c'étoit completter l'illuſion du ſpectacle. Au milieu des preſtiges de la ſcène Grecque, le ſimple langage eût fait diſconvenance, il eût rompu l'accord général : parmi tant de mensonges accrédités, cette vérité auroit eu l'air & le tort d'un mensonge ; sur un Théâtre dont l'optique faisoit représenter tout, plus grand que nature, & où les Dieux de l'Olympe apparoissoient, il falloit bien recourir à la magie d'un langage en quelque sorte surnaturel, tel enfin que la Musique.

La Tragédie chez les Grecs ne fut guères que l'épopée mise en représentation. C'est ce qui fit dire à Aristote que les Poëmes tragiques étoient des émanations de l'Iliade. Homère, selon lui, étoit le père des Tragiques, à peu-près comme le vieil Océan l'étoit de tous les fleuves.

Par-tout où la Tragédie lyrique s'est établie, elle a d'abord adopté les sujets simples & mythologiques. Les Poëtes sentirent qu'avec le chant une intrigue embrouillée se noueroit & se dénoueroit difficilement. Ils sentirent que c'étoit gêner les jouissances de l'oreille, que d'appliquer l'esprit fortement. Ils sentirent enfin que cet univers poétique, créé par l'imagination des Anciens, pleine de fictions, & tout brillant d'heureuses chimères, étoit comme une région préparée pour les enchantemens de la Musique. Ces vérités d'inſtinct, pour ainſi dire, ont été reconnues d'abord, & les premières habitudes de la Poëſie lyrique en ont indiqué les véritables caractères.

Les premiers Opéras Italiens, *Daphné*, *Euridice*, furent conçus d'après les principes que je viens d'expoſer. Ceux de *Zéno* & de *Métaſtaſe* furent compoſés dans un eſprit différent. Ces deux Poëtes tranſportèrent de la Fable à l'Hiſtoire, le domaine de la Poéſie lyrique : ils admirent les ſujets les plus auſtères, en compliquèrent la marche & l'intérêt ; ils firent chanter juſqu'à la vertu de Caton.

Je ſuis loin de penſer que Métaſtaſe, en adoptant ce ſyſtême, ait eu en vûe le plus grand intérêt de la Muſique : il ne ſongea, je crois, qu'à s'enrichir des heureux larcins qu'il trouvoit à faire dans les Théâtres étrangers. Sans conteſter aux Poëmes de Métaſtaſe la réputation qu'ils ſe ſont acquiſe, nous n'oſerions les donner pour des modèles de Tragédie lyrique. Ils manquent, ce ſemble, au premier des devoirs impoſé à toute Tragédie, celui d'attacher le Spectateur à l'action tant que le ſpectacle dure.

Peut-être les Italiens, entraînés par l'usage, ne recherchent pas cette continuité de plaisir, ou même s'y refusent ; mais c'est la tâche du génie de triompher des erreurs de la multitude, & de faire violence à son goût pour l'amuser comme pour l'instruire. L'usage de ne pas écouter les Opéras en Italie, n'a pu venir que de ce qu'en les écoutant on éprouvoit de l'ennui. Cet ennui fut le tort des Poëtes ou des Musiciens, peut-être des uns & des autres. Métastase étoit digne de faire rougir sa Nation de l'imperfection de ses amusemens ; s'il ne l'a point fait, c'est un reproche qu'on peut justement attacher à sa mémoire.

Quinault, lorsqu'il travailla pour le Théâtre lyrique, envisagea la Tragédie sous un point de vûe différent de celui où il l'avoit envisagée jusqu'alors. Il mit, si j'ose ainsi parler, la Tragédie en apprentissage sous la Musique. L'Auteur de *Tiberinus* & d'*Astrate* (1), avoit compliqué les événemens ; Quinault le lyrique évita toute complication. Il chercha le merveilleux dans les sujets, & la simplicité dans la manière de les traiter, (procédé tout-

_____
(1) Quinault.

à-fait semblable à celui des Grecs.) il affecta enfin la plus grande vraisemblance dans des sujets souvent invraisemblables.

Je dois choquer quelques-uns de mes Lecteurs en paroissant restreindre l'Opéra au merveilleux : je sais qu'il peut s'en passer, & que le trouble des passions favorise la Musique autant & plus que l'illusion des prodiges. Mais les prodiges n'excluent pas les passions. Celles-ci parlent à l'ame, les autres parlent aux yeux : pourquoi séparer ces deux enchantemens, au lieu de les réunir pour les completter par un troisième, celui de la Musique ?

La Tragédie parlée a ses avantages ; la Tragédie lyrique peut avoir les siens. Celle-ci, dans les sujets fabuleux, a peut-être autant de supériorité sur l'autre, que l'autre sur celle-ci dans les sujets de politique & de raisonnement.

Quinault, dans ses premiers Opéras, allia le bouffon au Tragique : étoit-ce pour ménager des contrastes à la Musique ? Le principe étoit bon, mais l'application fut mauvaise ; Quinault s'en apperçut lui-même, & n'employa plus ces disparates ridicules.

Quinault, l'on ne sauroit en douter, s'étoit

fait l'esclave de l'Art auquel il consacroit ses compositions lyriques. Cet Art, borné dans ce tems à d'étroites ressources, rétrécit celles de la poésie; & quelquefois, par ce qu'il exigeoit d'elle, il la déprava sans s'améliorer. Je n'en veux d'autres preuves que ces Madrigaux commandés à Quinault par Lulli: ils déparent les scènes tragiques où ils sont placés, & n'ont produit de la part du Musicien que d'insipides Chansonnettes, dont les partisans même de Lulli ne se feroient pas aujourd'hui les défenseurs.

Une singularité me frappe: Lulli & Quinault, par leur droit d'inventeurs, avoient consacré le Madrigal, au point qu'il fut long-tems regardé comme nécessaire à la Tragédie lyrique. Certes, c'est lorsque ce principe étoit en vigueur, qu'on étoit autorisé à soutenir l'absurdité du tragique chanté; ce principe seul la démontroit: personne alors ne s'avisa de la soupçonner. Le Madrigal & les fadaises lyriques, font place à des choses qui sont plus du genre tragique; c'est de ce moment que la Tragédie chantée essuie la proscription, & qu'on la relègue au rang des choses impossibles.

Les Opéras de Voltaire, dignes, par leur style au moins, d'être respectés de la censure, (s'il n'étoit pas ordinaire qu'en appréciant un grand Homme, on mette ce qu'il a de moins supérieur au-dessous de ce qu'il doit être) les Opéras de Voltaire, dis-je, ont évidemment pour but, plutôt d'amuser les yeux, que d'intéresser le cœur. On a droit de s'étonner que l'Homme de génie qui appeloit *Atis, Armide* & *Thésée,* de belles Tragédies, n'ait pas eu l'intention d'en composer de semblables : je dis l'intention, car lui en contester le talent seroit une injustice absurde. Voltaire, sans doute, ne voulut pas concevoir, de la Tragédie, une idée moins grande que celle qu'il s'en étoit faite ; & dans l'état de noblesse & de grandeur où il la concevoit, il ne crut pas qu'elle pût être dignement confiée à la Musique. Pour réformer sur ce point ses idées, il eût fallu peut-être que l'Auteur de *Sémiramis* eût conféré sur cette Tragédie avec le Musicien qui a formé depuis peu le projet de la mettre en Musique (1). Je me suis plû quelquefois à

---

(1) M. Gluck.

supposer cet entretien de deux grands Hommes, & à imaginer ce qui pouvoit en résulter.

La Tragédie de *Sémiramis* étant trop longue pour le chant, dans les retranchemens que le Musicien devoit y demander, le rôle d'*Azema* eût été infailliblement compris, puisqu'il n'est qu'épisodique, & que sans lui l'action peut marcher. Quelle surprise à la fois, & quel ravissement pour Voltaire, de se voir ramené par la Musique à cette unité d'intérêt dont il sentoit si bien le prix! N'est-ce pas lui qui a souvent dit & écrit, que *l'Amour est froid s'il n'est que secondaire, qu'il est ridicule de l'allier avec un autre intérêt?* C'est donc contre son goût & ses principes, c'est contre sa conscience poétique, que Voltaire introduisit l'Amour dans une pièce, où l'ordre des Dieux condamne un fils à devenir l'assassin de sa mère. Hé bien! la Musique l'affranchissoit de cette nécessité ; elle ajoutoit à la Tragédie de *Sémiramis* une des perfections que l'Auteur, sans doute, regrettoit de n'avoir pû lui donner.

Que la Musique eût exigé encore d'autres retranchemens, il étoit naturel de les faire porter sur les détails raisonnés & peu lyriques de la politique d'Aſſur, ſacrifice qui n'ôtoit rien à la Pièce de ſes beautés principales. Mais tout ce qui intéreſſe le plus dans *Sémiramis*, la ſcène du Fils & de la Mère, les remords de celle-ci, le trouble de Ninias, le miniſtère impoſant d'Oroès, les gémiſſemens de l'Ombre, ſon apparition terrible, le dénouement enfin, voilà ce que la Muſique eût été ſoigneuſe de conſerver, & parmi ces beautés, il en eſt qu'elle eût rendues plus frappantes.

Après avoir réfléchi ſur un tel exemple, on doit prononcer moins hardiment que la Tragédie répugne à l'alliance de la Muſique, que celle-ci ſe refuſe au développement des paſſions, l'un des plus grands ſecrets de l'art: dans l'examen lyrique d'une Tragédie où ce développement a lieu, nous ne ſupprimons rien de ce qui tient à la perfection de l'art; nous la dégageons des ſuperfluités que l'art même réprouve.

Gardons-nous de ce principe, que l'Opéra ne doit être qu'un *optique mouvant, une lanterne magique*, où les objets ſe ſuccèdent avec rapidité, par conſéquent ſans intérêt. Comment faire émaner ce principe des propriétés de la Musique ? Elle ne produit jamais tant d'effet que lorsqu'elle s'unit à des situations intéressantes. L'art du Poëte est d'en ménager au Musicien de si heureuses, qu'une Musique, même médiocre, y produise de l'effet : il est de ces situations au Théâtre. L'art du Musicien est de saisir ces momens favorables, & d'en remplir complettement l'illusion.

Si la première condition du Poëme lyrique est de toucher & d'intéresser, je ne vois pas que la poétique de ce genre doive différer essentiellement de celle de la Tragédie parlée. Avec le chant seulement, l'intérêt doit naître plus tôt ; car tout ce qui n'est que d'exposition, court risque d'ennuyer. Hâtez-vous de mettre en scène les passions, & méfiez-vous des préliminaires.

Une Tragédie, courte d'exposition, est nécessairement d'une constitution simple. Ainsi, dans le genre lyrique, tout ramène à la simplicité. Ne nous effrayons pas de ce que ce principe paroît avoir d'austère ; l'Opéra s'égaie par le chant, le spectacle & la danse.

En étant simple, être varié, voilà presque toute la poétique du genre.

Tout Art exige des contrastes; mais nul peut-être autant que la Musique. La Tragédie parlée se prescrit bien d'établir, dans les mouvemens de l'action, des balancemens, une fluctuation d'intérêt, qui nous mène & ramène de la crainte à l'espérance, du bonheur à la peine. Mais, avec quelque soin que ces alternatives soient ménagées, plus l'action s'approche du dénouement, plus elle s'enfonce, pour ainsi dire, dans les ténèbres de la douleur, & en demeure uniformément couverte. Cette uniformité est défavorable à la Musique; il faut la lui sauver le plus qu'on peut. Je sais que le génie de M. Gluk a triomphé quelquefois de cet obstacle; mais ce qu'il lui en a coûté pour le surmonter, nous avertit qu'il est plus sûr de l'éviter que de le combattre.

C'est dans la disposition du plan, dans la coupe du sujet, que le Poëte doit rechercher les contrastes nécessaires au Musicien. Que, par des détours sinueux, il promène l'action du calme à la tristesse; que l'espérance ou le bonheur tranquillise des ames que la crainte a tourmentées; que les fêtes soient le repos de l'action, & n'en soient pas l'entier oubli. Appliquons ici le précepte donné par Voltaire, relativement à la Tragédie parlée : *que le spectacle fasse partie de l'intérêt*. Toutes les fois qu'un des acteurs principaux se trouve en situation au milieu des danses, le précepte est rempli.

Plus je réfléchis sur la constitution d'un tel Poëme, sur les difficultés qu'il présente, sur le champ vaste qu'il ouvre à l'imagination, par le mélange des tons épique, tragique & lyrique, plus je me persuade qu'un tel Ouvrage demande tous les talens, & toute l'attention d'un homme de génie. Je sais qu'à l'Opéra on réussit souvent à moins de frais ; mais, de ce que la Musique fait passer de médiocres Ouvrages, concluroit-on qu'elle ne peut pas en admettre de bons ? Certes, ce seroit là une étrange logique.

Le succès de la Tragédie chantée, alarme quelques partisans de la saine & haute littérature : ils y voient une dégradation de l'Art, une corruption du goût; comme si l'institution de l'Opéra ne remontoit pas jusqu'au siècle du goût & des beaux Arts ! On se plaint sur-tout du double emploi des mêmes sujets chantés & déclamés ; on se plaint que nos plus belles Tragédies, tronquées, mutilées par la coupe lyrique, aillent, dans cet état dégénéré, se dévouer au triomphe de la Musique.

C'est un grand préjugé en faveur de cet Art, de lui voir transporter avec honneur sur son Théâtre, ce que cent ans de succès ont naturalisé sur un autre. Si nous eussions commencé par avoir de beaux Opéras, bien mis en Musique, & qu'il fallût aujourd'hui en faire des Tragédies déclamées, je ne répondrois pas que ce passage du chant à la déclamation, réussît aussi bien que celui de la déclamation au chant. Quoi qu'il en soit, la comparaison des mêmes Tragédies chantées & déclamées, doit, ou relever le prix de celles-ci, ou leur laisser tous leurs avantages, ou enfin, leur en faire perdre quelques-uns. Dans les deux premiers cas, les partisans de la scène françoise n'ont point à se plaindre ; dans le dernier, ils ont plus le droit de haïr la Musique que de la mépriser. Dans la lutte des deux Arts (Chant & Déclamation) il seroit trop injuste de mépriser celui qui prévaudroit sur l'ancienne autorité de l'autre, & le feroit descendre du haut de sa gloire (1).

Félicitons-nous de l'ordre assigné parmi nous à la révolution de ces Arts. C'est lorsque la Tragédie, perfectionnée, & comme épuisée dans toutes ses combinaisons, n'a plus qu'à déchoir, que la Musique s'efforce de la reproduire sous une forme nouvelle. Cette entreprise est au moins une consolation dans notre décadence. La gloire du Théâtre françois est indestructible sans doute ; car il n'y a point de prescription pour les choses vraiment belles. Le Drame, la Comédie larmoyante, n'ont rien fait perdre à la Comédie de Molière de sa supériorité. Rien ne peut non plus détruire les Ouvrages de Corneille, de Racine, de Voltaire. Ils posent sur deux soutiens inébranlables, leur mérite & leur renommée.

---

(1) Voltaire, dans la Préface qu'il a mise au-devant de la *Toison d'or* de Corneille, dit, en parlant du chant mêlé avec la déclamation : *Si la Musique est belle, l'oreille du Spectateur retombe avec peine & avec dégoût de cette harmonie au récit simple.* Ce jugement donne une grande supériorité au chant sur la parole.

N'affectons pas de voir dans l'élévation d'un Théâtre, la ruine de l'autre. Laissons-nous enrichir par un nouvel Art, & consultons cet Art lui-même, sur le sage emploi des richesses qu'il nous donne.

SECTION II.

De la Musique relativement au Poëme.

En toute chose considère la fin : ce conseil s'applique à tout.

Il y a tel Poëte tragique, & tel Musicien, qu'on étonneroit peut-être, si on leur demandoit pour quelle fin ils ont réuni leurs Arts. Que cette question s'adresse à deux Artistes doués de sens, ils n'auront qu'une réponse à faire. *Nous travaillons ensemble pour valoir mieux l'un par l'autre.* J'entends ; la Tragédie cherche à s'approprier les effets de la Musique, & ces mêmes effets, la Musique cherche à les accroître, en les unissant à des situations tragiques.

Rien de si simple, de si vrai que ce système d'alliance ; qui croiroit qu'on pût le contredire ? J'ai pourtant trouvé à l'Opéra maint Spectateur, qui m'assuroit n'y être venu que pour la Musique, & point du tout pour la Tragédie.

Tragédie. A quoi sert donc cet appareil d'habits & de décorations, inutile à ce que vous desirez ? L'Orateur qui n'a qu'un discours à prononcer, ne change pas de vêtemens & de costume : Madame Todi, Madame Mara, pour faire plus d'effet, ne prennent pas le poignard & le doliman.

Pour qui ne veut entendre que du chant, le Concert est de beaucoup préférable au Théâtre : au Concert, point de récitatif; tout est musique, & les morceaux choisis dans les meilleurs Auteurs, sauvent à l'écoutant l'uniformité d'une même manière.

Il s'en faut de beaucoup cependant que le Concert ne produise autant d'effet que le Théâtre. Celui-ci l'emporte par l'intérêt des situations : il faut donc que la Musique entre au fond de ces situations, s'incorpore & s'identifie avec elles; autrement l'alliance de ces deux Arts est destructive & monstrueuse.

Comment réduire à quelques principes simples & universels l'art du Musicien tragique ? Qu'il chante par-tout, & par-tout convenablement à la situation, tel est le précis de la perfection où son Art est appelé; mais pour juger s'il y arrive, nous n'avons

T

que l'inſtinct du goût, dont les arrêts ne ſe réduiſent pas en démonſtrations; ils comportent toujours je ne ſais quoi d'arbitraire: de-là naît l'opiniâtreté des diſputes en Muſique, & une ſorte d'impoſſibilité de donner une poëtique à cet Art.

Exiſte-t-il deux Muſiques différentes, l'une de chambre, l'autre de théâtre? Non; mais il y a différentes manières d'employer les reſſources de la Muſique, convenablement aux effets qu'on en attend.

Ceci eſt propre à la Poéſie comme à la Muſique. La vérité ne veut pas qu'au théâtre l'Épopée ſubſtitue le faſte & l'éclat de ſon élocution, à la noble ſimplicité du ſtyle tragique. Elle ne permet pas que, par de pompeuſes tirades, on rende immobile & ſtagnante, la ſituation qui demandoit l'activité d'un dialogue concis. Tout Poëte qui ſe dévoue à la Tragédie, met ſon talent poétique au ſervice de cette ſouveraine, & c'eſt en la faiſant réuſſir, qu'il peut eſpérer de réuſſir lui-même.

Je ne penſe pas qu'un Muſicien qui travaille pour la ſcène, ait d'autres conditions à remplir. Ses chants, adaptés à des ſcènes tragiques, doivent en conserver & renforcer le caractère : autrement, c'est le mort qu'on attache au vivant pour lui ôter la vie.

Ces principes de poétique musicale me paroissent n'admettre ni doute, ni contradiction. Mais par quel moyen rend-t on la Musique tragique ? Ici la théorie devient plus incertaine, & le conseil presque impossible.

Les paroles lyriques devant être par-tout animées par la passion, le récitatif doit par-tout être touchant & passionné.

C'est un mystère de métaphysique impénétrable, que la convenance secrette des inflexions de la parole avec les sentimens qui les déterminent, & dont elles sont l'expression. Chez les Anciens, qui avoient analysé, disséqué, anatomisé l'art de persuader & de plaire en parlant, je n'ai rien lu qui puisse éclairer sur ce point notre ignorance. Quintilien désigne bien les gestes qui conviennent à certaines intentions de l'esprit, à certains mouvemens de l'ame ; mais il n'en indique ni le ton ni l'accent. Sans doute il fut plus aisé à l'œil d'étudier la nature dans les mouvemens du corps, qu'à l'oreille, dans les inflexions de la voix ; & l'on consigna plus

T ij

sûrement dans un livre la théorie des geftes, que celle des intonations.

Ni le Kain, ni Mlle Clairon n'euffent pu nous apprendre par quels mouvemens de la voix, on donne à une phrafe l'expreffion de l'ironie ; cette expreffion fi fingulière, au moyen de laquelle chaque mot fe ment à lui-même, & fignifie le contraire de ce qu'il dit.

Les inflexions de la parole, lorfqu'elles ne font pas commentées par le gefte & le vifage de celui qui parle, ont une fignification fi peu déterminée, que, fi l'on entend de loin parler avec force plufieurs perfonnes, on ne fait quelquefois fi elles fe fâchent ou fe réjouiffent. Entendez parler une langue que vous ne comprenez pas, &, fermant les yeux fur celui qui parle, devinez s'il prie ou commande, méprife ou admire, vous y ferez fort embarraffé.

On affure que chez les Nations différentes, le doute, l'interrogation, le commandement, l'ironie, &c, ne donnent pas à la voix les mêmes mouvemens; qu'ils en donnent même de tout-à-fait contraires. S'il étoit dans la nature que l'interrogation qui annonce l'incertitude, dût faire monter les fons de la voix, & les laisser finir en l'air sans un repos décidé, (ce qui arrive assez parmi nous, & ce qui laisse appercevoir une sorte d'analogie entre le sens de la phrase & son intonation) le génie de la langue n'auroit nulle part rien à opposer à cette loi naturelle du discours ; il faudroit qu'il s'y pliât. Le contraire nous apprend que les principes de l'intonation ne sont pas commandés précisément par le sens de la phrase, & par conséquent, qu'ils ne sont pas d'institution purement naturelle. On ne sauroit dire non plus qu'ils sont de convention ; la cause en est aussi inconnue que celle des divers accens dans les divers pays.

Il y a dans la parole je ne sais quoi de si vague, de si difficile à bien apprécier, que si Racine eût exécuté ce qu'il méditoit, de noter la déclamation de certains rôles, je ne sais si, d'après sa note, on se feroit une juste idée de sa déclamation. Il n'auroit pu marquer que les principaux intervalles; les nuances intermédiaires resteroient à suppléer. Or, comment juger de la beauté d'un corps dont on ne voit que le squelette ?

Racine eût-il transmis au papier jusqu'aux moindres nuances de sa déclamation, en parcourant froidement toutes ces nuances, croiroit-on nous avoir repréfenté la déclamation de Racine ? Il n'eft point rare au théâtre qu'un mauvais Acteur copie fervilement toutes les intonations d'un Acteur excellent : les effets qu'ils produifent diffèrent du dégoût à l'admiration.

La déclamation la plus parfaite n'a par elle-même aucun charme, fi on la fépare des paroles dont elle eft l'expreffion. Le débit d'un Acteur ne plaît qu'autant qu'on entend ce qu'il dit. Les intonations de la parole tirent tout leur agrément de leur convenance avec le fens du difcours.

Dans le chant, il exifte un charme antérieur à celui de l'expreffion ; c'eft celui qui réfulte de l'heureux affemblage des fons mélodiquement combinés. L'oreille compte déjà deux plaifirs avant celui de l'expreffion. C'eft un avantage de la déclamation chantante, fur celle qui n'eft que parlée ; auffi perd-elle moins à être rendue par des Acteurs médiocres. Ils peuvent ôter à cette déclamation la vie que lui donneroient une ame & un organe fenfibles; mais cette vie que donne aux fons leur mélodique affortiment, ne peut se perdre & s'éteindre, même dans l'organe meurtrier de l'Acteur le plus froid.

Un de mes étonnemens est qu'on ait inventé le récitatif. Par-tout le chant s'est présenté d'abord à l'homme avec des formes strictement mesurées, & asservi à ce balancier de la cadence, dont l'égale agitation se continue tant que dure le même air. C'est ainsi que chantent le Paysan & le Sauvage, disciples de l'instinct, écoliers de la nature: par quels motifs, dans quelle vûe chercha-t-on à détériorer le chant, à lui ôter son attribut naturel, en lui ôtant sa précision rhythmique?

Observons que le récitatif n'est absolument à l'usage que des personnes familiarisées avec l'étude de l'Art. Le récitatif est un des produits de la civilisation de la Musique; il s'est formé aux dépens d'une de ses facultés les plus naturelles.

Si l'Inventeur du récitatif conçut que l'air, que la chanson, (les airs dans l'origine n'étoient que de courtes chansons) ne pouvoit, par sa marche uniforme, par ses répétitions desirées, exposer une action, en hâter le développement, en exprimer les accidens divers, & faire parler entre-eux plusieurs personnages, cet Inventeur eut un sentiment exquis des convenances; le génie de l'imitation lui inspira de détériorer le chant pour le rendre théâtral & agissant.

Dans le récitatif, les articulations mesurées s'affoiblissent; on sent que le chant a fait un pas vers la simple parole, qu'il s'en est rapproché d'un degré. Mais si l'expression même du chant strictement mesuré, conserve encore je ne sais quoi d'indécis & d'équivoque, combien celle du simple récitatif doit-elle l'être davantage! aussi sommes-nous portés à penser que l'expression du récitatif dépend principalement de l'Acteur qui le chante & le déclâme.

Ici nous inviterons le Lecteur à se défier de notre opinion, comme nous avons ailleurs réclamé hardiment sa confiance. Lorsque la théorie de la déclamation chantée aura été suffisamment approfondie, alors on posera des principes certains: jusques-là on ne peut avancer que de fortes conjectures.

Nous reconnoissons sans peine que dans le récitatif même, les intonations ont quelquefois une convenance heureuse avec les paroles. Tel eſt le chant de Clitemneſtre dans Iphigénie en Aulide : *Ah ! je ſuccombe à ma douleur mortelle.* Un Homme d'eſprit & de goût l'avoit obſervé avant nous. Cette phraſe, chantée convenablement au ſens des paroles, fait deſcendre la voix par des cordes douces & ſenſibles, & avec une ſorte d'affoibliſſement douloureux. Mais, premièrement, eſt-il aſſuré que ce même chant, rendu avec moins de langueur, repouſsât, rejettât des mots qui porteroient un ſens différent, & peut-être contraire ? Secondement, quelques phraſes accidentelles, (& rares ſans doute) douées d'une expreſſion fixe & préciſe, ſuffiroient-elles pour établir que le récitatif peut avoir par-tout une ſignification claire & poſitive ? Ce qui met dans le cas d'en douter, c'eſt qu'un récitatif, même bien fait, dont on ignoreroit les paroles, ne les feroit jamais deviner.

Les tournures du récitatif ſemblent infiniment bornées ; on répète ſouvent les mêmes. Il n'eſt point d'Auditeur attentif qui n'ait dû s'en appercevoir, & de Compoſiteur de bonne foi, qui n'ait dû s'en rendre un compte affligeant. Le génie de l'homme, dans chaque art qu'il cultive, voit au-delà des bornes qui circonfcrivent l'art & emprifonnent le génie: ce nouvel Alexandre fe trouve refferré dans l'univers qu'il a conquis.

Peut-être les inflexions de la parole ne font-elles pas beaucoup plus variées que celles de la déclamation chantée. Dans l'une & dans l'autre, ce qui déguife à l'oreille l'uniformité des reffemblances, c'eft que les mêmes inflexions, appliquées à différentes paroles, en empruntent elles-mêmes une couleur différente.

Le fens des mots jette un autre reflet fur les fons; & dans ce point, comme en beaucoup d'autres, l'efprit modifie le jugement des fens.

Toute fcène vraiment intéreffante, quelque récitatif qu'on y mette, attachera le Spectateur, fi l'exécution en eft confiée à des Acteurs habiles: que l'on me pardonne cette héréfie, dont je vais donner le commentaire, & en même-tems le correctif.

Je n'ai lu dans aucun Lyrique, aucune fcène bien conçue & bien conduite, dont l'effet théâtral ait manqué par la faute du Muficien. Dans l'ancienne Iphigénie en

Tauride, ouvrage d'un Muſicien peu recommandable, la reconnoiſſance du frère & de la ſœur avoit obtenu tous les ſuffrages; & malgré les immenſes progrès qu'a faits l'art du théâtre, cette ſcène, dégagée des longueurs du reſte de l'ouvrage, ſatisferoit encore les gens de goût qui l'entendroient chanter, ou plutôt déclamer par des Acteurs intelligens & ſenſibles : tant l'accent, le geſte & le viſage du déclamateur ſuppléent à ce qui n'eſt pas écrit.

Fortement convaincu de ce que j'avance, je n'en ſens pas moins l'art merveilleux avec lequel pluſieurs de nos ſcènes modernes ſont traitées. Je ſens cet art de varier à tout moment le langage & l'expreſſion de l'orcheſtre, pour l'accommoder au ſens des paroles. Je ſens cet art de diverſifier, de ſuſpendre, d'interrompre les mouvemens ſtrictement meſurés, & ceux qui le ſont moins rigoureuſement. Je ſens ſur-tout cet art divin de créer une mélodie, qui, douce ou terrible, véhémente ou ſenſible, porte toujours à l'oreille l'heureuſe combinaiſon des ſons muſicalement aſſortis. C'eſt dans ces détails de Muſique, plus encore que dans les intonations du récitatif, qu'il faut chercher la cause de ces grands effets que nous avons sentis. L'impression sur moi en est si vive, que j'ai dit souvent, (ce que je suis prêt à répéter encore) que la Tragédie me paroît abaisser son cothurne, & rapetisser toutes ses proportions, lorsqu'elle descend de la hauteur du langage musical, au simple ton de la parole.

Adapter aux vers & aux situations, des rapprochemens de sons plus ou moins doux, plus ou moins fermes & austères; rallentir ou précipiter les mouvemens, noter les repos, les longs silences, plus expressifs que la parole même; cadencer strictement la déclamation, ou la laisser courir, au gré de l'Acteur, affranchie de toute chaîne; entremêler toutes ces formes différentes; dire, par la voix de l'orchestre, aux oreilles musiciennes, tout ce que la situation doit leur faire entendre : tels sont les heureux artifices qui animent la scène lyrique. Toutes les fois qu'un sentiment peut s'y développer sans gêner la situation des interlocuteurs, & sans mettre l'action en léthargie, alors l'air complet & arrondi dans ses formes, succède à la marche inégale & brisée du Récitatif.

Ce Récitatif est comme une source vive, qui, du canal resserré où elle couloit, s'étend dans un bassin où son eau se tranquillise ; mais à peine, sortie de ce lieu de repos, elle est rentrée dans son premier lit, qu'elle y reprend son impatiente activité, & de nouveau se précipite.

L'art que je viens de définir, est évidemment un second art ajouté à celui du Musicien proprement dit. Un Artiste pourroit imaginer de beaux chants, & ignorer cette méthode de les mettre en œuvre ; à-peu-près comme Boileau, qui fit de beaux vers, eût peut-être été embarrassé pour dialoguer des scènes de sentiment & de passion.

Disons tout cependant ; la Musique n'étant qu'un langage de sentiment, celui qui parle au cœur par le caractère de ses chants, a du moins de grandes avances pour y parler plus fortement encore, par l'heureux emploi de ses chants adaptés à des scènes. Mais cet usage dramatique des richesses musicales, exige une grande sensibilité d'imagination, un tact fin dans le goût & dans l'esprit.

Un Opéra veut être enfanté deux fois. Il ne vit qu'à moitié lorsqu'il sort du cerveau du Poëte : c'est lorsque la tête du Musicien l'a de nouveau conçu & reproduit, que sa conformation est achevée. Il faut donc que le Musicien soit *gros* de son sujet, qu'il le porte long-tems & l'alimente de sa substance, autrement il ne met au jour qu'un corps ébauché dont l'existence est imparfaite.

Il est rare sans doute, qu'un Musicien embrasse l'ensemble dramatique d'un Ouvrage, & le sente mouvoir tout entier dans sa tête. La fréquentation & l'étude du Théâtre, le commerce des Gens de lettres, la lecture, sont les degrés qui conduiront les Artistes à ce complément de l'art. Le Musicien doit sur-tout apprendre de son Poëte à raisonner & à déclamer le Poëme qu'il travaille. Mais quelle est, quand j'y pense, l'ordinaire & bizarre association de ceux qui coopèrent au même Ouvrage ! Obligés de s'entendre, ils n'en ont ni la volonté ni les moyens. Chacun d'eux ne parle & n'entend que sa propre langue : de-là, le peu d'unité qui règne dans les Ouvrages lyriques : nés de talens mal assortis, ce sont des fruits de discorde & de mésintelligence.

Tout Artiste, avant de songer aux divers

emplois de son art, doit commencer par maîtriser son art même. C'est lorsqu'on le possède, qu'on en fait d'heureuses applications. On dessine des académies, avant de peindre des tableaux d'histoire.

L'art proprement dit du Musicien, c'est d'imaginer de beaux chants, & de les bien écrire. C'est par des compositions purement instrumentales qu'il convient d'essayer ses facultés mélodiques. Trouvez des chants qui ayent assez de caractère pour se passer de paroles ; quand vous aurez des paroles à exprimer, vous ne serez pas un Musicien sans caractère.

J'aime, je le confesse, j'aime à voir l'art, fort de ses propres ressources, les déployer avec succès, sans ressources auxiliaires. J'aime les sons mélodiques, qui, sans le secours des mots, disent tout ce que les mots leur feroient signifier plus clairement.

L'union du chant & de la parole doit être le second apprentissage de l'Artiste ; & tout ce que ses études symphoniques lui ont appris, il le retrouve, il l'emploie dans les mouvemens d'orchestre dont le chant s'accompagne.

Ces deux degrés franchis, que l'Artiste porte ses regards sur le Théâtre, & commence l'étude d'un nouvel art, dont le sien devient le ministre obéissant.

Un point essentiel seroit de ne point circonscrire son goût & son talent dans le style musical le plus moderne, en affectant un savant dédain pour tout ce qui porte quelque air de vétusté. Le croiroit-on ? Vingt ans, dix ans quelquefois, complettent l'époque où le style & la manière ont vieilli. Qu'arrive-t-il ? On se rend pauvre au milieu de ses trésors, parce qu'il en est une foule qu'on néglige.

Artistes professeurs ! dont les leçons nous préparent de nouvelles générations de talens, c'est à vous à combattre cet abus, dont vous êtes les premières victimes. Quand votre dédaigneux oubli anéantit l'existence des productions musicales qui ont vingt ans de date, vous marquez le terme prochain où vos productions doivent s'anéantir. Qu'est-ce donc que ces mortalités promptes & successives, au moyen desquelles l'art, détruit par parties, périt enfin tout entier ? C'est ainsi qu'on lui enlève le privilége d'exemption
donné

donné à tous les arts, pour échapper au temps & à la mort.

Que les Professeurs dans leurs leçons, sachent faire goûter à leurs Disciples, les chants heureux qui ont pris naissance dans les tems éloignés; qu'ils fassent observer ce que l'art, par succession, a gagné ou perdu. Cette étude utile au goût, agréable à l'esprit, relève l'art au-dessus d'un travail méchanique; il nous sauvera du ridicule de mépriser aujourd'hui ce que nous admirions avant hier.

Je soupçonne, je l'ai dit ailleurs, que le Théâtre peut & doit admettre dans le même Ouvrage, plusieurs styles & plusieurs manières. Je ne m'offenserai point qu'un Prêtre au pied des Autels, qu'un Peuple attroupé dans un Temple, donnent à leur chant la religieuse simplicité du style antique. Hors de cette situation, j'aimerai que des déclarations galantes ou passionnées, soient embellies par l'élégante douceur des tournures modernes. Ainsi, le Génie vaste qui pourroit, par la variété des styles, appartenir à différens âges de la Musique, trouveroit en soi pour la scène, des moyens de convenance

V

ignorés du Muſicien qui n'a que le talent du jour & du moment.

Loin qu'on cherche à favoriſer cette extenſion ſi deſirable du génie muſical, l'orgueilleux & tyrannique préjugé qui préſide à nos jugemens en Muſique, ne tend qu'à reſſerrer l'art dans les bornes les plus étroites. Il en eſt de nos chants comme de nos parures; la plus récente rend toutes les autres ridicules. Ne ſentira-t-on jamais à quel point ces excluſions paſſagères & ſucceſſives, ſont déſavouées par le goût, par la raiſon; & quel mépris elles attirent ſur un art, dont on ne cite que des merveilles éphémères?

Le Compoſiteur qui a ſoumis ſon art, qui ſait enfanter de beaux chants, & les écrire, n'a plus, pour parvenir au *grand œuvre* d'un enſemble dramatique, qu'à ſe tranſporter en eſprit au Théâtre; c'eſt-là qu'il doit ſentir, penſer, vivre & reſpirer. Qu'il ait toujours devant les yeux le Spectacle & l'action; & tandis qu'il fait chanter un perſonnage, qu'il s'occupe du ſilence de tous les autres. Dès qu'il a mis le pied ſur les planches, il s'eſt fait eſclave du ſol où il s'eſt établi, & ſa muſe ſtipendiaire, doit en tribut à celle qui l'emploie, la juste convenance de tous ses effets.

Que l'Artiste donc, plein du sentiment de son art, en laisse éclore les beautés au gré de la situation qui le détermine & l'entraîne. Qu'il sache à peine si c'est un air ou un récitatif qu'il fait ; qu'il sente seulement qu'il fait une scène, & une scène passionnée.

J'aimerois que le Poëte, de son côté, sensible aux beautés de la Musique, fût à-propos y faire des sacrifices. Si sa tête est musicale, il reconnoîtra les morceaux où le motif plus étendu produiroit des beautés nouvelles ; il doit éprouver le besoin de développer une idée heureuse que ses vers avoient trop resserrée. Où il n'avoit indiqué qu'un air, le caractère du chant peut lui faire desirer un Duo, un Trio, un Chœur : alors, c'est à lui de rendre son art subsidiaire de la Musique, de le faire courir au-devant des besoins qu'il découvre en elle.

Telle est l'idée que je me fais de l'intelligence de deux arts appelés à la coopération d'un grand Ouvrage. Tels que deux amans, ils se devinent l'un l'autre, & cimentent leur union par des sacrifices volontaires.

CHAPITRE IV.

De la Comedie en Musique, & de l'Opéra-Comique.

JE retire cet avantage du plan que j'ai suivi, qu'ayant commencé par la dissection de l'art, dès qu'il s'agit de l'appliquer à un nouvel usage, j'examine si sa nature & ses moyens y sont conformes : ainsi l'Anatomiste, qui connoît à fond la structure du corps humain, décide des mouvemens qui lui sont naturels, & de ceux auxquels sa conformation répugne.

Le but de la Comédie est de faire rire & de corriger les mœurs par la peinture du ridicule. La Musique doit, autant qu'elle le peut, approprier ses moyens à ces effets ; elle devroit, s'il étoit possible, provoquer le rire, & peindre le ridicule.

Rien de si difficile à démêler que les causes du rire ; il nous échappe comme un mouvement de l'instinct, & l'on ne peut quelquefois dire ce qui l'a fait naître. L'une des causes les plus générales qu'on puisse en assigner, est le rapprochement d'objets ou d'idées disparates, & qui se disconviennent.

Un travestissement fait rire; & d'autant plus, qu'il rapproche l'un de l'autre des objets plus contraires & plus désassortis. Donnez à un singe l'habillement d'un homme; vous en faites un objet plaisant & ridicule: que cet habillement soit celui d'un grave Magistrat, ou l'élégante parure d'une femme; le ridicule s'accroît en raison d'une disconvenance plus grande, & d'une disparate plus frappante.

La Parodie fut dans tous les tems un moyen connu d'exciter le rire. La Parodie est le travestissement des choses nobles. Elle applique à des hommes grossiers les discours & les actions des Héros.

Le sérieux d'un homme plaisant rend sa plaisanterie plus risible; il met en contraste son visage & ses discours. Ainsi le rire n'est pas toujours communicatif; il faut s'en abstenir pour le faire naître: propriété bien différente de celle des larmes; pour en faire verser, il faut en répandre soi-même.

Presque toujours, dit Quintilien (1), *un*

_____

(1) *De risu*

mot rifible eft faux par quelque côté ; en effet, fi vous préfentez une idée fous fes rapports fimples & vrais, où fera la plaifanterie ?

Cette analyfe du rire nous met à portée de juger des affinités qu'il peut avoir avec la Mufique. Les fons ne défignent jamais précifément aucun objet ; ils ne peuvent donc jamais établir de difconvenance & de difparate fenfible entre les objets. C'eft peut-être la raifon pour laquelle la Mufique la plus gaie ne fait pas rire : elle met le corps dans une habitude heureufe, l'ame, dans un état d'aife & de contentement. Il femble que le Poëte lyrique qui cherche l'uniffon de cette fituation, doive exprimer ce fentiment d'aife & de bonheur, plutôt qu'exciter la convulfion paffagère du rire. Vingt ridicules burlefques, vingt épigrammes fubtiles n'invitent point Euterpe à chanter, ne font pas frémir une corde de fa lyre. Les mots les plus plaifans de Molière & de Regnard, pour s'allier à la gaîté de la mufique, ne valent pas ce vers du Devin du Village : *Chantez, danfez, amufez-vous.* Le rire naît directement de l'efprit, de quelque furprife qu'on lui occafionne : la Mufique n'a jamais qu'une relation indirecte avec l'esprit; son premier effet porte sur les sens & sur l'ame : la part que l'esprit y prend vient de la réflexion. Or, dès qu'on a eu le tems de réfléchir, le moment du rire est passé.

Toute cette théorie me paroît d'autant plus sûre que l'expérience la justifie. Un chant dénué de paroles, quelque bizarre qu'il puisse être, ne fait point rire ; & quelque disparate que vous établissiez entre un chant & les paroles qui s'y joignent, vous n'en rirez pas davantage : vous rejeterez avec dégoût cette union mal assortie.

Seroit-ce par une suite de ces vérités, confusément entrevues, que se seroient établies les deux dénominations différentes, de *Tragédie lyrique*, & d'*Opéra-Comique ou bouffon*? On n'a pas dit, *Comédie lyrique*, comme si l'on n'eût osé appeler *Comédie*, l'ouvrage qui, par déférence pour le chant, déroge à la première fonction du comique, celle de faire rire ; mais on appelle *Tragédie*, le Drame qui, maintenu & fortifié par le chant même dans toutes les prérogatives de la Tragédie, parle au cœur, remue les passions, & fait couler les larmes.

Quoi qu'il en soit de cette observation minutieuse, il nous semble au moins que ce n'est point par des allusions fines, & par des mots plaisans, que la Comédie doit se faire des points de ralliement avec la Musique. Un exemple peut en faire juger. Ces vers si plaisans de Regnard :

Que feriez-vous, Monsieur, du nez d'un Marguillier?
Deux ans encore après j'accouchai d'un posthume.

ne mettront jamais en verve & en gaîté le génie d'un Musicien. Son Art n'en peut rien faire ; de tels traits lui sont étrangers.

La Musique contrefait les intonations du rire ; mais elle n'en devient pas pour cela plus gaie. Rire en chantant, c'est parcourir les degrés de la gamme qui descend, en substituant aux sons mélodiquement formés, les secousses & les éclats du rire. Ce procédé ne donne pas au chant plus de gaîté : il ne faut, pour s'en assurer, qu'en restreindre l'exécution aux seuls instrumens : comme ils ne peuvent pas dénaturer leur voix pour la rendre imitative, ils ne font sentir dans le chant sur lequel on rit, que ses propriétés mélodiques ; & ce chant ne paroît pas plus gai qu'un autre.

Il faut obferver cette différence entre le rire & les larmes, que le chant le plus gai n'excite pas le rire, & qu'un chant pathétique fait couler des pleurs. Le chant attendrit par fon efficacité propre & naturelle, il ne s'allie au rire que par l'effort de l'imitation, qui, en fe mêlant au chant le déprave; car rire, ce n'eft pas chanter; & je doute que le rire modulé foit très-communicatif; comme il perd de fon naturel & de fa vérité, il perd auffi des facultés qu'il a pour fe tranfmettre.

La Tragédie a donc avec la Mufique, une analogie plus fimple & plus vraie que la Comédie. La Tragédie & la Mufique communiquent directement avec l'ame, & ont chacune leurs moyens propres pour l'émouvoir. La relation la plus directe de la Comédie eft avec l'efprit; c'eft lui qu'elle fatisfait, c'eft lui qu'elle amufe & qu'elle égaie : or, les fons n'ont aucune puiffance immédiate fur l'efprit.

Voyez les propriétés de l'art des fons, voyez fes befoins fympathiques fe manifefter d'eux-mêmes. A peine l'Opéra-Comique fut établi, que le genre pathétique auffi-tôt vint s'y affocier. Ce qui ne promettoit qu'un fpectacle forain, & des farces du boulevard, admit bientôt des Ouvrages décens & sensibles, où la Musique attendrit & provoqua les larmes. Tant c'est une fonction chère & naturelle à cet Art aimable, que de parler au cœur, d'y verser la plus douce onction, d'en troubler le repos par l'activité des passions, par leur délire intéressant, par leur délicieuse extase!

A la seule idée de mettre en chant le Misantrope, le goût & la raison se révoltent: pourquoi ? parce que dans cet Ouvrage merveilleux, tout parle à l'esprit & à la raison ; tout est d'une vérité si précise & si rigoureuse, qu'y mêler un langage factice, comme la Musique, c'est faire une œuvre attentatoire. — Mais les discours d'Agamemnon, de Clitemnestre & d'Iphigénie, ont-ils donc moins de vérité dans Racine ? — Non, sans doute; mais ce sont des vérités de sentiment & à l'usage du cœur; si vous les associez à un langage que le cœur entende, il n'y a plus ni discordance, ni mensonge, tout est vrai & assorti ; les preuves détaillées de cette vérité la rendront plus sensible encore.

Dans le Misantrope, les discours portent un caractère, ou de raisonnement, ou de finesse, ou de badinage & d'ironie, ou de boutade & d'humeur. Or, maintenant, fouillez dans les atteliers de la Musique, essayez les outils dont elle se sert, & tâchez de les employer, avec une juste convenance, aux effets requis par la pièce du Misantrope : vous ne trouverez rien, ni dans le récitatif ni dans le chant mesuré, qui n'affoiblisse l'expression du langage raisonné, l'expression de la finesse, de l'ironie, de l'humeur. La Musique, par cette raison, disconviendroit donc au dialogue du Misantrope, elle défigureroit l'ouvrage ; elle, qui n'est faite que pour servir d'embellissement.

Que dirons-nous de la disconvenance qu'il y auroit à chanter les principes d'une morale saine & usuelle, les leçons de la vie civile ? Quoi ! c'est à ma raison que vous parlez, c'est la connoissance des hommes, c'est l'art de vivre que vous voulez m'apprendre, & vous modulez de tels préceptes ! Portez ailleurs les fredons de votre morale absurdement énoncée ; ou l'assortiment faux du ton & du discours me rendront l'un & l'autre insupportable ; ou bien si vos chants prennent sur moi quelque empire, ils me détourneront de l'inftruction que vous vouliez me donner. J'ai condamné plus haut le projet de faire chanter le ftoïque Caton ; mais *Alcefte*, Stoïcien de nos jours, Caton de la fociété, eft un perfonnage bien moins lyrique encore.

Comment accommoder à des fons modulés les longs difcours qui, dans le Mifantrope, comme dans toutes les Pièces de Molière, fervent au développement des caractères ? Comment revêtir d'un récitatif vrai, plaifant & varié, les répétitions de ces mots : *le pauvre homme !* ou bien, *je ne dis pas cela*. Comment donner aux deux petits-Maîtres du Mifantrope, au ton miellèux du Tartufe, un accent qui leur foit propre, qui diftingue leur déclamation de celle des autres perfonnages, & la rende comique & piquante ?

Plus je m'enfonce dans les détails de cette analyfe, plus je me démontre à moi-même le peu d'analogie qui fubfifte entre l'art des fons & la haute Comédie, la Comédie d'inftruction & de caractère. Le Muficien habile & intelligent, qui fe condamneroit à la tâche pénible d'approprier à fon art la Pièce du *Glorieux*, s'impoferoit la néceffité de ne rien faire chanter au principal personnage, que des *grave* fiers & majestueux, pour le maintenir dans son caractère : je ne pense pas qu'une telle entreprise offre aux Compositeurs l'attrait de la séduction.

Les Arts ont, si j'ose m'exprimer ainsi, une sorte d'instinct qui les dirige vers leurs convenances. J'en ai déjà montré un exemple, dans la promptitude avec laquelle l'Opéra-Comique a recherché les scènes attendrissantes, & se les est rendues propres. Un second exemple, c'est que les Poëtes comico-lyriques n'ont rien dérobé des hautes productions de Molière, pour enrichir leur Théâtre. Corneille & Racine sont mis au pillage ; les plus belles Pièces de Molière sont un quartier de réserve, où la Musique n'ose faire quelque butin ; les richesses qu'il renferme ne seroient pour elle d'aucun usage.

Molière, lui-même, nous a dit là-dessus son secret. Chargé par Louis XIV de lui donner des fêtes où le chant & la danse s'alliassent à la Comédie, voyez la place que l'homme de génie voulut y assigner à ces arts subsidiaires ; c'est dans les Intermèdes qu'il les admit : il ne s'en servit jamais comme d'un moyen qui dût favoriser la moralité des Pièces, ou en relever la force comique.

La Comédie, pour se mettre au niveau de la Musique, & communiquer mieux avec elle, doit descendre de la hauteur de son art, & renoncer, en quelque sorte, à la double fonction de peindre les hommes & de les instruire. Rabaissée à des fonctions moins importantes & moins nobles, elle s'alliera mieux avec la Musique qui n'a de grand que l'éloquence des passions.

Les Italiens me paroissent avoir entrevu cette loi de convenance. Leurs Opéras bouffons ne sont que des farces, & (ce qui me frappe sur-tout) ils y ont souvent inféré des scènes pittoresques, des rendez-vous nocturnes, où l'on se parle bas, où la rencontre imprévue des personnages forme un *imbroglio* divertissant. C'est dans de telles situations que la Musique recouvre tous ses droits. Les yeux sont occupés de la position des Acteurs; l'oreille (intime correspondante de l'œil) éprouve une sensation analogue à celle de cet autre sens; tout est *un*, tout est vrai.

Si l'on applique ce que je viens de dire

à la scène nocturne de Georges-Dandin, on aura l'idée d'une situation théâtrale parfaitement avantageuse pour la Musique. Concevez, dans l'enfoncement du Théâtre, les quatre amans s'entretenant avec les sons voilés du mystère ; concevez, sur le devant, George-Dandin appelant Colin à voix basse, & lui donnant ses ordres ; filez ainsi la situation jusqu'à l'arrivée de M. & de Madame de Sotenville, & tous les *à parte* de cette scène rendue avec une mélodie douce ; terminez-les par la confusion & le trouble bruyant, où le père & la mère doivent jeter tous les personnages : vous tracez au Musicien le plan d'une finale très-agréable.

Voilà donc le Molière du Tartufe & du Misantrope ; ce Molière si peu lyrique dans ses chef-d'œuvres, qui le devient dans une scène qui forme un tableau. L'oreille, juge souverain de la Musique, n'a point de confident plus immédiat que les yeux : le comique chanté doit être de représentation & d'optique, plutôt que de finesse & d'observation.

Intriguez peu vos plans ; que l'action soit par-tout aisée à suivre ; dispensez l'esprit de tout travail, de toute application, puisque l'art dont vous vous étayez, doit amuser les sens.

Quand nous avons défini la Comédie, nous lui avons reconnu trois propriétés essentielles, peindre les ridicules, corriger les hommes, exciter le rire. C'est un foible moyen de transmettre le rire & l'instruction, que de chanter ; ainsi la Musique seconde mal la Comédie, dans l'une & l'autre de ces fonctions principales. Peindre les ridicules, n'est pas un art qui lui soit plus naturel. Eh ! par quel artifice musical mettrez-vous plus en *saillie* & en évidence le ridicule de M. Jourdain ? Les mots de génie que Molière lui fait proférer, ont peu d'analogie avec le chant. La situation du Bourgeois-Gentilhomme, la moins disconvenable au chant, est celle où on le reçoit *Mamamouchi* ; c'est le moment de la Pièce où le comique est en tableau, où le rire s'introduit par les yeux.

Que l'on admette un comique fondé sur la féerie, sur le merveilleux ; ce genre aura moins de vérité : le Poëte y aura moins pour but de peindre les hommes & de les instruire ;

truire; & la Musique entrera sans peine dans les conventions d'un genre purement hypothétique, sur-tout si le Poëte fait servir sa fiction plutôt à un sentiment vrai, qu'aux subtilités d'une métaphysique sentimentale.

Tout merveilleux qu'il est, le sujet d'Amphitrion perdroit à être chanté : les traits d'esprit & le comique en seroient affoiblis.

Il est un genre de Comédie-Opéra tenté dès le siècle dernier, & renouvelé de nos jours avec succès. L'Art du Poëte consiste à y présenter beaucoup de spectacle, & à le varier sans cesse ; quelques scènes de gaîté, quelques-unes de sentiment, des danses & des tableaux, voilà ce qui forme l'ensemble de chaque Ouvrage, qu'à peine on peut appeler du nom de Comédie. Ce genre est presque toujours sûr de réussir, il amuse les yeux, & la Musique s'y assortit à des tableaux.

Chez les Grecs, la Comédie du premier âge, celle du tems d'Aristophane fut chantée. La présence & l'interlocution du Chœur justifient cet emploi de la Musique. Observons aussi qu'Aristophane, qui s'est permis tant de plaisanteries sur la pompeuse em-

X

phase des Poëtes Dithyrambiques, & même Tragiques, a, dans plus d'un endroit, relevé son style jusqu'à la hauteur de ces Poésies qu'il censuroit ; tribut qu'il payoit sans doute à la Musique, en lui asservissant & la Comédie, & son talent propre & naturel.

La Comédie Latine n'a aucun des caractères lyriques. Les Erudits travailleront longtems, avant de nous avoir rendu sensible l'emploi des flûtes dans le genre comique, & ce qu'elles pouvoient y jeter d'agrément.

Jusqu'à présent, on n'a point vu un Poëte vraiment comique, allier à son talent celui de la Tragédie. Nos plus grands Tragiques, au contraire, ont su intriguer, filer & dialoguer des scènes comiques. Sans doute, on descend plus aisément au ton d'une conversation familière, que l'on ne s'élève à l'énergie des grandes passions, que l'on ne devine leurs mouvemens vagues & désordonnés, que l'on ne surprend le secret de ces mots passionnés, dont soi-même on ne pourroit se rendre raison au moment où on les prononce. Il est plus aisé d'imiter ce qu'on entend tous les jours, que ce qu'on n'entend jamais.

La Musique, n'ayant par elle-même aucun moyen d'exciter le rire, & de peindre le ridicule, manque des propriétés caractéristiques qui la rendroient essentiellement comique. Aussi la distinction des deux genres est-elle moins forte en Musique qu'en Poésie, l'intervalle qui les sépare est moins grand.

Si je demandois quel est le plus plaisant de tous les Musiciens, je serois assuré de faire plus rire par ma question, que tous les Musiciens ne font rire par leurs chants. Mais si je demande quel est le Musicien le plus pathétique, tout le monde concevra la question, & chacun, suivant son goût, s'empressera d'y satisfaire.

Qu'un Musicien avec du talent, ait plus de grâce & de légéreté, que de sensibilité profonde, de véhémence & d'énergie, je lui dirai : mon ami, Dieu vous fit médiocrement tragique ; tournez-vous du côté de la Comédie. On n'en diroit pas autant à un Poëte : peu né pour le cothurne, il pourroit l'être aussi peu pour le *soque* comique : mais en Musique il suffit, pour convenir à la Comédie, de n'avoir pas les qualités tragiques dans un dégré éminent.

Depuis qu'on cultive la Musique dans quelque pays que ce soit, je ne pense pas qu'il ait existé un seul Artiste qui se soit dévoué exclusivement sur le Théâtre, à l'un des deux genres, ou tragique ou comique, & qui ait senti l'entière inaptitude de son talent pour l'un des deux. Rien de si ordinaire en Poésie que l'adoption d'un genre exclusivement à un autre. Elle a moins lieu en Musique, parce que les genres y sont moins distingués. Que d'Opéras - Comiques d'où l'on extrairoit des chants pour Melpomène ! Jamais je n'entendis la scène *ô Giorno, ô notte* (1), qu'au moment où l'on chante les paroles suivantes : *Nella grotta, frà l'ombre oscure*, je ne me sois cru en pleine Tragédie. C'est avec une mauvaise foi insigne, tout-à-fait digne de l'esprit de parti qui l'inspiroit, qu'on a quelquefois tourné en dérision un air placé dans une Tragédie, sous prétexte qu'originairement il avoit été conçu pour un Opéra-Comique : Oui, Melpomène & Thalie peuvent en Musique se faire mutuellement de tels emprunts ; ce n'est pas comme emprunts

----

(1) M. Piccini.

qu'on peut les blâmer, mais seulement lorsqu'il y a disconvenance.

Peut-être la déclamation chantée de la Tragédie, & celle de la Comédie devroient différer plus entre-elles que le chant proprement dit, de l'une & de l'autre, parce que le récitatif se rapproche, plus que le chant, de la parole, & que dans le discours la distinction du comique & du tragique est très-marquée. Je suis porté à croire cependant que le récitatif de la Comédie, & celui de la Tragédie, ne diffèrent presque point l'un de l'autre. Tous deux parcourent également ces degrés d'intonation, qui forment les pièces essentielles, & comme la charpente de la mélodie, en laissant (comme des vuides à remplir, & consacrés aux ornemens du chant) tout l'espace intermédiaire de ces principaux points d'appui. Que l'on daigne y faire attention un moment, il me semble que ceci rend parfaitement sensible la différence du récitatif au chant proprement dit. L'un attachant à quelque distance l'un de l'autre, les principaux fils de la trame, n'ourdit, en quelque sorte, qu'un canevas mélodique : L'autre (contraint aussi par sa nature à revenir sans cesse vers ces fils principaux, vers ces principales intonations) y arrive par de sinueuses obliquités, par des rapprochemens plus heureux, & présente, au lieu d'un simple canevas, un tissu lié dans toutes ses parties, & brodé dans sa surface (1).

Il ne m'est pas démontré que même en parlant, la déclamation de la Tragédie, & celle de la Comédie, procèdent par des intonations très-différentes. Peut-être le caractère plus ou moins soutenu de la voix, le plus ou moins de lenteur dans la prononciation, constituent les principales différences de l'une à l'autre déclamation. Si cette observation se trouvoit justifiée par des gens de l'art exercés à réfléchir, elle rendroit plus croyable ce que nous avons avancé sur le récitatif de la Comédie, & sur celui de la Tragédie. Nous espérons du moins que les personnes assez curieuses pour disséquer du récitatif Italien ou François de l'un & de l'autre genre, ne trouveront pas notre assertion fort en défaut. La raison de cette simi-

---

(1) On citeroit bien peu de traits de récitatif dialogué, où il y ait du chromatique.

litude entre les deux récitatifs est facile à concevoir. Le récitatif, ou comique, ou tragique, est, dans l'un & dans l'autre caractère, asservi aux principales marches de la mélodie, lesquelles résultent invariablement des proportions harmoniques. Dans les deux genres, c'est donc le caractère de la voix, le jeu du visage, le geste & le maintien de l'Acteur qui différencient essentiellement la déclamation chantée.

J'ai dit qu'il est une foule de richesses, (de chants heureux, pour parler sans figure) que la Comédie & la Tragédie peuvent posséder en commun, se transmettre mutuellement, & qui ne messiéront pas plus à la parure de l'une, qu'à celle de l'autre. Cette assertion est appuyée sur des faits que je m'abstiens d'énoncer, pour ôter à la méchanceté le plaisir d'en abuser. Je connois des airs qui, transportés du comique au tragique, & de celui-ci à celui-là, n'ont pas fait soupçonner, même aux Connoisseurs, leur destination originelle.

Plusieurs caractères de Musique, tels que le caractère tranquille, gracieux, animé, s'adaptent indifféremment à un cadre tragique ou comique; on se rappelle ce que nous avons observé sur l'indétermination du genre vif & bruyant : il attend que les paroles & la situation lui prêtent un sens, ou bien un autre.

Cum faber incertus scamnum faceretne Priapum, Maluit esse Deum.

La Musique ne pouvant pas désigner toutes les nuances, il est indifférent que ce soit le *tracollo bouffon*, ou *Blaise* de la Colonie qui gémissent sur leur sort, ou bien que ce soit un personnage plus relevé. Le bel air *Povero tracollo*, le chant de la Colonie, *Pauvre Blaise*, sont pleins de pathétique & de noblesse : on pourroit en faire des airs de Tragédie.

Si je dis que le début du *Stabat*, si noble, si touchant, si religieux, existoit, avant le *Stabat*, dans les trios de Corelli, où l'on ne soupçonnoit pas son caractère auguste, pathétique & divin, je mettrai les Musiciens sur la voie des réflexions les plus profondes concernant l'expression musicale, & les secrets de leur art; je leur indiquerai les ressources qu'ils peuvent tirer d'études purement symphoniques; j'étonnerai les gens du monde, en leur disant : « Ce qu'ici vous entendiez

» avec indifférence, peut-être avec ennui;
» là vous l'avez écouté avec transport ».
Enfin j'accoutumerai le Philosophe a raisonner avec plus de justesse sur les causes de son plaisir musical.

Il est des tournures de chant qui manquent entièrement de noblesse, & qu'on peut justement appeler petites, mesquines, triviales & populaires. O! quel esprit assez lumineux répandroit quelque jour sur un mystère de métaphysique, tel que celui ci, & rendroit sensibles les causes, d'où se forment en nous les idées d'élévation ou de bassesse, attribuées à tels chants, & à tels autres? Je ne m'avance qu'en tremblant dans ces ténèbres, & sans espérer d'en vaincre l'obscurité. Le fait que je consigne est au moins de toute certitude: tous les jours, en écoutant un morceau de symphonie entièrement nouveau, cent voix s'élèvent en même-tems, pour en accuser le caractère petit & ignoble. Ce cri soudain de tant de personnes, qui, sans s'être concertées, s'accordent pour la même décision, constate une vérité d'autant plus certaine, que, la Musique étant purement instrumentale, le caractère des paroles ne détermine pas celui qu'on prête au chant. Qui peut donc servir à le déterminer ? & d'où naît au même instant dans des esprits différens la même idée ?

Longin embarrassé (comme de raison) pour définir *le sublime*, dit qu'on appelle ainsi ce qui élève l'esprit & nous ravit à nous-même : peut-être se fut-il exprimé d'une manière encore plus claire & plus positive, s'il eût dit, que ce qui excède la mesure commune de nos idées, prend à nos yeux un caractère de sublimité, en nous frappant de surprise & d'admiration. Le spectacle de la Nature, l'astre qui l'éclaire & la vivifie, l'immensité des mers; que dis-je ! un fleuve vaste & rapide, font sur nos sens, sur notre ame, une impression de grandeur & d'étonnement, que ne produiront pas des objets plus rapprochés de nous & de nos proportions naturelles. Un bosquet jeune & riant semble à celui qui le parcourt, un réduit fait à sa convenance & proportionné à lui-même. Tout est à sa mesure, tout lui plaît, rien ne l'étonne. Passez de ce bosquet dans les profondeurs d'une antique forêt, l'homme ne s'y voit entouré que de colosses qui accufent fa petiteffe. Ses idées s'élèvent, à mefure que fon orgueil s'humilie ; l'idée d'un Dieu le faifit, l'étonnement & l'admiration naiffent en lui ; il appelle fublime, le fpectacle d'objets qui détruifent toute proportion entre-eux & lui.

L'idée de *nobleffe*, voifine de celle de *fublimité*, en eft comme le premier diminutif, & participe à la même définition : ce qui tient à la magnificence royale, eft noble à nos yeux, & d'autant plus que nos regards y font moins accoutumés ; car l'habitude des mêmes objets en affoiblit, en détruit le fublime, parce qu'elle fait difparoître la difproportion & l'étonnement.

L'idée de grandeur dans les Arts, naît de quelques relations avec les objets nommés grands, parce qu'ils font au-deffus de nous, & nous étonnent. Une attitude eft noble, lorfqu'elle convient à celui qui veut impofer à la multitude. Le ton du difcours eft noble, lorfqu'il eft celui d'un homme qui commande. Mais quelle application faire de ces principes à la Mufique ? La gravité du mouvement n'eft pas même néceffaire pour conftituer un chant noble ; ce n'eſt ni le caractère de la meſure, ni telle, ou telle ſubdiviſion du rhytme, qui produit la trivialité des chants ; c'eſt plutôt le choix des tons qui ſe ſuccèdent & qui donne à l'intonation d'une phraſe ou d'un morceau, je ne ſais quoi d'inélégant, de trivial, de populaire. La théorie ne peut fixer quelles ſont les intonations moins nobles, ni les ſons qui, en ſe ſuccédant, flétriſſent la mélodie d'un caractère d'ignobilité. C'eſt à l'oreille ſenſible & exercée, à diſcerner ce qui prend un caractère d'élévation, ou un caractère oppoſé. Concevons, d'après cela, ce que ſont en Muſique les jugemens de l'eſprit, auxquels l'inſtinct muſical n'a pas préſidé ; ce ſont les jugemens d'un ſourd ſur les affections de l'ouie, ceux d'un aveugle né ſur le plaiſir des yeux.

Réſumons tout ce Chapitre.

Le Poëte comico-lyrique ne doit pas être le peintre des mœurs & des caractères ; Tartuffe & le Miſantrope ne ſont point les modèles qu'il doit ſuivre de préférence.

Son comique doit être de ſituation, de

pantomime & d'optique, plus que de combinaison fine & raiso nnée. Il doit parler aux yeux, plus qu'à l'esprit.

Une gaîté naïve, des situations, du mouvement, de l'imbroglio sans obscurité, sans peine ni fatigue, plus de simplicité que de finesse d'esprit dans les discours, tels sont les principes que nous croyons propres à ce genre. Nous ajoutons que des Comédies conçues, écrites en vue de la musique, & pour en développer toutes les facultés, seront difficilement de ces ouvrages du premier ordre, qui servent d'école au goût, aux mœurs, à la raison.

Le Musicien qui travaille à ce genre, y trouve moins de difficultés que dans la Tragédie, précisément par la raison que la musique a plus de moyens d'être tragique que plaisante. Émouvoir, attendrir, troubler, passionner les sens, nous enlever à nous-mêmes, telles sont les nobles fonctions qui lui sont propres ; mais, pour les remplir, il lui faut l'inspiration dun Musicien que son art enivre. Si son talent ne monte pas sur le trépied, & ne rend pas les oracles du génie, c'est à la Comédie qu'il est propre ; elle n'exige pas une espèce de talent particulier, mais seulement un talent plus tranquille & moins tourmenté de sa propre énergie (1).

La mélodie triviale & populaire, peut

---

(1) D'après l'état où je vois la Comédie chantée, je crois mes assertions justes. Mais, en réfléchissant plus profondément sur l'Art, je conçois qu'il pourroit survenir tel homme de génie, qui approprieroit plus spécialement le chant à la Comédie, qui distingueroit les genres comique & tragique, plus qu'ils ne sont distingués maintenant, & qui, par-là, crééroit un nouvel Art. Cette idée m'est venue, en voyant des Ouvrages, reputés Comiques & Bouffons, dont la Musique est presque constamment sérieuse & triste. Je ne pense pas que le Musicien, qui inventeroit le nouvel Art dont je parle, eût à combattre souvent les principes ci-dessus établis. Mais il instruiroit les Acteurs à débiter & à jouer le récitatif, autrement qu'on ne le fait communément. Mais les traits de symphonie dont il accompagneroit son récitatif, ainsi que les airs qu'il y mêleroit, auroient un caractère original & de plaisanterie, qui déceleroit une intention particulière dans le Compositeur. Ce n'est qu'à l'aide d'un génie entièrement neuf, & d'un sentiment juste des convenances, que l'on peut tenter la création que j'imagine. L'Artiste qui s'en occuperoit, auroit à former le Poëte qu'il s'associeroit, les Acteurs qui l'exécuteroient, & peut-être le Public qui l'entendroit. Mais cette dernière éducation ne seroit pas difficile. Si ce projet réussit jamais, il y aura parmi nos Acteurs à l'Opéra des emplois tragiques, & d'autres comiques ; & les sujets, propres aux rôles Bouffons, sentiront leur inaptitude pour un emploi noble & tragique.

trouver place dans la Comédie ; mais il ne faut pas qu'elle y domine, elle déshonoreroit l'ouvrage & le talent de l'Auteur. On fait gré à un Poëte Comique de faire parler baſſement des perſonnages bas & ignobles ; mais le Muſicien qui ne donneroit à des perſonnages ſemblables qu'une mélodie toujours inélégante, & d'un caractère trivial, feroit trop pour l'imitation, & trop peu pour ſon art. Que dis-je, pour l'imitation ! Il n'eſt pas vrai que les chants ignobles ſoient à l'uſage du peuple. Dans nos ouvrages les plus goûtés, ce ſont les airs les plus charmans qui paſſent dans la bouche des hommes du dernier ordre. Ce ſont nos plus exquiſes productions qui flattent le tact de leur goût, délicat dans ſa rudeſſe naïve & inexpérimentée.

CHAPITRE V.

De l'Opéra-Comique proprement dit.

Dans quelque genre & quelque Ouvrage que ce puiſſe être, lorſqu'on s'eſt permis quelqu'une de ces hardieſſes dont le goût &

le génie étonnent quelquefois la raison, une de ces témérités (fut-elle heureuse) doit tenir en garde, pour n'en pas risquer plusieurs; autrement la licence dégénère en abus. La Musique est affranchie de cette timide circonspection : le privilége des invraisemblances lui appartient, au point qu'elle fait admettre & goûter sur la scène toutes celles qu'elle revêt de son charme & de son illusion.

Lorsqu'on a voulu fonder en raison l'introduction de la Musique au Théâtre, l'esprit humain (qui ne reste court sur rien) a trouvé que cela se faisoit en vertu d'une convention tacite & générale, par laquelle chaque Spectateur se croit transporté dans un pays dont le chant est le langage naturel. C'est bien se repaître de vains sons, que d'admettre pour valable une explication pareille. Lequel vaut mieux, ou d'alléguer cette convention prétendue, & que personne ne fait avec soi, ou de dire le mot vrai, " l'in-
" vraisemblance au Théâtre & dans les ré-
" cits, souvent nous plaît & nous attache. "

Je veux pour un moment que l'explication reçue soit la vraie, & qu'elle nous rende

rende compte du plaisir que nous prenons à une invraisemblance ; du moins faut-il imaginer une explication toute différente pour l'Opéra-Comique, où le chant & la parole se succèdent alternativement, sans aucune raison qui motive & justifie cette alternative. Là, il n'y a point de convention secrette, ni de langage hypothétique ; ce spectacle, tout inconséquent, tout bizarre qu'il est, plaît peut être plus généralement que tous les autres, & prête moins à l'ennui. Il se distingue par le plus grand des avantages, la variété, attrait bien plus puissant que celui de la stricte vraisemblance. Il réunit tous les avantages du chant & de la parole ; il permet à l'esprit de s'occuper & de se nourrir de ce qu'on dit en parlant ; &, dans les airs chantés, il ne lui impose que la paisible fonction de juger la convenance des chants ; enfin, par les repos qu'il ménage à l'oreille, il renouvèle son goût & son instinct pour la Musique.

J'ai douté quelquefois si l'enlacement du chant & de la parole conviendroit aussi bien à la Tragédie, qu'à la Comédie. Je me suis décidé pour la négative : c'est déjà pour moi une raison de l'adopter, que de voir qu'on n'a guère tenté un semblable mélange. Je me fie à l'instinct des Arts, comme à celui des animaux, pour discerner ce qui leur est propre. Le Génie est un aveugle qui marche, sans hésiter, au milieu des ténèbres où l'esprit, les yeux ouverts, ne marche qu'à tâtons.

Mon foible pour la déclamation chantée & soutenue d'accompagnemens, me porte à croire que la Tragédie descendroit, tout au moins d'un degré, en substituant la parole à cette déclamation pompeuse & animée du jeu des instrumens (1).

---

(1) Il m'est arrivé quelquefois d'exercer de jeunes personnes à déclamer des scènes tragiques, art auquel je fus moi-même exercé beaucoup, dès mon enfance. Les repos fréquents qu'amène une déclamation sentie & raisonnée, les changemens de visage continuels, sans lesquels on n'est qu'un manequin, & non pas un Acteur, mille recherches de ce genre m'ont fait sentir, combien des mouvemens d'orchestre, convenablement appliqués à la scène, doivent aider un Acteur sensible, & qui raisonne ses rôles. M. Molé dirige l'école de déclamation nouvellement établie à l'Opéra. Pour peu qu'un Acteur si profond dans son Art aime la Musique & la sente, après quelques années d'expérience dans le nouvel Art qu'il professe, il doit nous donner une foule d'observations curieuses sur la déclamation chantée. C'est à lui de faire un Ouvrage dont nous jetons ici les premières idées.

La difficulté de déclamer la Tragédie en parlant, rendroit bien rare l'union de ce talent avec celui du chant qu'il faudroit y associer.

La violence de la déclamation tragique disposeroit mal la voix à chanter.

Que l'on fasse une tentative heureuse dans ce genre, & qui mette en défaut tous mes raisonnemens, je m'applaudirai d'avoir mal raisonné.

La poétique de l'Opéra comique se borne à recommander le choix du moment où le chant remplace la parole, & ce choix est une opération du goût peu susceptible d'être raisonnée. En général, l'instant où le personnage peut s'arrêter quelque tems sur un sentiment qui le domine, est le plus convenable au développement d'un air : suspendre par un morceau de Musique complet, la situation qui demande à se précipiter vers sa conclusion, c'est substituer à contre-temps le repos au mouvement; c'est faire tourner sur lui-même, sans but & sans dessein, l'athlète au pied léger, qui, s'élançant au bout de la carrière, alloit y saisir la palme.

Despréaux, en parlant du livre de Labruyère, dont il faifoit cas, avoit coutume de dire : ʺ Labruyère a efquivé ce qu'il y a ʺ de plus difficile en écrivant, l'Art des ʺ Tranfitions ʺ. On doit en dire autant du Muficien qui travaille pour l'Opéra comique. Il écrit des morceaux détachés, moins liés entr'eux, que ceux d'une fonate. Ceux-ci dépendent l'un de l'autre par leurs modes, leurs mouvemens, leurs caractères : dans l'Opéra comique, il n'y a point à moduler, pour paffer d'une fituation trifte à une fituation gaie. Toutes les parties du dialogue intermédiaire ne doivent être attachées, ni par le ciment de l'harmonie, ni par la fympathie des tons & des caractères, ni par une juftesse continue d'expreffions. Si l'on me demande ce qu'il y a de moins difficile à faire en Mufique, je répondrai, *c'eft un Opéra comique ;* parce qu'il confifte tout entier en pièces de rapport, il n'y a point d'enfemble mufical, l'expreffion n'y eft que partielle & du moment, c'eft celle de quatre ou cinq vers, quelquefois d'un feul.

En parlant d'un fpectacle où le chant & la parole fe fuccèdent, je ne puis réfifter au defir de citer un paffage de Plutarque,

qui atteste, chez les anciens, un usage encore plus singulier que cette succession alternative. Voici ce passage, selon moi, très-curieux. » On prétend que l'exécution musi-
» cale des vers iambiques, *dont les uns ne font*
» *que se prononcer pendant le jeu des instru-*
» *mens, au lieu que les autres se chantent*, est
» due au même Archiloque, & que les Poë-
» tes tragiques l'ont depuis mise en usage
» (Plut. de Musica) «. C'est un beau champ à commentaires que ce passage. Il n'est pas aisé de faire concevoir aux Personnes musiciennes, comment la parole pouvoit exister simultanément avec le jeu des instrumens. On concevra moins encore qu'il résultât quelqu'agrément de cette association. Je doute qu'on donne sur ce passage d'autres explications que de vagues conjectures.

CHAPITRE VI.

Des Oratorio ou Hierodrames.

ADMETTRE au Concert des scènes dialoguées qui amènent des tableaux, des situations, & développent une action complette, c'est transporter au Concert, du moins en partie, l'intérêt de la scène, & c'est augmenter le charme de la Musique.

Il n'y a pas long-tems que les hiérodrames sont en usage parmi nous. Avant qu'on eût essayé ce genre, j'en prévoyois le succès aussi grand qu'assuré. L'expérience m'a détrompé jusqu'à un certain point : j'ai reconnu que la multitude se prend par les yeux, que ce qu'elle ne voit pas, elle l'écoute avec distraction & l'entend avec peu d'intérêt. La lecture des paroles pouvoit tenir lieu de la représentation des objets, attacher l'esprit à l'action dialoguée, aider, en quelque sorte, ce regard de l'imagination qui supplée au regard visuel, & trace en nous les images vivantes de ce que notre œil n'apperçoit pas. Mais nos Spectateurs sont trop légers, trop inappliqués, pour écouter le papier à la main, & l'imagination tendue sur ce qu'on leur raconte : ce seroit pour eux payer trop le plaisir, que de l'acheter à ce prix ; on veut bien le recevoir, s'il se présente, mais non pas l'attirer à soi ; & celui qui a besoin d'être médité pour être senti, est exclusivement le plaisir des êtres privilégiés.

Je ne sais si notre Nation mérite, plus que les autres, le reproche d'inapplication & de légéreté; je vois que, chez aucune, aucun hiérodrame n'est, plus qu'en France, consacré par un succès d'éclat; j'en conclus que par-tout ce genre trouve des auditeurs foiblement disposés à se passionner pour les beautés dont il est susceptible.

Nonobstant cet inconvénient, ce genre est bon par lui-même; on le cultive, & l'on a raison. Il est donc à propos d'indiquer sommairement les principes que nous y croyons propres.

Le premier de tous, est que chaque Poëme soit court. Cette loi résulte nécessairement des inconvéniens du genre, & du peu de goût qu'il inspire. Vingt-cinq ou trente minutes sont la mesure du tems que l'on ne doit point excéder.

Abstenez-vous de tout personnage trop auguste & trop respectable, tel que le *Fils de Dieu*, *sa Mere*, *&c*. Nos plaisans du parquet saisissent le ridicule de ces Etres divins, représentés par un Chanteur, & les esprits sensés y voient une profanation des choses sacrées.

Que l'action soit simple, claire & sans langueur; que ce soit plutôt un beau tableau présenté dans ses développemens, qu'une action intriguée. Où le temps est si court, l'intrigue n'a pas le tems de se former.

Tâchez que la situation comporte quelque intérêt; telle seroit celle de Jephté, obligé d'immoler sa fille.

Variez sans cesse les situations & les images; la Musique est un art inconstant, & qui plaît par la mobilité de ses caractères.

Frappez l'esprit par des prodiges; le chant est ami du merveilleux.

Ecrivez votre Poëme en beaux vers, non que le public doive y faire beaucoup d'attention; peu accoutumé à en goûter de tels au Concert, c'en est assez pour qu'il ne prenne pas garde à ceux qui auroient droit de lui plaire. Le public a besoin d'être averti des plaisirs qu'on doit lui donner : à chaque Spectacle en particulier, il ne goûte que le plaisir qu'il y est venu chercher : il m'est démontré que, si les entr'actes de la Comédie françoise étoient remplis par une Musique ravissante, il y auroit peu de Spectateurs qui s'en doutassent & voulussent écouter : les

Spectacles de la Cour en fourniſſent quelquefois la preuve.

J'ai parcouru la carrière qui s'étoit ouverte devant moi, j'ai traité mon ſujet dans toutes ſes parties : heureux ſi, en nous liſant, le Philoſophe a dit : " il a développé des no-
" tions qui exiſtoient confuſément dans ma
" tête "; ſi l'homme du monde ajoute : " je
" n'avois jamais réfléchi ſur ces vérités, leur
" juſteſſe me frappe & m'éclaire "; & l'Artiſte enfin : " celui-ci, vieilli dans la prati-
" que de mon art, n'étoit pas indigne d'en
" parler ".

Je n'ai plus à traiter que quelques queſtions propres à tous les Arts, & que j'approprierai plus particulièrement à la Muſique.

CHAPITRE VII.

Juſqu'à quel point l'eſprit Philoſophique peut s'appliquer aux Arts, & particulièrement à la Muſique.

ENTRE toutes les merveilles dont la nature étonne notre raiſon & confond notre intelligence, l'inſtinct animal eſt une de celles qui m'arrêtent le plus souvent. Quand je vois le chien, la brute, distinguer à travers mille plantes, celles qui doivent leur être funestes ou salutaires, je cherche quel mouvement aveugle, ou raisonné, opère en eux ce subtil discernement. Ma surprise augmente lorsque je vois l'homme manquer de cet instinct conservateur. Nul de nous, ni dans l'enfance, ni dans l'âge mûr, ne peut, à la seule inspection, distinguer l'aliment salubre de celui qui peut nous être nuisible. Ce n'est pas que l'homme soit dénué d'instinct : ce sentiment occulte opère même en lui les plus grandes choses : c'est à lui que sont dues les découvertes les plus belles, les plus utiles, celle des Arts libéraux. Ceux qui les inventent & les pratiquent avec succès, sont entraînés par un sentiment intérieur, dont eux-mêmes ils n'ont qu'une connoissance confuse; ils obéissent à l'impulsion du génie, du génie que l'on peut appeler l'instinct des grandes choses. Jamais on n'a vu les règles naître avant les exemples, ni la raison dicter d'avance au génie ce qu'il doit faire. Celui-ci procède d'après le sentiment qui le conduit; il crée les loix & ne les connoît pas : c'est la raison qui, méditant après coup sur les œuvres qu'il a produites, lui révèle, pour ainsi dire, son propre secret à lui-même. De ses exemples, elle compose les règles de l'art. Ainsi un Géographe, le compas à la main, lève le plan des terres inconnues, qu'un Voyageur audacieux vient de découvrir : ainsi la Muse de l'Histoire marche à la suite des Conquérans, pour tracer leur route, & tenir regiftre de leurs succès (1).

Sur ce que nous venons de dire, on juge aisément que l'esprit philosophique, appliqué aux beaux Arts, ne peut jouer qu'un rôle secondaire : le premier rôle appartient à cet instinct créateur, dont l'esprit n'est qu'un foible disciple, condamné à ne savoir que ce qu'il apprend de son maître. Aussi, toutes les fois qu'on a voulu substituer les seules vues de l'esprit, au sentiment propre d'un art, en a-t-on mal parlé. La Motte & Fontenelle ont fait des Poétiques qui n'ont pas plus mis en recommandation leurs vers,

---

(1) *Ante enim carmen ortum est, quàm observatio carminis.* (Quint. l. 9) *Neque enim versus ratione est cognitus, sed naturâ atque sensu.* (Cicer. in ora.)

qu'elles n'ont décrédité ceux d'Homère & de Virgile. Ce qui peut sembler étonnant, c'est que ces faux Législateurs du goût, cités au Tribunal de la raison, ont gain de cause devant elle. Leurs principes paroissent vrais, leur théorie saine & lumineuse; comparons-là aux procédés des grands Maîtres dans leur art, ils accuseront tous les défauts de cette théorie trompeuse. *Les passions*, a-t-on dit, *ont leur logique;* rien de plus vrai. Ajoutons : *cette logique diffère tant de celle d'un esprit calme & tranquille, que celle-ci ne peut pas servir à faire deviner l'autre;* & ce que nous disons des passions, ne sera pas moins vrai des beaux Arts.

Celui de tous les Arts, sur lequel il semble que tout le monde ait plus le droit de prononcer, c'est la Peinture. Son objet est de retracer avec vérité ce qui est sensible à nos yeux; il devroit donc suffire d'être doué du sens de la vûe, pour apprécier le mérite des tableaux; car, quiconque connoît le modèle, doit juger si la copie ressemble. Dans cet Art cependant, ainsi que dans tous les autres, le nombre des connoisseurs n'est pas grand; & tous ceux qui ont acquis le talent de juger, ne l'ont dû qu'à un long exercice. Croyons-en l'Orateur des Romains, lorsqu'il écrit à un de ses amis : » Il n'est pas un seul Art que les let- » tres nous enseignent; on ne s'instruit dans » les Arts qu'en les pratiquant «. *Cogitare debebis nullam Artem literis, sine aliqua exercitatione percipi posse* (1). *Rien de pis*, dit encore Quintilien, *que le jugement de ceux qui, ayant fait un pas au-delà des premiers élémens, conçoivent de leur savoir une opinion fausse & téméraire* (2). Cédons à ces autorités, & sur-tout à celle de la raison : il en coûte à l'esprit, pour reconnoître que l'instinct exercé est seul juge des Arts. Que les Hommes de lettres ne s'offensent pas de cette assertion : n'accordant pas aux Peintres, aux Musiciens de profession, une autorité prépondérante en littérature, de quel droit s'en attribueroient-ils une semblable en Peinture & en Musique ?

Une vérité n'est jamais si sensible que lors-

---

(1) (*Cicero Epi. famil.*) Aristote, liv. 8. des Politiques, dit la même chose.

(2) (Quint. *Lib.* 1, cap. 2.)

qu'on la présente dans ses extrêmes. Citons l'exemple du Père Castel : Il avoit entrepris un Clavecin coloré, c'est-à-dire, qui devoit produire aux yeux des accords de couleurs, en même-tems qu'il produisoit l'harmonie des sons. Voici, je n'en doute pas, par quel raisonnement le Père Castel justifioit la nouveauté de son entreprise : » Il y a sept cou-
» leurs primitives, comme sept tons dans
» la Musique. Ces tons & ces couleurs sont
» susceptibles de nuances & de dégrada-
» tions. L'alliance simple & naturelle de cer-
» taines couleurs est plus sensible à l'œil,
» peut-être, que la sympathie des sons ne
» l'est à l'oreille : la vue reconnoît donc,
» ainsi que l'ouïe, des consonnances & des
» dissonnances. Avec tant de rapports entre
» le son & la couleur, qui peut s'opposer
» à la construction d'un instrument, qui
» parlera en même-tems aux yeux & aux
» oreilles « ?

Pour raisonner de même, il faut que le Père Castel n'ait eu nul sentiment de la Musique. Le plus foible instinct pour cet Art lui eut fait reconnoître que l'oreille saisit un rapport entre les sons qui se succèdent;

que ce rapport conſtitue ſeul le ſens & le charme de la mélodie ; que la vûe n'éprouve rien de ſemblable ; que la mélodie des ſons exiſta dans tous les tems, & que celle des couleurs n'exiſtera jamais. Il eſt donc comme évident que le Père Caſtel jugeoit de la Muſique par le ſeul raiſonnement, à-peu-près comme en jugeroit un ſourd de naiſſance à qui l'on tâcheroit de donner quelqu'idée de cet Art. Il eſt encore évident qu'avec moins de mathématiques & de raiſonnement dans la tête, que n'en avoit l'Auteur du clavecin coloré, mais avec des ſenſations plus juſtes & plus muſicales que les ſiennes, il n'eût pas été la dupe d'une invention ridicule & d'une abſurde chimère.

J'ai ouï dire à l'un des plus grands Géomètres de l'Europe, Auteur d'excellens ouvrages ſur la Muſique (1), que, s'il avoit pratiqué cet Art, il auroit vraiſemblablement introduit dans l'harmonie des accords qui n'y ſont pas reçus. J'ignore ſi ce ſont des combinaiſons mathématiques qui ont fait naître dans l'eſprit de ce Savant une telle

---

(1) (Dalembert.)

conjecture ; mais, s'il eut composé en Musique, il auroit cru le témoignage de ses sens, plus que celui de son esprit & de son savoir ; il auroit fait ce que font tous les Musiciens de l'Europe. Séduit par la spéculation, s'il avoit osé franchir la limite que l'usage a tracée, & que le sentiment de l'oreille a fait reconnoître, il auroit entendu la voix de la nature qui lui eût crié, *arrête* ; il eut fait un pas en arrière.

On a demandé plusieurs fois jusqu'où il faut avoir porté ses connoissances en Musique, pour avoir le droit d'en parler d'une manière tant soit peu décisive. Personne encore n'a répondu à cette question si facile à résoudre. Quiconque, soit en écoutant la Musique, soit en l'exécutant, n'a pas de quoi saisir avec justesse le véritable caractère de chaque passage & de chaque morceau, manque des qualités premières qui constituent un Juge sûr de son opinion. Eh ! quelle importance accorder au jugement d'un homme qui entendra jouer *doux*, ce qui doit être *fort*; & *vif*, ce qui doit être *lent*, sans que son goût réclame contre de pareils contre-sens. Peut-être pense-t-on que

que des Auditeurs d'un sens si dépravé sont rares ; je ne craindrai pas d'affirmer que, hors ceux qui, toute leur vie, ont exécuté de la Musique, il est peu d'hommes en état de subir l'épreuve que nous proposons. Comment seroit-il difficile de trouver en défaut l'oreille & le goût des Spectateurs sur le caractère des chants qu'ils écoutent, s'ils se méprennent habituellement au sens des paroles qu'on leur prononce ? Combien de fois a-t-on applaudi des Acteurs qui donnoient à des sentimens calmes & doux, une expression forte & passionnée ? Le langage de la Musique, dans les ouvrages un peu détaillés, est moins à la portée du vulgaire que la langue qui lui sert à énoncer ses besoins.

Que l'on ne pense pas que nous ayons prétendu par ces observations, fermer le sanctuaire des Arts à la Philosophie, lui défendre d'y porter ses regards & d'en expliquer les procédés mystérieux. Il nous suffit d'avertir le Philosophe qu'il ait à se méfier de sa propre intelligence, & qu'il ose la subordonner au sentiment machinal de l'Art dont il veut traiter. Nous ne crierons point à ces Sages, *loin d'ici profanes*, afin de les exclure de nos myſtères. Nous leur dirons :

Sumite materiam veſtris qui ſcribitis æquam viribus,

les invitant à prendre pour objet de leurs ſpéculations raiſonnées, un Art dont ils aient un long uſage & une connoiſſance ſentie. Muni de cette inſtruction préliminaire, & dégagé des préventions excluſives, que le Philoſophe parle, qu'il écrive, il n'en réſultera que des avantages. Dans le cas où les Artiſtes, gâtés par une fauſſe éducation, vieilliroient dans l'enfance des préjugés, & éterniſeroient celle de l'Art, le Philoſophe éclairera leur ignorance & réveillera leur inertie ; mais, dut-il manquer cet objet important, il lui en reſte un autre à remplir; c'eſt d'inſtruire les gens de goût ſur les différentes cauſes de leurs plaiſirs. La théorie des Arts, conſidérée ſous ce point de vûe, devient la théorie de nos ſenſations les plus délicates, & de nos goûts les plus exquis. Le Philoſophe qui s'en occupe interroge chaque fibre du cœur, examine le rapport qu'elles ont toutes avec nos différens organes. Il contemple notre ame correſpondante avec nos ſens, qui, Miniſtres de ſes affections, lui apportent le plaisir & la douleur. Il réfléchit sur chacun de ces sens, qui, séparé des autres, isolé dans son poste, & n'ayant en apparence aucun moyen de communiquer avec eux, y communique cependant par la médiation de l'ame: elle avertit chacun d'eux en particulier, de ce que les autres sens lui font éprouver. C'est ainsi, (me pardonnera-t-on une comparaison si peu élevée?) c'est ainsi que l'araignée, placée au centre de sa toile, correspond avec tous les fils, vit, en quelque sorte, dans chacun d'eux, & pourroit (si, comme nos sens, ils étoient animés) transmettre à l'un, la perception que l'autre lui auroit donnée.

CHAPITRE VIII.

De l'opinion qu'il entre beaucoup d'arbitraire dans la Musique.

PLUS un Art donne de prise au raisonnement, plus il est aisé (en définissant son principe, sa nature, ses effets & ses moyens), de distinguer ce qu'il contient d'arbitraire & de vrai. Il ne suffit pas d'énoncer généralement *que les Arts sont l'imitation de la na-*

ture. Ces mots ont un sens plus ou moin clair, suivant l'Art auquel on les applique nous l'avons dit au commencement de ce Ouvrage.

J'ignore tout en Architecture : je voudroi savoir si tel ordre de colonnes est préférable à tel autre ; si les ornemens de celles-ci ont une beauté plus vraie que le simple & le nud de celles-là : pour m'en assurer, je recours au principe que vous m'avez donné, *l'imitation de la nature* : je le consulte, je l'interroge : sourd à ma voix, il me laisse mon doute & mon ignorance.

Appliquons ceci à la Musique. Quel est le vrai beau dans cet Art? — *Ce qui est conforme à la nature*, me dit-on ; mais c'est ne me rien apprendre. Qu'est-ce que la nature en Musique ? Tel chant est-il dans la nature, n'y est-il pas ? Répondez d'une manière positive. Si votre réponse n'est déterminée que par l'impression de plaisir que vous recevez, mille témoignages contraires au vôtre s'éléveront pour le détruire ou le balancer; chacun aura senti différemment : le beau sera par-tout, ou du moins chacun voudra le désigner à sa manière.

La Poësie dans ses genres imitatifs, tels que la Tragédie & la Comédie, a des objets d'imitation d'après lesquels on peut l'apprécier. Chaque passion, chaque caractère a son langage : le Poëte l'a-t-il saisi ? Rien de plus facile à vérifier : la partie des Arts qui tient immédiatement à l'imitation, peut être jugée d'une manière certaine & invariable. La Musique, même imitative, n'est pas susceptible d'un jugement si certain. Comment s'assurer qu'Agamemnon, en déplorant le sort de sa fille, chante sur le ton de la nature ? Est-il un père qui ait chanté dans cette situation ? Pour juger des fureurs de Roland & d'Achille, chercherai-je quelle mélodie j'emploie dans la colère ? Ce sentiment ne chanta jamais. On ne sauroit donc définir précisément ce que c'est que la nature en Musique. Les beautés de cet Art se sentent plus qu'elles ne se raisonnent. Tel air pourroit être démontré beau par le raisonnement, que le sentiment accuseroit d'être mauvais : il suffiroit pour cela que cet air fût imitatif, & d'une mélodie peu agréable. Comme imitatif, le raisonnement l'approuveroit ; comme peu mélodieux, il seroit condamné par l'oreille.

Eh! qu'eſt-ce qu'un chant que l'oreille ne goûte pas?

Je ne penſe pas que cet Art ſoit le ſeul dont les beautés échappent à la démonſtration. Il eſt des beautés poétiques que l'on pourroit regarder comme arbitraires, tant il eſt difficile de les définir. Qu'eſt-ce qui diſtingue un vers proſaïque, d'un vers qui ne l'eſt pas? *L'un eſt le ton de la nature, telle qu'elle eſt effectivement; l'autre, le ton de la nature embellie.* C'eſt ainſi qu'un Écrivain ingénieux les a définis; mais que de vers dans la Comédie, dans l'Épitre, dans la Satyre; que dis-je? dans la Tragédie & dans l'Épopée, ſont tels abſolument qu'on les diroit en converſation; ils ne ſont pas jugés proſaïques cependant. L'Orateur, ainſi que le Poëte, cherche le ton de la nature embellie, & tous deux n'ont pas le même. Il eſt certaines parties des Arts qui ſemblent appartenir entièrement à nos ſens: ils en ſont juges, ſans la médiation de l'eſprit. Ces parties ſont celles qui tiennent à la ſenſation; l'inſtinct du goût les produit, l'inſtinct du goût les juge & les apprécie.

Ce jugement des ſens & du goût, tout indéfini, tout variable qu'il eſt, doit-il être considéré comme purement arbitraire ? Cette question demande à être discutée avec d'autant plus de soin, qu'elle est susceptible d'être généralisée. Pour l'envisager dans son sens le plus étendu, l'idée du beau est-elle factice & conventionnelle, ou résulte-t elle nécessairement de notre organisation ?

Toutes les Nations n'ont pas la même idée de la beauté. Il se peut que le Nègre, le Chinois, relégués dans des climats où le corps-humain revêt des formes moins belles, se fassent des idées de beauté relatives à leur conformation. Si les hommes de ces pays, transportés dans notre Europe, reconnoissent la supériorité de nos traits, de nos figures sur les leurs, cet hommage *exotique* rendu à la beauté, prouvera qu'elle est universelle. Cependant, qui pourroit assurer alors que les Nègres, les Chinois, en passant de leur opinion à la nôtre, ont fait autre chose que changer de préjugés ?

Certainement on ne sauroit rendre raison de ce qui constitue la beauté ; on ne sauroit dire pourquoi les grands yeux sont préférables aux petits, ni les petites bouches préférables aux grandes. Ce seroit vouloir expliquer pourquoi le rose est plus agréable que le noir. On a plus tôt fait de le sentir que d'en dire la raison. Mais, de ce qu'une sensation ne peut pas se raisonner, il ne s'ensuit pas qu'elle soit arbitraire & conventionnelle. L'unanimité des suffrages, accordés depuis tant de siècles à cette conformation de traits que nous appelons *belle* encore aujourd'hui, constate & fixe l'idée de la beauté. La rose, dans tous les tems, a réjoui la vue; le miel, dans tous les tems, a paru doux; ces sensations universelles, qui ne se trouvent démenties que par un petit nombre d'exceptions particulières, constituent une idée vraie & certaine du bon & du beau.

Les Arts se promènent long-tems d'erreurs en erreurs. Les tems qui précèdent, & ceux qui suivent leur état le plus brillant, ne font éclore que des ouvrages irréguliers, monstrueux; & le Public souvent les adopte avec autant de passion que les chefs-d'œuvres les plus admirables. Il y a pourtant une distinction à faire entre les ouvrages nés avant le perfectionnement de l'art, & ceux qui naissent après. Les uns sont admirés de bonne-foi, & regardés peut-être comme les modèles de la perfection : les autres font suivis par un goût de mode, de caprice & d'inconstance, indépendant de l'estime & de l'admiration. Lorsqu'on a vu le beau, qu'on l'a senti, on ne lui est plus infidèle que par circonstance ; l'estime reste invariablement attachée aux chefs d'œuvres que le caprice fait négliger. L'idée du beau dans les Arts doit donc être regardée comme immuable : l'immortalité des beaux Ouvrages en est la preuve toujours vivante. Il est impossible que tout soit arbitraire dans la Musique, dans cette langue de tous les tems, de tous les lieux, de tous les êtres. Le chant, l'air qui réussira à Moscou, à Naples, à Londres, à Paris; celui qui fera sourire & sauter joyeusement le Manœuvre & l'Homme de Cour, le Nègre & le Paysan de nos campagnes, ne peut pas avoir un charme arbitraire : certainement son efficacité est toute naturelle. Qu'est-ce qui fait donc juger arbitraire le mérite de la Musique ?

C'est qu'on ne sauroit le définir. L'effet est une sensation; les uns y sont plus exercés, les autres moins : les uns disent de bonne-foi ce qu'ils sentent, les autres le dissimulent; les uns se livrent innocemment à leurs affections; les autres, par des principes faux ou vrais, les préviennent, les combattent & les détruisent.

Ce qui doit sur-tout faire juger la Musique arbitraire, c'est la rapidité des révolutions qu'elle éprouve, & qui semblent, l'une après l'autre, renouveler l'art tout entier. En Italie même, un homme qui reparoît au bout de trente ans d'absence, se trouve relativement à la Musique, avoir changé de patrie. Au Théâtre, au Concert, s'il demande les chef-d'œuvres qu'il avoit laissés le plus en vogue, à peine les connoît-on; ils ne font plus d'usage; leur règne a péri: *j'ai passé, il n'étoit plus.* Cette inconstance des Italiens tient à plusieurs causes. 1°. L'art jusqu'ici, chez eux-mêmes, n'a fait que croître & se perfectionner. Les *Piccini*, les *Sacchini*, &c. (je le pense du moins) ont été plus loin que *Pergolèse*. 2°. Les Italiens n'ont jamais attaché leurs beautés musicales à un grand tout, à un ensemble recommandable par son invariable perfection; nul d'eux n'a pu dire *monumentum exegi ære perennius*. Leurs beaux morceaux sont épars

& fugitifs, comme les feuillets de la Sybille.

Je ne puis me perfuader que les beaux Ouvrages dramatiques, compofés en France depuis quinze ans, cèdent au cours paffager de la mode ; on y reviendra fans ceffe : l'enfemble de la Mufique, des paroles & de l'action, dans ces Ouvrages, conftitue une maffe qui réfifte au flux & reflux du caprice. La Mufique, dans ces productions immortelles, repofe fur une bafe inébranlable.

Quant à la Mufique de Concert, nous ne pouvons qu'inviter les véritables amateurs à ne pas déférer aveuglément & avec exclufion, au goût confacré par la dernière mode. N'appauvriffons, n'exténuons point l'Art, en le réduifant à fes productions les plus modernes. Promenons-nous au milieu des richeffes que le génie des divers fiècles a fait éclore.

C'eft ainfi que nous fuivrons la marche progreffive de l'art, & que nous aurons l'hiftoire de la Mufique faite par les monumens même.

Que le début du *Stabat*, que plufieurs airs de Galuppi, de Jomelli, &c. foient encore exécutés, ou mis en oubli, ce n'en font pas moins des beautés réelles, & faites pour ne jamais périr.

Je demande pardon aux Muficiens de ce que je vais avancer; mais de jolis riens, des *brunettes* naïves, des *barcarolles* chantantes, de fimples menuets, des allemandes; toutes ces frivoles productions de l'art en font des beautés réelles & d'autant plus vraies, que leur effet est plus univerfel. C'eft avec de tels chants que vous ferez le tour du monde, fans avoir dépayfé la Mufique : il y a donc dans cet Art un vrai *beau*, un *beau* qui tient à des fenfations naturelles & généralement éprouvées ; un beau par conféquent qui n'eft point arbitraire. Les *Noëls* même, l'*O filii & filiæ*, nous en fourniffent la preuve. Ces chants n'ont point vieilli ; les Muficiens les plus exercés fe plaifent à les exécuter & à les entendre. Ils feroient ignorés de tout le monde cependant, & peut-être le *Stabat* auffi, s'ils ne tenoient pas à une folemnité qui en ramène l'ufage.

Définiffons *le beau* en Mufique, *une mélodie fimple naturelle, neuve & piquante*. Tout Muficien qui conçoit de tels chants, a le génie de fon art ; celui qui applique ces chants à des paroles, écrit au bas du tableau quel en est le sujet ; celui qui les adapte à des situations théâtrales, rend l'effet de la Musique plus général & plus frappant. Celui qui, d'un coup-d'œil, mesure & embrasse tout l'ensemble d'une grande action, qui en lie & cimente toutes les parties, & ne veut pas qu'il y en ait une oisive ni superflue ; celui qui imprime le mouvement à tout ce grand corps, & lui dit : *meus-toi, marche, parle & agis* ; celui-là remplit dans toute sa perfection l'œuvre immortelle du génie.

Mens agitat molem, & magno se corpore miscet.

CHAPITRE IX.

Jusqu'à quel point les Arts sont faits pour la multitude ; jusqu'à quel point elle peut sainement en juger.

L'ABBÉ Dubos a discuté la question dont il s'agit, & il la décide en faveur des ignorans, (1) de la multitude ; il la constitue juge compétent & souverain des beaux Arts :

―――――――――――――――――――
(1) Réflexions sur la Peinture & la Poësie.

nous ne sommes pas entièrement de son avis; & d'abord, l'Abbé Dubos n'entend, dit-il, par le mot *multitude*, que les personnes dont l'esprit & le goût sont cultivés; mais si la culture du goût est nécessaire pour l'intelligence des Arts, comment la culture de tel Art en particulier, ne l'est-elle pas pour en porter un jugement sain? En compulsant des Livres, apprend-on à juger des tableaux? Des études philolosophiques donnent-elles le sentiment de la Poésie? L'Abbé Dubos, par les conséquences naturelles du principe qu'il avance, devoit donc attribuer aux seuls connoisseurs, ou du moins à eux de préférence, le droit de prononcer sur les Arts.

Je ne sais si l'Abbé Dubos a envisagé la question sous les divers points de vue dont elle est susceptible: il examine s'il vaut mieux juger des Arts par discussion, que par sentiment: ce n'étoit pas-là le seul point qu'il fallût éclaircir. Il falloit rechercher si les hommes, exercés dans un Art, en ont un sentiment plus prompt & plus juste, que ceux qui ne le sont pas. Or, pour traiter cette question, voici les faits desquels on peut s'appuyer.

L'exercice de nos sens est tellement nécessaire pour en perfectionner l'usage, que nous voyons d'une manière imparfaite les objets que nous voyons rarement. Nul de nous ne distingue, par leurs traits physionomiques, une perdrix, d'avec une perdrix; un lièvre d'avec un lièvre. Les personnes qui ont vu peu de Nègres, trouvent qu'ils se ressemblent tous; l'habitude d'en voir, enseigne à les distinguer du premier regard. L'œil apprend donc à voir, l'oreille à entendre.

Tout le monde assure, & l'Abbé Dubos le confirme, que les jeunes Artistes envoyés de France à Rome, pour étudier la Peinture, voyent d'abord, sans émotion, les tableaux de Raphaël; c'est par un examen suivi, qu'ils en découvrent les beautés. Quoi! les hommes appelés par leur goût, par leur talent à professer un Art, ont besoin d'un apprentissage pour sentir les merveilles de cet Art même, & l'on veut que le public en soit le juge le plus éclairé!

De la Peinture passons à la Musique. Nous verrons le public, recevant de l'expérience un instruction lente, se traîner en quelque forte à la fuite de l'Art, en fuivre de loin les progrès, & arriver à l'une de fes époques, lorfqu'une autre commence. Le public eft donc rarement en état d'apprécier tout d'un coup les innovations que l'Art éprouve. Il faut qu'il effaye fon goût & fes connoiffances fur les nouvelles productions qu'on lui préfente. Il fe fait d'abord l'écolier de l'homme de génie qui l'étonne, (écolier qui injurie fon Maître) & lorfqu'il a bien étudié fa doctrine, il la juge. Le public, fujet à fe tromper dans fes premières impreffions, n'en reçoit à la longue de plus vraies, que parce qu'à la longue l'avis des connoiffeurs influe fur fes opinions. Une vérité de goût (felon moi) s'établit comme une vérité philofophique, par le témoignage des gens éclairés.

Quand on s'obftineroit à défendre le fentiment des ignorans en matière de goût, il faudroit du moins convenir qu'ils peuvent à tout moment être dupes des idées communes, ufées & rebattues. Que d'Auteurs font leurs Livres avec l'efprit d'autrui ! Que de vers qui ne font qu'un amas de dépouilles poëtiques enlevées çà & là ! Que de chants

que

que l'on a entendus par-tout! L'ignorant applaudit à ces infipides larcins; le plagiaire, à fes yeux, a le mérite de l'inventeur.

Une chofe encore contribue à rendre vicieux le jugement des ignorans; c'eft que rarement ils fe contentent de juger d'après leur inftinct. Ceux fur-tout qui ne tiennent pas leur opinion cachée, travaillent à s'en faire une. Ils s'étayent de quelques mots furpris dans la bouche des Profeffeurs, & fe méprennent à l'application qu'ils en font. J'ai vu de ces perroquets mal fifflés, louer dans telle Mufique la richeffe de l'harmonie, lorfque l'harmonie, pauvre & ftérile, féjournoit, croupiffoit fur les mêmes accords. J'en ai vu qui fe récrioient fur le charme des modulations, avant que l'air eut quitté le mode principal. Ceux qui ne font pas initiés dans un Art, ne fauroient trop s'abftenir d'en parler avec quelque air fcientifique. Le feul ufage qu'ils font de la nomenclature, décèle leur profonde ignorance. Ignorer, n'eft rien; mais décider de ce qu'on ignore!

Je m'attends à une objection. La Mufique eft, felon moi, une langue naturelle, dont nous avons le sentiment inné : comment a-t-on besoin d'exercice, pour en sentir les beautés ? Je réponds, voir, entendre, penser, réfléchir, sont aussi des opérations naturelles à l'homme, comment a-t-il besoin d'exercice, pour en perfectionner l'usage ?

Dans la Musique, comme dans le discours, il y a des idées simples qui sont à la portée de tout le monde : il en est d'autres plus combinées, que le travail & la réflexion suggèrent ; l'habitude de les entendre instruit à les goûter. Lisez l'*Art poétique* à votre Jardinier, il ne vous comprendra guères plus que si vous lisiez du grec : parlez-lui un langage plus simple, il vous entendra. Un menuet, un tambourin, sont goûtés de tout le monde. Si l'Art combine ses opérations, si la Musique relève son langage, elle ne parle plus que pour les initiés. La différence du discours au chant, c'est que l'homme qui parle pour se faire entendre des Paysans, ne dit que des platitudes, des trivialités ; & les chants heureux, dignes d'être adoptés par la populace, sont des beautés de l'Art véritables. C'est ce qui nous fait penser que, de tous les

Arts, la Musique est le plus populaire.

Les personnes qui ont vieilli dans l'habitude de l'ancienne Musique, ne peuvent, disent-elles, en goûter une autre. Je le crois sans peine. L'empire de l'habitude peut substituer des goûts factices à nos goûts les plus naturels : c'est une des raisons de la diversité de nos opinions en Musique. Ces raisons se multiplient, lorsqu'il s'agit de juger tout un Opéra. Dans ce vaste ensemble composé d'action, de vers, de chant, de symphonie, de danse & de spectacle, chacun s'attache à l'une de ces parties, à celle qui lui est la plus agréable & la plus familière. Le jugement qu'il en porte retombe sur tout l'ouvrage. Dans cette communauté de talens, on les rend tous solidaires ; les défauts & les perfections de l'un deviennent le tort & le mérite de tous : par cette raison, tel homme se croit partisan de Lulli, qui n'aime que les Poëmes de Quinaut.

Le Philosophe, ami du vrai, qui le cherche en Musique, voudroit trouver une opinion générale, sur laquelle il put asseoir & reposer la sienne; cette opinion, la voici : *La bonne Musique italienne & la bonne Mu-*

fique allemande font goûtées de l'Europe entière. Ce que la France, depuis vingt ans, a produit d'estimable en Musique, ne s'éloigne, ni du goût allemand, ni du goût italien, & l'Europe aussi l'approuve. S'agit-il ensuite, pour le Philosophe, d'avoir un avis certain sur les nouveaux ouvrages qui paroissent ? Qu'il examine le cas qu'en fait la pluralité des gens de l'Art, qu'il mette son opinion à la suite de la leur, il ne fera que devancer le public, qui, tôt ou tard, se rallie à cette enseigne.

CHAPITRE X.

Quels sont les Arts qui plaisent davantage à la multitude, quels sont les jugemens qu'elle en porte.

Tous les Arts ne sont pas également à la portée de la multitude ; tous n'ont pas pour elle le même attrait. Ce qui excite le plus la curiosité, & remue le plus fortement les passions, plaît de préférence à tous les hommes. C'est par cette raison que les Spectacles de l'arène ont été suivis avec transport,

& que la populace s'attroupe autour des échafauds où les scélérats expirent. Les représentations dramatiques ont ce double mérite, d'intéresser l'homme curieux, d'émouvoir l'homme sensible ; aussi, dans tous les siècles, dans tous les climats, le peuple s'en montre-t-il avide.

On seroit porté à croire que la Tragédie doit, plus que la Comédie, intéresser les hommes du peuple, puisqu'elle se rapproche d'avantage de ces exécutions sanglantes, qui leur font goûter le plaisir de la terreur & de la pitié ; mais ce que j'ai observé aux représentations données *gratis* par les Comédiens, m'a persuadé du contraire. J'ai vu, à ces représentations, les Spectateurs avoir les yeux secs aux endroits les plus touchans, & rire quelquefois des mouvemens les plus passionnés. On peut en faire l'épreuve à la campagne, lorsqu'on représente une action tragique devant des paysans : les enfans d'*Inès* tombant aux pieds d'*Alphonse*, un meurtre qui s'exécute, excite un rire universel. Sans doute, l'ame de ces bonnes gens ne sait point, pour de simples fictions, se pénétrer de terreur & de pitié : au Théâtre ils voyent du même œil donner un coup de poignard, & diftribuer des coups de bâton ; dans l'un & dans l'autre, ils ne voyent qu'une action fimulée, & ils rient du menfonge.

Comment rit-on au Théâtre de Paris, lorfqu'*Orgon*, trahi par le *Tartufe*, fe voit prêt d'être conduit en prifon, & qu'il pleure au milieu de fa famille ? Cette fituation eft, d'une part, touchante ; de l'autre, terrible par la préfence du fcélérat qui menace fon bienfaiteur, & jouit de fon infortune. L'Abbé Dubos affure que le Parterre a ri long-tems, & prefque aux éclats, de la belle fcène entre *Pyrrhus* & *Phœnix*.

Crois-tu fi je l'époufe,
Qu'Andromaque en fon cœur n'en fera point jaloufe.

Tel eft le Public dont on nous dit le jugement fi folide.

Si ce premier tranfport de plaifir & d'admiration, qui faifit tout un auditoire, étoit la preuve démonftrative d'une beauté fupérieure, les premiers jugemens du Public feroient infaillibles & permanens ; c'eft tout le contraire : ils font communément fautifs &

sujets à rétractation. Le Public, dit-on, corrige & perfectionne ses jugemens; ces mots, selon moi, signifient simplement que le Public, instruit en détail par les gens de goût, revient au Spectacle averti de son erreur, & mis en garde contre l'instinct qui l'avoit d'abord égaré. Nous savons aujourd'hui que le Public qui dédaigna le Misantrope, qui accueillit froidement Britannicus, & qui se passionna pour Timocrate, s'est trompé. Laissons à une autre génération le soin de compter nos erreurs.

Sans chercher à calomnier le goût actuel du Public, on peut avancer qu'au Théâtre son goût pour l'exagération, l'égare. Les fureurs convulsives des Acteurs, ont un droit presque sûr à ses applaudissemens. Cette violence requise dans le jeu des Acteurs, l'est nécessairement aussi dans les Ouvrages qu'ils représentent. Dès-lors, disparoissent toutes les nuances délicates par lesquelles l'art du Poëte doit successivement nous faire passer. Le vraisemblable, la convenance, tout est sacrifié à une véhémence souvent hors de propos, & dont la continuité fatigue. Le Public semble dire à ceux qui travaillent pour ses plaisirs, ce que *Phèdre*, dans son délire, dit à sa confidente :

<small>Sers ma fureur, Œnone, & non pas ma raison.</small>

Ce besoin d'être ému fortement, qui rend la multitude si passionnée pour les Spectacles, ne lui laisse goûter qu'un plaisir froid & tranquille à la vue des statues & des tableaux. Ces muettes images, tout animées, toutes vivantes qu'elles sont aux yeux des connoisseurs, ne le sont point assez pour la multitude dépourvue d'intelligence, & qui n'a que des sens. Examinez le peuple au Salon du Louvre, dans les Cabinets de Peinture & de Sculpture; à peine lui trouvez-vous quelque sentiment du beau. Une sorte de curiosité stupide promène froidement ses regards d'un objet à un autre, & les fixe quelquefois sur l'objet le moins digne d'être admiré. Une belle statue, l'*Antinoüs*, par exemple, n'est pour l'ignorant qu'une figure bien proportionnée, dont il ne peut recevoir une sensation vive & frappante. C'est pour l'homme, qui sent les difficultés de l'Art & le mérite de l'Ouvrage, que cette statue est un chef-d'œuvre; c'est lui seul qui a le droit de se passionner, en la regardant.

Les vers, féparés de l'intérêt d'une action repréfentée ou racontée, n'attachent guère que les perfonnes initiées aux myftères de la Poéfie : les autres ne voyent, dans ce qu'on appelle le coloris poëtique, qu'un choix de tours & d'expreffions, moins fimple qu'ils ne l'auroient defiré. Peu faits aux conventions de cet art, peu touchés de l'harmonie qui en réfulte, ils en condamnent prefque la recherche foigneufe ; ils fe refufent au ton de déclamation qu'il prefcrit. Hommes divins ! qui brûlez du feu de la Poéfie, vous ne fauriez l'ignorer ; vos Écrits ne font appréciés que par ceux qui s'occupent de votre art, & le cultivent !

La Mufique donne à fes compofitions un mérite plus populaire. Nous l'avons obfervé déjà ; les plus beaux airs des Opéras-Comiques & férieux font livrés au peuple, il les adopte avec plaifir. Un beau chant eft fait pour toutes les oreilles : c'eft une vérité univerfelle & qui paffe en proverbe.

Obfervons que tous les morceaux de Mufique qui ont ce mérite populaire, font gais ou gracieux. L'*adagio* & le *prefto* ne font guère dans la bouche du peuple : qu'une Romance lente se chante dans les rues, on en altère le mouvement, on l'anime. Un Rhytme lent attriste ou attendrit: un ryhtme précipité agite & fatigue ; l'un & l'autre importuneroient les gens du peuple, qui ne veulent trouver dans le chant, qu'une distraction douce à leurs occupations.

La Danse unie à la Musique par les rapports les plus intimes & par la dépendance la plus marquée, participe à la destinée de cet art, sans lequel elle ne peut exister. La Danse gaie, la Danse gracieuse sont celles qui plaisent le plus généralement. L'*Adagio* dansé ne produit, pour ainsi dire, que de beaux développemens, de belles attitudes, dont l'effet (semblable à celui d'une belle statue considérée sous des aspects différens) n'inspire qu'une admiration froide & tranquille.

Quelle que soit l'affinité, plus ou moins grande, que les Arts ont avec la multitude, ils en ont tous une très-marquée ; c'est le besoin de plaire au plus grand nombre : besoin qui est de l'Artiste, plus que de l'Art, je l'avoue ; mais qui, dirigeant l'un dans ses procédés, influe sur la destinée de l'autre.

Les Arts perdent-ils ou gagnent-ils à se

rendre populaires ? Question intéressante, & qu'on ne peut résoudre que par une analyse détaillée : nous allons l'entreprendre.

Si nous en croyons Quintilien, l'Orateur ne devoit point parler au Sénat, du même ton dont il parloit au peuple assemblé. Le genre d'éloquence, fait pour plaire à de graves Magistrats, étoit peu propre *à capter la faveur populaire. Quis vero nesciat, quin aliud dicendi genus poscat gravitas Senatoria; aliud, aura popularis.* Voyons si ce principe s'applique à tous les Arts.

Un Poëte qui auroit à faire une Tragédie pour une assemblée de Philosophes & de Gens de Lettres, devroit-il la composer autre que celles de nos grands Maîtres ? Je ne le pense pas, & en voici la raison. Les hommes qui se ressemblent le moins par l'intelligence, se ressemblent par les passions : ils ont & la faculté & le besoin d'éprouver les mêmes. Pleurer & se passionner au Théâtre, est le plaisir du sot, comme de l'homme de génie; plaisir supérieur, pour celui-ci même, à tous les plaisirs de l'esprit qui n'intéressent point sa sensibilité. Le Poëte tragique trouve donc l'ame de l'ignorant ouverte par les mêmes côtés que celle de l'homme inftruit : il doit l'attaquer par fes endroits foibles, diriger vers l'émotion toutes les puiffances de fon art; & dans cette vue, tout ce qu'il fait pour la multitude, l'homme habile en jouit (1).

Il y a quelques fcènes de nos Tragédies qui femblent faites, moins pour la fimple intelligence du vulgaire, que pour les efprits d'une trempe fupérieure. Telle eft celle où les Confidens d'Augufte difcutent la prééminence des Gouvernemens Monarchique ou Républicain. Cette fcène, pour le fonds, eft un Chapitre de l'Efprit des Loix; mais elle couvre un intérêt de fentiment. Ce qui en réfulte, eft de favoir fi Augufte retiendra l'Empire; &, s'il le retient, il eft affaffiné.

Peut-être Corneille n'eût-il pas ofé prolonger au-delà d'une fcène fon admirable difcuffion : peut-être un acte qui rouleroit tout entier fur des queftions de politique, ennuiroit même les Politiques les plus déterminés.

---

(1) On entend ici par *multitude*, non le bas peuple, mais cette portion du public qui fuit habituellement les Spectacles.

Socrate, prêt à boire la ciguë, peut, dans un dialogue de Platon, traiter à fond de l'immortalité de l'ame ; mais ce traité, mis sur la scène, glaceroit d'ennui les Spectateurs.

Pour que l'on pût inférer dans une Tragédie le dialogue de Sylla & d'Eucrate, tel que Montesquieu l'a composé, il faudroit, je pense, qu'il s'attachât par quelque fil à des intérêts du cœur, & que par ce rapport il fût plus propre à la Tragédie. C'est ce que l'Auteur du *Fanatisme* a su ménager dans la scène sublime de *Mahomet* avec *Zopire*. Le Prophête ose entreprendre d'y démontrer à l'homme vertueux, la nécessité d'un culte fondé sur l'erreur. Quelle question ! avec quel art elle est traitée ! Voici le point où la scène aboutit :

> Quel seroit le ciment, réponds-moi, si tu l'oses,
> De l'horrible amitié qu'ici tu me proposes ?
> Est-ce le sang des miens que ta main répandit ?
>   MAHOMET.
> Oui, ce sont tes fils mêmes, &c.

A ces mots, la Tragédie rentre dans tous ses droits, redevient tout ce qu'elle doit être, la complication des intérêts les plus touchans & les plus terribles.

La Tragédie paroît donc ne rien perdre, ni gagner, à se rendre publique & populaire: celle qui fait frémir & pleurer le Philosophe, fait également frémir & pleurer la multitude. La multitude sans doute moins difficile, parce qu'elle est moins éclairée, prend quelquefois le mouvement des Acteurs pour celui de l'action, & le spectacle pour de l'intérêt. Séduite par ces illusions, elle peut accorder à des ouvrages médiocres, l'honneur d'un succès passager. Mais qu'on la ramène au vrai; que l'on parle à son cœur, la multitude applaudit : elle fait plus, elle estime. Ainsi, l'ambition d'obtenir ses suffrages ne tend point à la dépravation de l'Art.

La haute Comédie, celle qui peint les mœurs, les caractères, est moins du ressort de la multitude que la Tragédie. Le peuple, (ce mot comprend ici une classe d'hommes très-étendue) le peuple, dis-je, a moins d'esprit & de raison que de passions. Or, une Comédie, telle que le *Misantrope*, parle moins aux passions qu'à l'esprit. N'oublions pas qu'il a fallu à Molière des farces, pour faire passer des chefs-d'œuvres. Ce fait accuse le goût du Public qui jugeoit ce grand Homme : je ne doute pas que nous ne croyons aujourd'hui avoir le goût beaucoup plus fûr; mais du moins y a-t-il long-tems que nous ne l'avons essayé sur des ouvrages tels que le *Misantrope*.

Observons une autre différence relative à la Tragédie & à la Comédie; c'est que le cœur se trompe moins que l'esprit dans ses jugemens. Un mot dont tout le monde pleure, est, sans aucune espèce de doute, un mot touchant : un mot brillant qui réussit, n'est pas toujours un mot heureux : le faux & le vrai, dans ce genre, obtiennent souvent le même avantage.

Depuis assez long-tems la Comédie, en France, semble être esclave du bel esprit & du bon ton, deux maîtres impérieux qui la corrompent, en lui interdisant le naturel & la simplicité. Autrefois, on rioit des sottises d'un bon Bourgeois : on aimoit à le suivre dans les détails les plus obscurs de son ménage : aujourd'hui, de tels événemens, de tels personnages aviliroient la Comédie; elle craint de tomber en roture. Tous ses personnages pris dans un ordre plus relevé, asservis aux convenances délicates d'une société choisie, sont sans caractère & sans physionomie: pour l'extérieur, ils sont, tels que les gens du monde, des hommes polis, & rien de plus. Pour animer leur dialogue, il ne reste au Poëte que la ressource du bel esprit, dont il use outre mesure. Au lieu de se transformer dans ses personnages, il les transforme en lui: du petit Maître à la Soubrette, tous ont le même jargon, en sorte que la Pièce entière, est, pour ainsi dire, un long monologue, où le Poëte, sous des noms différens, parle toujours.

À qui imputer ces défauts de notre Comédie ? aux Auteurs ou au Public ? Tout le monde peut être coupable ; les Écrivains, de donner dans le faux ; les Spectateurs, d'applaudir au mauvais goût. Molière, s'il pouvoit renaître, auroit encore à faire ce qu'il fit de son tems, à lutter contre la multitude, & à implorer contre-elle le jugement des Connoisseurs.

Parlons de la Poésie qui n'est point dramatique. Les vers qui sont le plus goûtés de tout le monde, sont ceux qui s'emparent de l'imagination & du cœur. Peindre & sentir, sont les dons du Poëte qui donnent à ses succès le plus

plus d'univerſalité. Ces dons tiennent à la nature de ſon Art, & contribuent à ſa perfection réelle. Il eſt donc avantageux à la Poéſie de rechercher le ſuffrage du plus grand nombre.

Ce que la multitude goûte le plus dans la Muſique, eſt l'agrément de la mélodie. Il eſt donc démontré, d'après tout ce que nous avons dit, que cet Art ne peut que gagner à ſe rendre populaire. Ce n'eſt pas que l'homme de génie, en compoſant, ne doive avoir plus en vûe le ſuffrage des Connoiſſeurs, que celui de la multitude; mais l'un lui répond de l'autre. L'ouvrage qui plaît aux Muſiciens, plaîra tôt ou tard au Public, ſi aucune cauſe étrangère à la Muſique ne s'y oppoſe.

CHAPITRE XI. & dernier.

De l'Effet dans les Arts.

CE qu'on appelle effet dans les Arts, est l'impression de plaisir subite & générale qu'ils produisent. Ce qui saisit d'abord, est un morceau d'effet. A quoi tient cette impression aussi prompte, aussi communicative que le coup électrique ? Le plus souvent on a peine à le dire ; quatre notes, deux mots, un coup de pinceau forment le prodige. Delà est venue cette phrase si usitée parmi les Artistes, *cela est fait avec rien*.

L'effet, dans tous les Arts, en est la partie la plus abstraite & la plus cachée ; c'en est l'énigme & l'hyérogliphe. Le Génie cherche, *évente*, rencontre l'effet par une sorte d'instinct, assez semblable à celui qui fait trouver au chien sa proie. Vouloir réduire l'effet en principes & en méthode, ce seroit vouloir donner la théorie de l'instinct : ce seroit, pour continuer la figure dont nous nous servions tout-à-l'heure, conseiller de marcher à quatre pattes comme le chien, &

de flairer comme lui la trace : qu'en reviendroit-il à celui qui auroit le sens de l'odorat obtus ? Sans l'instinct du Génie, en copier les procédés, ce n'est pas imiter, c'est contrefaire.

L'effet est tellement la rencontre fortuite du génie & du talent, que, doué de ces dons heureux, on manque souvent l'effet, où on l'a le plus cherché; ailleurs, on le trouve sans s'en douter. Nul Écrivain, nul Artiste ne m'en dédira, je pense; l'endroit duquel on s'étoit tout promis, souvent ne rend rien; celui duquel on ne prévoyoit aucun succès, en obtient beaucoup. Quel Écrivain n'a pas, comme M. Jourdain, fait de la prose sans le savoir ? Si l'on pouvoit se rendre impartial sur les intérêts de sa vanité, il y auroit à s'humilier d'un grand effet produit sans qu'on l'ait prévu, comme de celui qu'on manque après y avoir compté. Dans l'une & l'autre méprise, je vois l'homme machine, incapable d'apprécier ce qu'il conçoit, ce qu'il imagine.

Le but direct de tous les Arts est de plaire : ils ne sont plus propres à aucune fonction, dès que celle-là n'est pas remplie. Tout Artiste doit donc, avant tout, tendre à l'effet; mais ce qui en produit le plus, n'est pas toujours ce qui satisfait le plus la raison. Il est dans la destinée de l'homme, de goûter quelquefois ce qu'il n'estime guère : dans les Arts, la preuve & l'exemple en sont assez fréquens. Dès-lors, que devient le principe de tendre à l'effet, & à l'effet le plus grand? Ce précepte porte avec soin l'injonction de ne pas chercher, de préférence, ce que la raison doit le plus approuver. Que dis-je? d'émouvoir nos facultés les plus sensibles, fut-ce au mépris de celle qui l'est le moins.

Le système dramatique des Anglois donne tout à l'effet : les réclamations de la saine raison contre ce qui émeut au Théâtre, chez eux ne sont point écoutées : l'effet l'emporte. Cette préférence est sur-tout remarquable, lorsqu'elle est donnée par une Nation philosophe, chez qui la raison est si soigneusement cultivée.

Je ne pense pas que l'on puisse reconnoître aux Pièces de Racine, autant d'effet théâtral, qu'à celles de Voltaire. Une régularité plus parfaite fait incliner, dit on, la balance en faveur du premier. La conséquence de ce jugement eſt, qu'une imperfection de moins, vaut mieux qu'une beauté de plus. Appliquons ce principe à Corneille; que deviendront ſes Ouvrages ? Corneille devoit-il perdre l'effet ſublime du cinquième acte de Rodogune, pour ne point haſarder la propoſition du parricide faite aux deux frères par la Princeſſe ? Je laiſſe ce problême à réſoudre : la déciſion donnée, je me chargerai volontiers d'en faire l'application à d'autres Ouvrages qu'à ceux de Corneille.

Ce père du Théâtre François, n'a peut-être pas une Tragédie d'où l'on ne tire un problême, tel que celui qui vient d'être établi. Hé ! que dire de Molière ? Plus on a étudié ſes Ouvrages, plus on s'eſt démontré que dans le plan, comme dans les détails, il s'eſt occupé de l'effet, avant tout ; & ſi l'on excepte de ſes Pièces le Miſantrope & le Tartufe, à travers combien d'irrégularités & d'invraiſemblances il arrive à cet effet, dont il fit la fin principale de ſon Art !

Les règles, preſcrites aux beaux Arts, ſont moins, peut-être, les moyens par leſquels ils peuvent plaire, que les moyens de rendre leurs effets agréables à la raison même. C'est, en quelque sorte, un traité d'union entre la raison, les organes des sens & l'imagination. Le dirai-je encore ? Les règles circonscrivent & diminuent les effets des Arts, en les rendant plus raisonnables, comme l'ordre & la décence modèrent la joie d'un festin, & la rendent plus séante.

Mais comment plaît-on aux hommes en choquant la raison ? — Demandez-le à la multitude de tous les tems, de tous les lieux : elle en sait sur ce point, plus que vous & moi.

Il me paroît difficile qu'il y ait pour les Anglois une poëtique du Théâtre. *Touchez-nous, remuez-nous à quelque prix que ce soit;* voilà leur poëtique toute entière.

On ne peut définir à quoi tient l'effet en Poésie. Unissez la justesse des pensées à celle des images & à l'harmonie des sons ; vous ne serez peut-être encore qu'un versificateur prosaïque, & vous aurez manqué le véritable effet de votre Art. Les Poëmes de *la Religion* & de *la Grâce* font preuve che de modulation nous est commune avec eux; elle est devenue une règle de l'Art, & paroît tenir à son essence.

Nulle de ces Chansons n'a un sens arrêté & fini. Ç'a donc été un des produits de l'étude & de la réflexion, d'astreindre chaque air à finir dans le ton où il avoit commencé.

Le caractère & l'esprit des Chansons sauvages consiste dans l'articulation du Rhythme: j'ai tâché de le faire sentir par ma façon de noter. On peut dire que les Sauvages sentent plus le rhythme, que le charme de l'intonation.

Le mode mineur ne se fait point entendre dans ces chants. C'est pour moi un vrai sujet d'étonnement : j'aurois été porté à croire ce mode plus naturel à l'homme que le mode majeur; il faut bien que cela ne soit pas. Si je ne m'égare pas dans mes conjectures sur la Musique des Grecs, en ajoûtant la *proslambanomène* (1) *la*, à leur double tetrachorde descendant, *la*, *sol*, *fa*, *mi*, *mi*, *re*, *ut*, *si*, on a notre gamme mineure de *la*. Les Grecs n'avoient qu'un sentiment confus du ton

---

(1) Nom d'une des notes de Musique chez les Grecs.

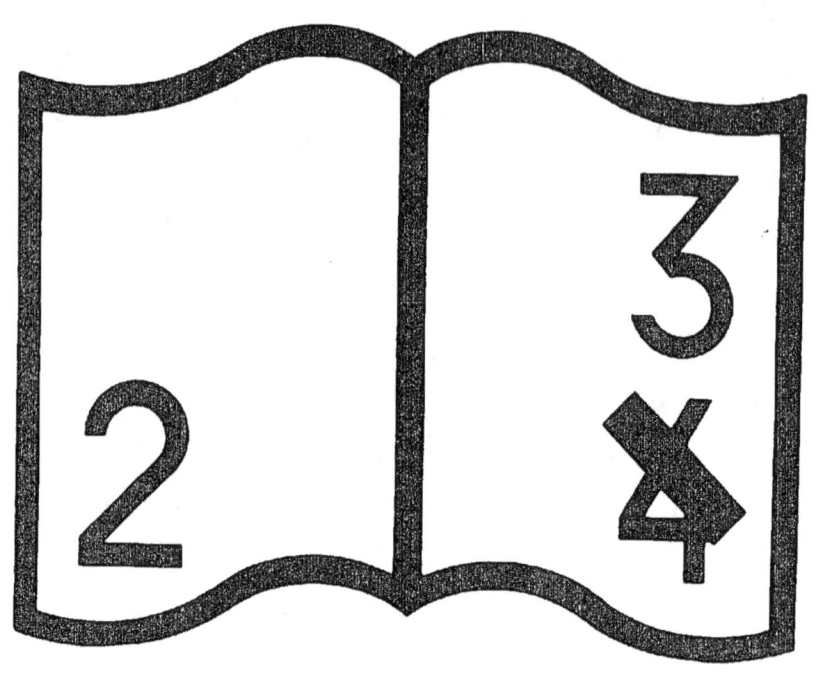

Pagination incorrecte — date incorrecte

NF Z 43-120-12

principal, parce qu'ils ne jugeoient pas la gamme entière, mais les tetrachordes séparés.

Tout le monde sentira sans doute que le chant de la seconde Chanson sauvage est absolument le même qu'un de nos chants d'Église. Nos chants d'Église remontent à une antiquité très-reculée: on est autorisé à les prendre pour des chants Grecs, ou tout au moins Romains, & des premiers siècles de notre ère : ce qui justifie ce que j'ai dit de l'universalité des mêmes chants, pour tous les pays & pour tous les âges. On remarquera aussi, que ce chant de la seconde Chanson est chez les Sauvages un chant de guerre: parmi nous, il s'adapte aux paroles des Pseaumes, qui ont un esprit de paix, & varient d'un verset à un autre.

J'invite les Musiciens & les Gens d'esprit à faire d'autres observations sur les Chansons des Sauvages, elles contiennent le premier germe de l'art, germe non cultivé, non developpé: c'est là que l'on peut surprendre le secret de la nature.

CONSIDÉRATIONS
SUR
LES LANGUES.

AVERTISSEMENT.

EN réfléchissant sur les Langues, je ne me suis pas renfermé uniquement dans ce qu'elles peuvent avoir de commun avec la Musique. J'en ai considéré aussi les propriétés différentes ; j'ai soumis à l'examen les caractères qu'on a coutume de leur attribuer. Mes idées sur ce point, s'éloignent de celles qui sont le plus généralement reçues : les miennes, dès-lors, se réduisent à de simples doutes, mais qui, conçus de bonne-foi, peuvent faire penser & réfléchir ceux qui les liront : c'est dans cette vue que je les publie.

CONSIDÉRATIONS
SUR
LES LANGUES.

CHAPITRE PREMIER.
Du génie des Langues.

JE ne me fais pas une idée bien précise du sens de ces mots, *Génie d'une Langue*. Et j'ai cru m'appercevoir qu'habituellement on les prononce, sans s'être positivement rendu compte de ce qu'ils signifient.

Par le génie d'une Langue, dit le Dictionnaire de l'Académie, on entend son caractère propre & distinctif; mais quel est dans chaque Langue le caractère propre qui la distingue de toutes les autres? Se pourroit-il que ce caractère existât, & qu'il fût si difficile de le désigner, de le fixer, de le nommer?

Attribuer à telle Langue la clarté, comme son attribut distinctif, c'est avancer que ceux qui parlent, ou écrivent cette Langue, sont mieux entendus que ceux qui parlent & écrivent toute autre Langue : cette assertion paroît difficile à soutenir : chaque idiome établit, entre ceux qui le parlent correctement & ceux qui l'entendent, une communication d'idées également prompte, claire & facile.

Une chose me met en doute sur l'explication ci-dessus donnée de ces mots, *génie d'une Langue*. On dit bien, *la douceur est le caractère propre de telle Langue*; on ne diroit pas, je pense, *la douceur est le génie de cette Langue*. Ces deux mots, *génie* & *caractère*, ne peuvent donc pas, dans cette circonstance, être les représentans l'un de l'autre ; les idées qu'ils renferment ne sont pas proprement les mêmes, & l'on ne peut pas définir l'un par l'autre.

Cette observation ne porte que sur les mots ; j'attaque maintenant l'idée même.

Est-il vrai que chaque Langue ait son caractère propre qui la distingue? l'une est-elle par excellence énergique, l'autre douce, celle-ci celle-ci concise, l'autre abondante, &c. ? Dans toutes les Langues cultivées par d'habiles Écrivains, je vois ces diverses qualités s'approprier à la langue avec un succès égal. Le Grec est doux & naïf sous la plume d'Anacréon; énergique & retentissant sous celle de Pindare. Le Latin surabonde, en quelque sorte, dans la bouche de Cicéron; il s'étrécit & se resserre, quand c'est Tacite qui le parle & qui l'écrit. Le langage de Fénélon, & celui de Bossuet, de Montesquieu, de Dalembert, de J. Jacques & de Buffon, nous offrent entre-eux des différences à-peu-près semblables. Je dirai donc; *chaque langue obéit au talent de celui qui la manie, il lui donne la forme & les contours de ses idées, il y laisse le type & l'empreinte de son génie.*

Quintilien, dans son admirable Ouvrage, met, pour ainsi dire, en parallèle le Grec & le Latin. Voici le résultat où ce parallèle aboutit. *Ce n'est que dans le style familier que les Grecs l'emportent sur les Romains :* in eo vincimur solo. Et encore, ajoute-t-il, *combien, dans ce genre même, Cicéron n'excelle-t-il pas ? Scipion, Lœlius & Caton, parmi nous, ont parlé un langage attique.*

On m'objectera que le Grec & le Latin avoient entre-eux plus d'affinité, que nos Langues modernes n'en ont avec ces Langues anciennes. Cependant Henri Etienne, & Théodore de Bèze, avant lui, ont obfervé l'étonnante conformité des deux Langues, Grecque & Françoife.

L'inverfion eft, fi je ne me trompe, la différence la plus fenfible, qui fépare le François du Grec & du Latin : felon moi, l'inverfion ne peut avoir d'influence, tout au plus que fur l'harmonie du langage. Ici, j'entends les réclamations s'élever contre moi : » L'inverfion, me dit-on, contribue » au mouvement de la penfée, & à l'effet » de la phrafe : il n'eft point indifférent de » frapper d'abord l'efprit du lecteur, en lui » préfentant les mots caractériftiques, & en quelque forte facramentels. » Je ne puis entendre ce principe. Qu'importe tel, ou tel mot, mis le premier en avant, tant que la phrafe incomplette n'en défigne pas le fens & l'application ? Je répéterai, à ce fujet, ce que j'ai dit ailleurs fur le mérite du verbe rejeté à la fin, le fens général n'en eft ni plus tôt ni plus tard expliqué : il seroit plutôt suspendu qu'avancé. Or, quel avantage trouve-t-on à ne faire entendre au lecteur ce qu'on a voulu lui dire, qu'au dernier mot précisément ? Ce qui donne une grande autorité à mes doutes, c'est que ni Cicéron, dans ses Traités d'Éloquence, ni Quintilien, ni Démétrius de Phalère, ni Denys d'Halicarnasse, en analysant toutes les propriétés de l'Élocution, n'ont fait valoir ce mérite des idées offertes d'abord de tel côté, avant de l'être de tel autre. Denys d'Halicarnasse ne voit, dans l'arrangement des mots, dans la contexture des syllabes, que l'art de donner différens caractères à l'harmonie du style, ou le défaut d'art qui fait que l'on manque entièrement d'harmonie. Je m'en tiens à cette notion qui me semble juste & précise.

» A quoi tient, me dit-on, la difficulté
» de traduire, si ce n'est au différent génie
» des langues ? « Cette difficulté tient d'abord à ce que l'Ecrivain, qui a travaillé d'original, a traité de choses propres à intéresser ses Lecteurs ; celui qui traduit, répète ces mêmes choses à des Lecteurs qu'elles n'intéressent plus. De tous les Poëtes, les moins

ingrats à traduire, font les Poëtes épiques: leur ouvrage porte communément sur le récit d'une action faite pour attacher les hommes de tous les tems, de tous les Pays. Malgré la conformité de notre idiôme avec le grec, il nous est plus difficile de traduire Homère, qu'il ne l'étoit à Virgile, parce que nous sommes plus loin des Grecs, par nos usages, que les Romains ne l'étoient.

Croyez-vous qu'il y ait des pensées justes, saines & vraies, qui appartiennent exclusivement à une langue, & dont les autres langues ne puissent pas hériter ? Si vous le croyez, hâtez-vous d'en citer des exemples. Cette opinion demande des preuves démonstratives.

La difficulté de traduire vient souvent de ce que les formules, les images, les métaphores, dont on a revêtu la pensée, étoient consacrées par l'usage, ou justifiées par l'analogie, dans la langue où la pensée fut conçue originairement. Si ces formules sont hors d'usage dans la langue où l'on traduit, elles étonnent le Lecteur. Ce n'est pas que son idiôme, rebelle à cette pensée, la repousse & la rejette; mais le vêtement qui la couvre, a je ne sais quoi d'étranger, qui étonne d'abord, comme une mode nouvelle étonne nos regards. Bientôt on s'y fait ; la nouveauté s'accrédite, & devient nécessaire. C'est ainsi que le génie d'une langue, *patient* de toute innovation raisonnable, varie, s'étend & s'accroît, par les hardiesses que le génie des grands Ecrivains lui commande, & que leur réputation accrédite.

Il existe une traduction latine de Vert-vert, aussi élégante qu'elle est fidèle. Vert-vert traduit dans la langue d'Horace & de Virgile ! Supposons (je demande grace pour cette supposition), que l'on eût pu proposer aux deux Poëtes que je viens de nommer, de traduire l'ouvrage de Gresset, ils eussent ri de la proposition. Notre Religion, les usages du Cloître, les mystères de la Grille, tout rendoit ce Poëme étranger aux contemporains d'Auguste. Transportez-vous dans Rome au quatrième siècle de notre ère ; demandez à *Ausone*, à *Sidoine Apollinaire*, une traduction du Vert-vert ; la proposition devient moins étrange, la Religion Chrétienne est établie, les Cloîtres sont fondés, toutes les idées principales du Poëme ont pris cours dans la Nation; le Poëme de Vert-vert s'est comme naturalisé chez les Romains. Plusieurs siècles au-delà, l'ouvrage traduit en latin, y conserve presque ses grâces originales. Le génie de la langue ne résiste pas à exprimer certaines pensées; mais le goût des Lecteurs ne veut s'occuper que d'objets qui lui soient familiers & agréables. Ne confondons pas l'un avec l'autre: ce qui répugneroit essentiellement au caractère d'une Langue (appelé parmi nous son génie), ne pourroit cesser d'y répugner: ce qui ne dépend que de l'usage, est mobile & changeant comme lui.

Vous n'oseriez, en françois, rendre littéralement l'expression par laquelle Horace désigne l'enfance, *à tenero ungue*, *dès l'ongle tendre*. Vous n'oseriez non plus dire d'un enfant, qu'il apprit à lire *dès les langes*, vous dites, *dès la bavette*. L'usage permet l'un, interdit l'autre; cet usage demain peut changer. N'alléguez point le *génie*, le *caractère* propre de la Langue, comme arbitre d'une coutume, qu'une autre peut soudain remplacer.

Racine le tragique, dans sa correspondance avec son fils, le reprend de quelques tours de phrase, de quelques expressions, qu'il dit être contraires au *génie de la Langue*. Ces tours, ces expressions, sont aujourd'hui tellement consacrés par l'usage, qu'on pécheroit contre la Langue, en employant ceux que Racine prescrivoit à son fils. Le génie de la Langue obéit donc à toutes les variations de la coutume. Nommerons-nous *caractère* de la Langue, ce qu'elle change & dépouille avec tant de facilité ?

J'ai dit que toute pensée juste appartient à tous les idiômes ; que tous ont les moyens de l'énoncer. Je crois cette assertion complètement vraie. Observez que les expressions hardies (les plus difficiles à traduire), sont souvent à côté de la plus parfaite justesse, & n'ont que l'*à-peu-près*. Ce sont d'heureux mensonges que l'esprit goûte, parce qu'ils l'étonnent & ne le trompent pas. Virgile a osé dire de ceux qui écoutent avec attention & plaisir, *ils boivent les sons avec l'oreille* : le Dante appelle un réduit très-obscur, *un lieu muet de toute lumière*. Le Traducteur, arrêté devant cette irrégularité hardie, s'en tient à une certaine distance ;

pour nous transmettre l'idée, il est tenté de la rectifier, à moins que des efforts secondés par le goût, ne le conduisent à nous enrichir d'une métaphore nouvelle; & le fil de l'analogie, guidant sa marche périlleuse, le rapproche par degrés de l'expression qu'il n'osoit toucher & saisir. L'expression *à longs traits*, consacrée parmi nous, peut servir d'intermédiaire & de moyen de rapprochement. Seroit-il si extraordinaire de dire:

Boit à longs traits les sons dont il est enivré (1)?

Quintilien m'étonne, lorsqu'il refuse à sa Langue l'avantage de se plier au style de la Comédie. *In Comedia maximè claudicamus.* Se peut-il qu'il y ait un idiôme qui ne rende pas le ton habituel & familier de la conversation, en y mêlant je ne sais quoi de plus soigné? Se peut-il encore que ce soit la Langue de Phèdre & de Térence que l'on juge peu susceptible de cet avantage?

___

(1) M. Roucher, dans son Poëme des *Mois*, si riche de Poësie, si fécond en expressions heureuses, a imité le *bibit aure* de Virgile; je ne me rappelle plus ses vers, mais je ne doute pas que la métaphore latine n'y soit heureusement conservée.

Pour reconnoître combien font vaines & chimériques, les idées qu'on se fait du génie & du caractère des Langues, il suffit de comparer les idées qu'on s'est faites de la nôtre, avec les ouvrages qu'elle a produits. Avant que la Fontaine eût écrit, on disoit que le françois n'étoit pas propre au genre de la fable. Boileau étonna ses amis, en leur annonçant qu'il faisoit l'Art poétique : comment concevoir un bon Poëme didactique écrit en françois ? Notre Langue & notre Nation ne sont point épiques, a-t-on dit long-temps : on l'a dit, & la Henriade a intéressé l'Europe entière. Il étoit plus difficile encore de transporter dans notre idiôme, non seulement les détails, souvent bas, des travaux rustiques, mais encore ces détails empruntés des anciens & conformes à leurs coutumes : M. l'Abbé Delille a vaincu ces difficultés. Chaque tentative heureuse d'un Ecrivain habile immole, en quelque sorte, à la Langue un préjugé qui lui étoit contraire ; & cette Langue, telle qu'un fleuve qui s'accroît en s'éloignant de sa source, surmonte, l'une après l'autre, toutes ces digues, & étend au loin sa surface.

Quand nous avouerions que du matériel même de notre Langue, comparée aux Langues anciennes, il résulte un caractère, un génie différent, qui pourroit calculer avec justesse les avantages de l'antique & du moderne, & décider la préférence due à l'un ou à l'autre ? Dumarsais & Condillac font observer qu'à l'aide de notre Langue, on peut, dans certaines phrases, déterminer un sens particulier, avec bien plus de justesse & de précision, que les Latins ne le pouvoient dans la leur. Si ces deux Grammairiens Philosophes ne se trompent pas dans cette assertion, le françois jouit d'un avantage qui, seul, en compenseroit beaucoup d'autres. Mais pensez-vous qu'en latin, on n'ait pas pu quelquefois s'exprimer, faute de ressources dans la Langue ? Il m'en coûteroit pour le croire.

Ce Quintilien, qui trouvoit sa Langue peu propre au genre comique, lui reconnoît un caractère de majesté qui la rapproche de la Tragédie. Horace en a jugé de même. *Spirat tragicum satis, & feliciter audet.* C'est en tragique cependant que les latins ont le moins réussi ; malgré les propriétés de leur idiôme, jugé peu populaire, Phèdre s'eſt diſtingué par la ſimplicité la plus aimable ; Térence unit au naturel toutes les grâces de l'élégance. Si je voulois me convaincre de la ſupériorité de la Langue grecque ſur la Langue latine, ce n'eſt pas dans ce que Virgile a imité du grec que j'en chercherois la preuve. L'Imitateur, pour le mérite de l'expreſſion ſur-tout, me paroît ſouvent au-deſſus de ceux qu'il imite. On vante la clarté de notre idiôme ; les bons Ecrivains ſavent ce qu'il en coûte, pour juſtifier cette propriété qu'on lui attribue : un billet écrit *à la troiſième perſonne*, eſt le déſeſpoir de tous ceux qui n'y veulent point laiſſer d'équivoque. Notre Langue eſt, dit-on, timide : ſoit ; mais je ne conçois rien de plus hardi ni de plus heureux, que les endroits ſublimes de Corneille, de Boſſuet, & que pluſieurs expreſſions de Racine. L'allemand eſt âpre & rude, & rien de ſi doux que les Idylles de Geſner. Ne voilà-t-il pas des propriétés bien efficaces, que celles des Langues ! Il n'en eſt pas une que l'on ne détruiſe & n'anéantiſſe, dès qu'on a le talent d'y ſubſtituer une propriété toute contraire. Nommeroiton dur & violent un homme dont les discours & les actions feroient le plus souvent marqués du caractère de la douceur ?

Le procès des Langues ne sera jamais bien jugé : on prononce toujours en faveur de celles que l'on connoît le moins ; j'ai pensé dire que l'on connoît à peine. La lecture réfléchie de Denys d'Halicarnasse, de Quintilien, de Cicéron, dans les Ouvrages où il traite de l'éloquence ; en un mot, de tous les Grammairiens de l'antiquité, nous démontre que, dans leur Langue, nous ne sentons ni la signification précise de tous les mots, ni leurs nuances délicates, ni, par conséquent leur application plus ou moins heureuse. Les différens caractères du style, mis en évidence par Denys d'Halicarnasse au moyen des exemples qu'il rapporte, sont, pour tout Lecteur de bonne foi, dénués d'évidence. Nous croyons ce Grammairien sur la foi de son goût ; mais nulle part nous n'eussions deviné ce qu'il nous annonce. Quelques assertions de Quintilien nous démontrent que nous ne soupçonnons pas même la véritable prononciation du latin ; & nous nous passionnons pour le mérite de certaines expressions, dont nous ignorons la juste propriété; & nous nous enivrons de l'harmonie d'un langage, que nous ferions méconnoître & détester à ceux qui en avoient créé l'harmonie.

Ce fait, bien médité, fait sentir peut-être combien il entre d'arbitraire dans les propriétés des Langues. Elles sont ce que sont les esprits qui s'en servent. L'extrême usage que nous faisons de la société, le rang que les femmes y tiennent, déterminent les caractères dominans de notre goût & de nos ouvrages, & ce sont ces caractères qu'on appelle ceux de notre Langue.

Les gens du bon ton, il y a cent ans, s'assembloient au cabaret. Là, l'esprit contractoit l'habitude d'une gaité libre & hardie, dont notre Langue donnoit l'expression vraie, & dont notre Comédie devenoit l'image. La réforme des cabarets en a produit une dans le Langage & dans la Comédie. Nous parlons le même idiôme, nous employons le même instrument, mais nous nous en servons avec plus de retenue.

Il n'est pas une des propriétés des Langues, qui ne donne lieu à plus d'un doute, lorsqu'on veut l'approfondir. La Langue des Romains, dit-on, étoit peu chaste, elle osoit tout dire. Cependant Quintilien relève l'attention scrupuleuse des Romains, à éviter le concours obscène des syllabes. Cicéron établit aussi en principe cette délicatesse, portée jusqu'au scrupule. Horace & Juvénal ont peu respecté cette loi, même dans des passages où l'intention morale (1) de ce qu'ils écrivoient, devoit les rapprocher de ce principe.

Je ne finirois point d'alléguer des exemples qui rendent, au moins douteux, les caractères propres & naturels des idiômes différens. Mais je ne traite cette matière que sommairement; & j'en ai dit assez, pour accréditer mes doutes, s'ils ont quelque fondement.

---

(1) L'intention morale d'Horace & de Juvénal n'étoit pas la même en fait d'obscénités, &c. V. le Disc. de M. Dusaulx, sur la Sat.

CHAPITRE II.

De l'Harmonie des Langues.

QUATRE choses concourent à l'harmonie d'une Langue, l'heureuse constitution des mots, leur arrangement, l'accent, la quantité. Parcourons rapidement ces objets.

Constitution des mots.

Il n'est point de Langue qui n'ait des mots harmonieux, & d'autres, ingrats. Vouloir tenir registre des uns & des autres, évaluer ainsi, pièce à pièce, tous les matériaux d'une Langue, ce seroit entreprendre un examen infini, & duquel, peut-être, on ne pourroit rien conclure ; car le mot le moins sonore peut contribuer à ce qu'une phrase le soit beaucoup. *Tantùm series juncturaque pollet.*

Ce seroit un défaut dans une Langue, que tous ses mots comportassent la pronontiation la plus sonore. Cette imperfection existoit vraisemblablement dans le dialecte Dorien, plus ouvert, plus rétentissant que l'Attique & l'Ionien. Ces deux dialectes-ci paroiſſent avoir été préférés à l'autre par les Grecs, & nous avons obſervé déja que, dans les *Syracuſaines* de Théocrite, on fait honte à deux femmes de leur prononciation Dorienne. Les ſyllabes ſourdes, je le conçois, repoſent l'oreille des ſons plus éclatans, & font mieux goûter le retour de ceux-ci. Cette ſucceſſion variée de mots & de ſyllabes qui different entr'eux, conſtitue préciſément la Muſique du Langage, la mélodie de la parole.

Le grec, tel qu'on le prononce parmi nous, produit à mon oreille une cacophonie rebutante. Les ſons *oï* & *aï* s'y repréſentent ſans ceſſe; & ſi j'oſois me livrer à quelques conjectures ſur les doubles lettres uſitées dans cette Langue, ſur l'eſprit rude (dont l'effet, ſans doute, étoit une aſpiration fréquente) je dirois que la prononciation des Grecs devoit être âpre & raboteuſe, que les mots devoient en quelque ſorte bondir les uns devant les autres.

Quintilien accuſe les terminaiſons ſourdes & mugiſſantes du latin. Il envie aux Grecs les deux lettres *u* & *z*, étrangères à ſa langue,

&

& qui, ajoûte-t-il, toutes les fois qu'elles s'y rencontrent dans des mots empruntés du grec, éclairent le discours, & y jettent un reflet plus brillant; *Nescio quo modo hilarior protinus renidet oratio.*

On reproche aux François leurs terminaisons Celtiques, qui, au fonds, ne sont pas plus dures que les terminaisons en *ix*, en *ex*, en *ax* du Grec & du Latin (1).

Il n'est point de Langue qui, jugée ainsi sur ses parties constitutives, & d'après son Dictionnaire, n'offre des élémens défectueux. Mais est-ce ainsi qu'il convient de juger les Langues ? Que sont-elles après tout ? Les vastes répertoires des signes destinés à l'énonciation des pensées, & à la fabrique du discours. Ce sont les matériaux des édifices que l'esprit humain doit élever. Jugeons ces édifices, & non les pierres qui les composent.

Arrangement des mots.

La relation qu'ont entre-eux les différens

---

(1) Il paroît que notre oreille se refuse à ces terminaisons. Dès que l'on a été dans le cas de parler souvent de *Fernex*, on a dit *Ferney*. A cet égard nous sommes plus délicats & plus difficiles que les Anciens.

Dd

mots de la phrase, étant indiquée en grec &
en latin, par les terminaisons semblables de
ces mots, l'écrivain est dispensé de les accoller l'un à l'autre, pour désigner qu'ils s'appartiennent : il les sème çà & là dans l'étendue
d'une période, certain que le Lecteur, averti
par le rapport des désinences, fera le rapprochement nécessaire (1). Le François procède
autrement. Nos mots n'indiquant point par
leurs terminaisons s'ils sont *régimes* ou *régisseurs*, on ne peut le reconnoître qu'à la place
qu'ils occupent. Le nominatif précède le
verbe, le régime le suit. *Le Roi aime le peuple.*
Transposez les deux noms, vous changez le
sens de la phrase. Un Grec, un Romain, en
composant, ne devoient compte qu'à l'oreille
de l'arrangement des mots : le François, esclave de la syntaxe, à mesure qu'il imagine
une expression, est contraint à l'enclaver dans
la place que le sens même lui prescrit. Je
demande pardon au Lecteur de lui remettre
sous les yeux des notions si vulgaires : attachons-y quelques observations qui le feront
moins peut-être.

Est-il certain que le défaut de concordance

_____
(1) Dumarsais, *Gramm. Franc.*

dans les terminaisons, prive nécessairement notre langue d'inversion ? Est-ce par la stricte nécessité d'être clairement entendus, que nous n'intervertissons pas les mots ? il me semble que non. Il est mille phrases que nous pourrions, à l'exemple des Anciens, intervertir en tous les sens, sans faire obscurité. Je prends pour exemple la phrase que Platon en grec retourna de tant de manières, avant de se fixer à aucune; *hier je descendis au Pirée.* Ne sentez-vous pas qu'avec toutes les inversions imaginables, le sens subsistera toujours dans toute sa clarté ? Prenons une phrase un peu plus composée: *J'ai donné à mon ami le livre de Pierre.* Renversez la construction, transposez tous les mots, l'article du génitif, celui du datif, indiquent le cas des noms, & par conséquent leur relation : la phrase ne souffre pas la plus légère équivoque.

Le principe qui nous interdit l'inversion n'est donc pas de nécessité absolue : ce n'est donc pas un attribut inséparable de notre idiôme, & résultant de sa constitution même.

Ronsard, Amiot, Montagne, se sont, moins que nous, asservis à ce principe. On trouveroit, je pense, un peu plus d'inversions dans les grands Écrivains du siècle de Louis XIV, que dans ceux de notre siècle. J'en ai remarqué dans la prose de Molière, que l'oreille seule sembloit lui indiquer. Plus l'esprit philosophique & raisonneur a pris crédit parmi nous, plus la composition du style s'est assujettie à l'ordre le plus grammatical & le plus logique. La Langue s'est rendue plus philosophique, à mesure que la Philosophie en a fait plus d'usage.

Quoique le matériel des Langues anciennes fût favorable à l'inversion, ne pensez pas qu'elle n'y jetât jamais d'obscurité. Elle en produit au contraire, & très-souvent. Il ne faut, pour s'en assurer, qu'enseigner le latin à des enfans: Vous les voyez, habituellement trompés par les désinences, donner pour régime au verbe, un accusatif qui n'en est pas le régime véritable, placer mal le génitif, &c. Leur construction est régulière, & fausse cependant, parce que l'esprit ne les avertit pas de la place à laquelle le sens de la phrase appelle chaque mot.

Vidi hominem legentem librum.
J'ai vu un homme lisant un livre.

Cette phrase exempte de toute équivoque en françois, en est susceptible en latin ; c'est Quintilien qui le dit, ce n'est pas moi. Quoique l'esprit ne puisse pas se méprendre au sens, ce Grammairien n'en trouve pas moins condamnable l'ambiguité grammaticale. En effet, que de phrases latines, construites de même, seront susceptibles d'équivoque ! il s'en rencontre de même à chaque pas. Térence a dit :

Chremetem audivi percussisse Demeam.

Devinez dans cette phrase, qui de *Chremès*, ou de *Demeas* a donné des coups, ou en a reçu.

Quintilien ne fait point grace à ce vers de Virgile :

Saxa vocant Itali mediis quæ in fluctibus aras.

Il en accuse l'obscurité.

Dans ceux-ci d'Horace :

Me tabula sacer
Votiva paries indicat uvida
Suspendisse potenti
Vestimenta maris Deo.

Fontenelle a justement observé qu'il est difficile d'appercevoir au premier coup-d'œil la véritable relation des mots. De tels inconvéniens peuvent nous confoler de ce que l'inverfion parmi nous eft peu d'ufage. Les plus beaux endroits des ouvrages anciens, dit Dumarfais, font ceux où l'ellipfe & l'inverfion font rares.

L'Accent.

On diftingue deux fortes d'accent, l'un, profodique; l'autre, oratoire (1). Le premier, inhérent à chaque mot, ne peut en être détaché, & en fait prononcer une feule fyllabe d'un ton plus élevé ou plus grave. Le fécond dépend du fens de la phrafe entière, & le défigne, interrogatif ou portant affertion, terminé ou fufpendu, tranquille ou paffionné, &c. &c. De ces deux accens, l'un eft, à proprement parler, le chant des mots, l'autre eft le chant des phrafes.

Denys d'Halicarnaffe dit pofitivement que le chant de la parole en grec, procédoit, par un feul intervalle, celui de quinte. Ce ne peut être d'après la converfation ordi-

(1) Il y en a beaucoup d'autres, mais ce n'eft pas ici le lieu d'en parler.

naire que les Grecs ont reconnu cet intervalle de quinte dans l'inflexion de voix que l'accent déterminoit ; car, de l'aveu de tous les Musiciens Grecs, la prononciation simple & ordinaire ne parcouroit point de degrès appréciables. C'est la première distinction qu'ils font tous du chant à la parole : l'un est *intervallique* (1), l'autre *continue* ; c'est-à-dire que l'un se repose toujours sur des degrés appréciés, évalués, tandis que l'autre erre indéterminément dans une certaine latitude, sans qu'on puisse estimer les degrés sur lesquels elle s'arrête L'intonation des accens, fixée chez les Grecs à l'intervalle juste de la quinte, est donc le produit de la réflexion & l'ouvrage de l'Art, corrigeant la prononciation simple & naturelle. (2)

---

(1) Diastématique. L'organe de la parole n'est pas le même que celui du chant. L'homme que nous ne pourrions méconnoître au son de la voix s'il parloit, nous ne le reconnoissons pas en l'écoutant chanter, si nous n'avons pas l'habitude de son chant. Des personnes ont la parole rude, & le chant agréable. D'autres bégayent en parlant, & non lorsqu'elles chantent.

(2) M. l'Abbé Arnaud, dans son ingénieuse & savante dissertation sur les accens grecs, a essayé de donner une

En dépouillant tout respect superstitieux pour l'antiquité, quelle idée peut-on se faire d'un langage où chaque mot doit nécessairement à l'oreille le retour de la quinte, dans le grave ou dans l'aigu ? Si la monotonie est le supplice du plus délicat & du plus dédaigneux de tous nos sens, que doit-on penser d'une déclamation asservie aux mêmes intervalles, & qui, sans cesse s'élançant vers la quinte supérieure, est aussi-tôt rejetée sur le ton principal ? Comment concilier encore cette inflexion prosodique avec l'accent *logique* ou oratoire, c'est-à-dire qui est prescrit par le sens du discours ? Se peut-il qu'un mot accentué *grave*, ne se rencontre pas dans une phrase où la passion attire la voix vers le son aigu ?

Je sens combien il est téméraire & même

---

explication différente du passage de Denys d'Halicarnasse, sur l'intonation de l'accent réduit à l'intervalle de la quinte. Mais le texte, si je ne me trompe, résiste à l'interprétation du savant Académicien. *Le chant de la parole* (dit le Grammairien grec) *procède par un intervalle, celui de quinte. Mais, dans le chant musical, on procède par quarte, par ton, par demi-ton, même par quart de ton.* Cela signifie, ce me semble, que la parole n'a qu'un intervalle, celui de quinte, & que le chant en emploie beaucoup d'autres.

absurde, d'accuser, sur un simple apperçu de théorie, ce que l'usage avoit démontré possible & agréable. Je soupçonne cependant que je ne suis pas le seul arrêté par les difficultés que je viens d'observer. Les efforts qu'a faits M. l'Abbé Arnaud pour expliquer si adroitement le passage de Denys d'Halic., il se les fût épargnés, s'il n'eût pas senti toutes les conséquences défavorables, & même embarrassantes, qui résultoient du passage expliqué plus naturellement. Au reste, je n'ai pas prétendu prouver que la prosodie des Anciens manquoit d'harmonie, & devoit leur déplaire ; mais seulement que nous exaltons les merveilles de leur langage, sans avoir cherché à les sentir & à les concevoir.

La théorie des accens dans la langue latine, telle que Quintilien nous la donne, se réduit à si peu de principes, que je ne craindrai pas de les rapporter ici.

1°. L'accent aigu doit se trouver dans *chaque* mot ; ne s'y trouver qu'une seule fois ; jamais sur la dernière syllabe ; & en s'éloignant de la dernière, il ne peut jamais remonter au-delà de l'antepénultième.

2°. Dans les mots de trois syllabes, celle du milieu, si elle est longue, est accentuée *aiguë* ou *circonflexe*. Si cette syllabe du milieu est brève, elle est accentuée *grave*, & par conséquent rend aiguë celle qui la précède.

3°. Dans les mots de deux syllabes, la première porte l'accent aigu.

4°. Jamais l'aigu & le circonflexe ne peuvent se trouver ensemble ; car, le circonflexe étant composé de l'aigu & du grave, ce seroit deux fois élever la voix dans le même mot, *ce qui ne doit jamais arriver.*

5°. Les monosyllabes sont accentués de l'aigu ou du circonflexe ; *car il ne doit pas y avoir un seul mot de la langue, où l'inflexion élevée ne se fasse pas entendre.*

De tous ceux qui liront avec attention ce petit nombre de préceptes, il n'y aura personne peut-être qui n'en croie la pratique aisée. Voyons sur ce point ce qu'il faut croire ; & sur un seul vers de Virgile, réduisons en pratique la théorie de Quintilien.

Arma, Virumque cano Trojæ qui primus ab oris.

Suivant les principes ci-dessus énoncés,

on élevera d'abord la voix sur la première syllabe d'*Arma* (1). Ensuite sur quelle syllabe l'éleverez-vous ? Sur la première du mot *virum ?* Cette syllabe est brève, & toute syllabe aigue doit être longue (2) : sera-ce sur la dernière ? La dernière ne reçoit point l'accent aigu (3). Que faire de *que*, qui, comme monosyllabe, appelle l'aigu, & comme *bref*, le rejette ?

La fin du vers n'est pas moins embarrassante. Cependant Quintilien donne quelques facilités pour en déterminer la prononciation. Il nous avertit qu'on prononce *trojæ qui primus ab oris*, comme si ce n'étoit qu'un seul mot. L'avis est bon ; qui de nous s'en fût douté ? Voici comme je conçois la prononciation du vers entier.

Árma, Vírumque cano, Trójæqui primus ab óris.

Dans le vers ainsi accentué, il ne se trouve que trois syllabes qui portent l'accent ; *ar*, dans *arma*, *tro*, dans *trojæ*, *o*, dans

_____

(1) Dans les mots de deux syllabes, la première porte l'accent aigu. (*Voy.* précepte 3.).

(2) *Voy.* le precepte. 2.

(3) *Voy.* le precepte. 1.

oris. Ainsi les cinq derniers mots du vers se considèrent (pour l'accent) comme n'étant qu'un seul mot, & dans les premiers mots je ne place point d'accent, faute de le pouvoir placer, sans violer un des préceptes de Quintilien : encore en reste-t-il un violé ; c'est celui ci : » il n'est pas un mot de la » langue où l'inflexion aiguë ne doive se » faire entendre. »

Ce que je viens de dire n'est qu'une conjecture très-incertaine ; mais je doute qu'on y oppose autre chose qu'une conjecture ; & de ces doutes contradictoires, il résultera que, sur l'harmonie des langues anciennes, il est plus convenable de douter que d'affirmer.

La prononciation latine, telle que Quintilien nous l'indique, paroît avoir beaucoup de rapport avec la prononciation Italienne. L'idiôme moderne conserve à cet égard des preuves sensibles de son origine.

Moins un peuple est civilisé, dit-on, plus sa langue est pauvre, & par conséquent accentuée ; car l'accent, ajoute-t-on, supplée aux mots qui manquent. Un passage de Cicéron contredit cette idée : » Lœlia,

» belle-mère de Crassus, dit-il, avoit con-
» servé la prononciation de ses pères, pro-
» nonciation simple, égale, dénuée d'ac-
» cens. Crassus en l'écoutant, croyoit en-
» tendre parler *Plaute* & *Nœvius*, dont la
» prononciation étoit uniforme, coulante,
» & non *âpre*, & *ouverte*, (*aspera & hiulca*)
» comme celle de son tems. »

On ne sauroit douter que notre langue n'ait été autrefois plus accentuée qu'elle ne l'est aujourd'hui. Théodore de Bèze, dans son Traité de la Prononciation Françoise, dit formellement qu'il n'y a pas une syllabe longue qui ne porte l'accent aigu, & que le grave ne se place jamais que sur une brève, principe conforme à celui des Latins. Si l'accent, du tems de Théodore de Bèze, n'avoit eu d'autre fonction que celle qu'il a maintenant, d'élargir ou de resserrer la prononciation d'une voyelle, sans faire hausser ni baisser la voix, on eût placé l'accent comme on le place aujourd'hui; & le grave eût appartenu aux syllabes longues, comme dans *accès*, *procès*, &c.

Notre prononciation a donc été plus modulée qu'elle ne l'est. Est-ce un avantage que notre langue ait perdu ? Eh ! comment penfer, qu'au moment même où elle fe perfectionnoit (pour parler le langage reçu), elle perdoit un des plus grands charmes que puiffe avoir la parole, celui d'enchanter l'oreille ?

Si la profodie des accens eſt un mérite des langues ſi réel, comment ne le retrouvons-nous pas avec plaiſir, dans la prononciation de nos provinces méridionales ? Pourquoi y préférons-nous le parler uniforme & non profodique de Paris & de Verſailles ? La Cour & la Capitale n'ont pas le droit de faire goûter ce qui eſt défectueux, de préférence à ce qui doit plaire : on ne préfère pas un laid viſage de Cour, à une beauté de Village. Verſailles & Paris fixent les goûts de convention, & ne peuvent rien contre les goûts naturels.

J'ai peine à me rendre compte des avantages réels de l'accent profodique attaché à chaque mot. Il convient (ce me ſemble) que chaque mot, pris en ſoi, n'ait point d'intonation qui lui ſoi affectée ; il reçoit celle que le ſens général de la phraſe lui communique. Je ſuppoſe un moment que le mot *amour* porte l'accent aigu fur fa première fyllabe : eh bien ! foit que ce mot entre dans une phrafe qui interroge ou qui affirme, qui admire ou qui déprife, qui careffe ou qui menace, il faudra donc qu'il refte armé du même accent, & qu'avec la même intonation, il exprime l'amour ou la haine ! Je ne fens pas l'avantage d'une telle inftitution.

L'accent vraiment utile & néceffaire au langage, c'eft celui qui réfulte du fens de la phrafe & du difcours, celui qui découvre toute l'intention de la perfonne qui parle, & qui marque les fons, d'inflexions plus ou moins paffionnées, & paffionnées diverfement. Un tel accent a une telle efficacité, qu'il difpenfe peut-être de tout autre accent, heureux fi les autres n'en contrarient pas l'effet ! Si chaque note de la gamme muficale avoit une inflexion qui lui fut propre & inhérente, penfe-t-on que cette *affection* particulière de chaque fon, ne gênat pas & ne contredit pas quelquefois le caractère général & mélodique de la phrafe muficale ?

Que gagne-t-on à avoir des mots profodiquement accentués ? S'en fait-on mieux entendre ? En parle-t-on mieux à la raison, au cœur ? Cela ne doit pas être, puisque, de l'aveu de toute l'Europe, les Acteurs François sont ceux qu'on admire & goûte le plus, eux qui parlent la langue la moins accentuée.

Quantité.

Il y a, je pense, une relation intime entre l'accent prosodique & la quantité ; on est naturellement porté à prolonger la syllabe sur laquelle on élève la voix. Aussi, selon Quintilien, Théodore de Bèze, & généralement tous les Grammairiens, toute syllabe aigue est longue. La prononciation des Italiens & des Espagnols se conforme à cette règle, qui, si elle est aussi invariable que je le présume, forme un principe accidentel de quantité, auquel je ne vois pas qu'on ait fait attention. Toutes les fois que l'accent oratoire fait monter la voix, la syllabe sur laquelle elle s'élève, doit s'allonger. Les syllabes douteuses, chez les anciens, n'étoient-elles pas le plus souvent dénuées d'accent ? Leur intonation restant arbitraire, leur valeur l'étoit aussi.

Nous ferons, sur l'évaluation précise des quantités,

quantités, le même raisonnement que nous avons fait sur l'évaluation des intervalles de l'intonation. Une longue, nous dit-on, équivaloit à deux brèves: mais d'après quelle mesure certaine cette estimation s'est-elle faite? Il n'est qu'un seul moyen d'évaluer avec justesse la durée des sons; c'est de les soumettre à un rhythme musical; mais comme on ne parle pas communément en mesure, les Grecs & les Latins en conversant, en se créant une langue, n'ont pas pu donner aux syllabes des valeurs régulièrement proportionnées entre-elles. Aussi ne l'étoient elles pas; c'est d'après leur propre témoignage que nous l'avançons. Lorsque ces peuples en sont venus à diviser métriquement leurs mots & leurs phrases, alors ils ont supposé, ils ont établi qu'une longue étoit toujours l'équivalent de deux brèves; ou plutôt en reconnoissant dans les longues plus ou moins longues, dans les brèves plus ou moins brèves, des différences sensibles (1), ils sont convenus de n'en tenir aucun compte, & de considérer les syllabes comme ayant

---

(1) *Voy. Den. d'Halic. & Quintil.*

un rhythme rigoureusement égal & proportionnel : d'où je conclus, qu'un détracteur des anciens seroit autorisé à dire, que leur Poésie estropioit leur langue, & que la prononciation mesurée étoit le mensonge continuel de la prononciation véritable.

S'il faut croire ce que l'on dit & imprime tous les jours, la Poésie métrique des anciens étoit infiniment plus variée que nôtre Poésie non métrique. Mais, (pour ne parler que du vers héroïque) comment la nécessité de ne procéder que par dactyles & par spondées, produit-elle plus de variété que la liberté dont nous jouissons, d'employer indifféremment des longues & des brèves, & de les entremêler suivant toutes les combinaisons possibles ? Notre vers alexandrin a, comme l'hexametre des anciens, sa longueur déterminée, & dont l'uniformité peut sembler monotone ; mais dans cet espace limité, de douze syllables pour nous, de six pieds pour les anciens ; le François marche librement, & cadence ses mots suivant des rhythmes différens : le Grec & le Latin, au contraire, font marcher les syllabes deux à deux, ou trois à trois : c'est ce procédé qui me semble plus uniforme & plus monotone que le nôtre.

Les François pensent qu'ils n'ont point de prosodie ni de règles fixes de quantité : cependant, est il une syllabe de leur langue, dont ils ne sentent pas l'altération vicieuse, pour peu qu'on l'allonge, ou l'abrège plus que que l'usage ne le comporte ? Que peut donner de plus la prosodie la plus rigoureusement appréciée ?

Je ne pense pas qu'il y ait dans aucune langue, des syllabes tellement douteuses, qu'on puisse (à la même place) les prononcer arbitrairement longues ou brèves. Je ne connois pas au moins de syllabe françoise susceptible de cette alternative : s'il y en avoit chez les anciens, ne craignons pas d'affirmer que notre prosodie est plus stricte que la leur ; mais vraisemblablement la quantité des syllables douteuses varioit suivant les syllabes précédentes ou subséquentes. En François, la prononciation d'un mot ou d'une syllabe, dépend quelque fois de la place que le mot occupe dans la phrase. En disant *un homme honnête*, on allonge plus la syllabe *nête*, que lorsqu'on dit *un honnête homme*.

Fidele amant se prononce plus vîte que *amant fidèle* : le principe de soutenir la pénultième devant une syllabe muette, modifie accidentellement la prononciation.

Les anciens ont, plus que nous, réduit en méthode tout ce qui concerne l'Elocution. Tous les secrets de l'art oratoire étoient pour eux consignés dans des Livres techniques ; ils y étoient désignés par leur nom & leur emploi, de sorte qu'en puisant dans ces arsenaux de l'Eloquence, ils nommoient pièce-à-pièce chaque instrument qu'ils en retiroient.

L'art d'écrire n'a point changé : nous employons les mêmes artifices de la parole que les anciens ; mais nous en avons moins fait une science & une méthode. Un Romain qui vouloit peindre, par la magie des mots, un effet de grandeur & de majesté, recouroit sciemment aux syllabes longues, les accumuloit dans sa phrase, & rapportoit au rhythme spondaïque, la gravité figurative de son style. Un François qui sait écrire, suit par instinct le même procédé ; mais il ne l'analyse pas ; il ne compte ni ne pèse ses syllabes. En fait de style, nous n'avons que le sentiment du beau ; les anciens, outre ce sentiment, en avoient encore une sorte de connoissance anatomique.

A quoi a-t-il tenu que nous n'eussions, comme les anciens, une prosodie bien reconnue ? A ce que nous eussions le besoin d'étudier la nôtre. C'est ce que *Ramus* imprimoit en 1562 dans sa Grammaire. « Les » François, disoit-il, sauront qu'ils ont une » prosodie, s'ils ont des Poëtes qui scan- » dent métriquement leurs vers. » Passerat, Desportes, Rapin, Scevole de Sainte-Marthe, d'autres encore ont fait en françois des vers métriques : notre langue en étoit donc susceptible. Ces Poëtes ont travaillé avec trop peu de succès pour consacrer & transmettre leur procédé : Malherbe, Regnier, Boileau plus habiles, n'ont point asservi leurs vers à la quantité, à peine soupçonne-t-on que nous en ayons une : c'est le tort de l'ouvrier, plus que de la langue.

Les personnes qui se sont occupées de la prosodie françoise, trouvent que notre langue surabonde en syllabes brèves. Théodore de Bèze avoit fait la même observation, & il en concluoit une conformité très-grande entre le grec & le françois. En effet, dans les vers d'Homère, le dactyle domine plus que le spondée. Cette prononciation légère de notre idiôme, n'étoit pas un obstacle à ce que nous eussions une Poésie métrique; tout au plus cette Poésie auroit eu moins de lenteur que de célérité.

N'attribuons-nous pas trop d'efficacité à la qualité du mètre, & à sa vertu figurative? les réflexions suivantes peuvent sur ce point faire naître quelques doutes.

Le vers ïambique a été regardé par les Latins comme le plus convenable au style rapide. En effet, dans ce vers, la voix qui pose à peine sur la première syllabe de chaque pied, semble être rejetée tout de suite, comme par un ressort élastique, sur la seconde syllabe, ce qui donne un mouvement de rapidité. Cependant, lorsque je cherche dans un Poëme ïambique, cet effet que j'attendois du méchanisme matériel de l'ïambe, souvent je ne l'y trouve pas.

Beatus ille qui procul negotiis
 Ut prisca gens mortalium
Paterna rura bobus exercet suis,
Solutus omni fœnore.

SUR LES LANGUES. 439

La marche de ces vers n'eſt pas rapide, & le ſujet n'exigeoit pas qu'elle le fût.

Procumbit humi bos.

Cette fin de vers exprime bien la chûte d'un bœuf. Cela dépend-t-il de l'ordre métrique des ſyllabes ? Non ; car *exiguus mus*, & *ridiculus mus*, ont le même ordre métrique, & peignent des choſes tout-à-fait différentes.

Dans ce vers :

Quadrupedante putrem, &c.

La ſuite des dactyles peint le galop du cheval & ſa vîteſſe : fort bien ; mais dans cet autre vers :

Panditur interea domus Omnipotentis Olympi.

Les dactyles peignent avec majeſté les portes de l'Olympe qui s'ouvrent.

L'ame peut-être eſt maîtriſée par le ſens des mots. Prononcez ce vers :

Quadrupedante putrem ſonitu quatit ungula campum.

L'eſprit, rempli de l'idée rapide d'un cheval qui galoppe, ſcande rapidement les dactyles. Prononcez cet autre vers :

Tityre, tu patulæ recubans ſub tegmine fagi.

L'âme pénétrée de la douce quiétude du

Berger qui repose sous un hêtre, s'arrête auprès de lui, & laisse aller le dactyle sans elle.

Ces observations ont, selon moi, une grande justesse : il seroit difficile de ne pas les trouver au moins ingénieuses (1).

Ce n'est pas seulement dans les langues anciennes, que l'ordre des mots & des syllabes est sujet à nous faire illusion, & que nous y soupçonnons plus de vertu figurative qu'il n'y en a peut-être.

J'ai entendu souvent citer ce vers de la Fontaine :

Même il m'est arrivé quelquefois de manger
Le berger,

Ce petit vers, dit-on, est ménagé habilement pour diminuer l'aveu que le lion fait de ses torts : il glisse dessus rapidement ; il ose à peine y toucher.

Pour douter que le Poëte ait eu cette intention, peut-être il suffiroit d'observer qu'il n'en eut aucune dans mille endroits

---

(1) Elles sont tirées du Disc. Prélim. que mon Frère a mis avant sa traduction du troisième livre des Odes d'Horace.

SUR LES LANGUES. 441

où il a employé un vers de la même mesure.

> La Cigale ayant chanté
> Tout l'été ;
> Il avoit du comptant,
> Et partant,
> La perfide descend tout droit
> A l'endroit,
> Et le gouvernement de la chose publique
> Aquatique ;
> Voici comme Esope le mit
> En crédit, &c. &c.

Mais je vais plus loin. L'intention que l'on suppose à la Fontaine, est contradictoire au sens de sa Fable. Le but de cet Apologue est de faire voir que l'homme puissant, que le lion, peut tout commettre & tout confesser impunément. Il ne s'agit donc pas de lui faire pallier l'énormité de ses fautes : il n'en prend pas la peine, & n'en a pas besoin.

> Pour moi satisfaisant mes appetits gloutons,
> J'ai dévoré force moutons.

Est-ce là le langage d'un coupable qui s'excuse ? L'Ane au contraire doit affoiblir ses torts, déjà si légers par eux-mêmes. Le châtiment qu'il en reçoit, donne du piquant à la Fable, & en fonde la moralité.

J'ai fouvenance
Qu'en un pré de Moines paffant,
La faim, l'occafion, l'herbe tendre, & je penfe,
Quelque diable auffi me pouffant,
Je tondis de ce pré la largeur de ma langue.

C'eſt là que le petit vers eut été placé, s'il avoit l'efficacité qu'on lui fuppofe : mais l'Ane, dont chaque mot atténue la peccadille, emploie un grand vers à fe juſtifier.

Si l'on demande en quoi confifte proprement l'harmonie du langage, il n'eſt perfonne qui puiffe répondre convenablement à cette queſtion, c'eſt-à-dire affigner à l'harmonie de la parole, des principes conſtans & univerfels. Chaque langue a les fiens. L'Hiatus, en grec, étoit un des agrémens du langage ; Demetrius de Phalère le dit ; il attache à l'hiatus le mérite de l'euphonie. Les Latins admirent, pour le grec, ce principe d'harmonie, & le rejetèrent pour leur propre langue. Là, l'hiatus flattoit leur oreille ; ici, il l'a bleffoit ; irrégularité de goût, de jugement, que l'on n'explique, ce me femble, qu'à l'aide des conventions établies pour un idiôme & pour un autre :

ces conventions forment autant de préjugés, ces préjugés influent sur nos sensations, & les modifient sans notre aveu. Le jugement prévenu fait illusion à nos sens.

Si nous excluons l'hiatus de notre Poësie, ce ne peut être que pour n'en pas violer la douce euphonie. D'après cette règle (si vous la rendez générale) nos vers sont mille fois plus doux que ceux d'Homère, où la voyelle continuellement se frotte contre la voyelle, sans que l'une, ni l'autre, s'élident. En suivant notre principe, on croiroit donc offenser l'oreille, si l'on faisoit entrer dans des vers françois, les mots suivans : *ni moi*, *ni eux* ! Prononcez le mot *harmonieux*, vous le trouvez d'une douceur infinie, quoique les syllabes *ni*, *eux*, s'y approchent & s'y frottent ensemble.

Ce frottement est très-fréquent dans la langue Italienne ; on ne l'en regarde pas moins comme la langue la plus douce de notre Europe moderne. Loin que j'adopte cette opinion, lorsque j'entends parler des Italiens, lorsque je leur entends prononcer des vers, lorsque j'en lis moi-même, & surtout ceux du Tasse, je sens dans la langue

Italienne, une harmonie forte, majeftueufe, retentiffante, plus qu'un caractère de moleffe & de douceur. A ce que j'avance ici, quelqu'un peut-être oppofera des vers Italiens doux & flexibles. Alors je rentrerai dans mon principe : il n'eft rien à quoi les langues ne fe prêtent ; la main de l'ouvrier fait tout.

„ C'eft la douceur du climat, (a dit M.
„ Thomas, dans fon admirable Effai fur les
„ Eloges) c'eft la molle foupleffe des orga-
„ nes , c'eft la politeffe des mœurs, c'eft
„ le defir de plaire en flattant l'ame &
„ l'oreille, par l'expreffion d'un fentiment
„ doux, qui polit les langues & les rend
„ harmonieufes. „ En admettant cette opinion, l'idiôme le plus harmonieux fera celui qui n'aura rien d'âpre, ni d'auftère, où les mots s'inclinant, fe renverfant mollement les uns fur les autres, donnent à la prononciation une forte de fluidité : c'eft, fi je ne me trompe , ce qui diftingue éminemment la prononciation françoife. Cet avantage lui eft tellement propre, qu'elle le poffedoit déjà en 1580, tems où notre idiôme ne s'étoit pas encore poli fous la lime de

nos plus grands Ecrivains ; tems où le gros de la Nation, livré à l'ignorance, n'étoit pas digne de perfectionner son langage. Voici ce que Théodore de Bèze, à cette époque, écrit de la langue Françoise. » La prononciation en est rapide. On n'y entend point éclater le concours bruyant des *consonances. Nullo consonantium concursu confragosa* : peu de syllabes longues en retardent la marche. Elle procède également & d'une teneur. Les consonnes qui terminent un mot, se fondent avec les voyelles du mot suivant, & semblent n'en faire qu'un. » Si l'on vouloit aujourd'hui caractériser notre langue & notre prononciation, je ne pense pas qu'on le fît autrement.

Qui ne croiroit que dans toutes les langues, l'oreille doit supporter avec peine les mêmes terminaisons rendues consécutives ! rien de si commun en latin & dans les meilleurs Ecrivains :

Breves
Flores amœnæ ferre jube rosæ. (Hor.)
Nunc Dea linigera colitur celeberrima turba. (Ovid.)
O! Spes fallaces! O! Cogitationes meæ inanes! (Cic.)
O! Confessum Judicum præclarum! O! Præclarum & commemorandum judicium! O Severum edictum! O! Tutum aratorum perfugium. [idem.]

Telles sont les consonances redoublées, accumulées, que l'on rencontre sans cesse dans la langue Latine.

Plusieurs monosyllabes de suite, dit Quintilien, rendent la prononciation sautillante & désagréable. En François, rien de si doux.

> Et moi, je ne vois rien quand je ne la vois pas.
> Le jour n'est pas plus pur que le fond de mon cœur.

Concluons qu'il entre beaucoup de convention dans l'harmonie des langues. Tous les Peuples de l'Europe se récrient & se passionnent sur celle de Virgile & de Cicéron : plusieurs d'entre ces Peuples prononcent différemment le latin de ces deux Ecrivains célèbres, & tous (je le répète) feroient méconnoître & désavouer à Virgile, à Cicéron, l'harmonie de leur style, s'ils pouvoient lire devant eux ce qu'ils ont écrit.

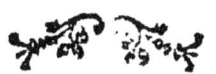

CHAPITRE IIL

Du progrès des Langues; de ce qui détermine l'idée qu'on se fait de leur point de perfection.

Toutes les langues, enfans du besoin, sont créées par des hommes grossiers qui n'ont d'autre but, en parlant, que de transmettre, à ceux qui les écoutent, des idées simples & grossières comme eux. De tels hommes admettent sans choix, sans réflexion, les mots, les tours de phrase que l'instinct leur indique.

Si le goût, si le sentiment de l'analogie, (qui n'est que celui de l'imitation) n'étoit pas une portion de notre instinct, les langues ne seroient toutes, qu'un amas indigeste de mots & de formules, admis sans ordre, sans principes, sans relations : alors, pour posséder une langue, la mémoire la plus vaste suffiroit à peine.

Pour convenir qu'entre deux langues tout-à-fait brutes encore, il s'en trouve quelquefois une, infiniment supérieure à l'autre ; il faudroit reconnoître qu'entre deux Nations non policées, l'une manifeste un extrême avantage sur l'autre, pour la délicatesse de l'instinct & le sentiment des beaux-Arts : or, cette indication ne se trouve nulle part, ce me semble. On sait qu'un Peuple est né pour les Arts, lorsqu'il les a cultivés avec succès : on sait qu'une langue est susceptible d'élégance & d'harmonie, quand ces deux mérites lui sont acquis : Eh ! quel est l'idiôme qui n'est pas susceptible de les acquérir ?

Les merveilles attribuées aux climats, me sont suspectes jusqu'à un certain point. La Grèce, qui fut la patrie des Arts, n'en voit plus refleurir les germes : son sol, ami de la liberté, ne porte plus que des esclaves. Les Grecs jadis ne manquoient pas de tyrans qui voulussent les asservir. Ces tentatives échouoient contre le sentiment de la liberté qui les animoit. Si ce sentiment eût été un bienfait du climat, les Grecs seroient libres encore.

Pour nous renfermer uniquement dans l'objet qui nous est propre, je doute qu'avec des soins, & l'attention la mieux dirigée, on obtint à présent du climat de Rome &
de

de la Grèce, des chef-d'œuvres d'efprit & de talent, comparables à ceux de l'illuftre antiquité. Dans ce globe où tout paffe & vieillit, peut-être les climats vieilliffent eux-mêmes : peut-être un fiècle leur enlève la force & l'activité qui les illuftroit dans un autre fiècle. Le Génie a tranfporté fes dons chez les Gaulois, les Pictes & les Germains, que les Romains croyoient dévoués à la barbarie, par la nature même des lieux qu'ils habitoient. En confidérant de tels exemples, on doit penfer que l'influence des climats eft au moins fubordonnée à trop de caufes étrangères, pour qu'on doive lui attribuer une efficacité très-grande.

Cette influence, dit-on, affouplit l'organe de la parole : quand cela feroit, qu'en faudroit-il conclure ? L'organe le moins fouple, ou le plus roide, eft-il celui qui recherche les articulations les plus dures ? au contraire, par fa roideur même il s'y refufe : moins il a de foupleffe, plus une prononciation molle & facile lui devient néceffaire. Les hommes qui ont l'organe de la parole ingrat & difficile, convertiffent la lettre *r* en *l*, & amoliffent ainfi les articulations pénibles. Le grasseyement des Marseillois (aspérité de leur prononciation) tient à un climat plus favorisé du ciel que le nôtre. La langue Russe est, dit-on, l'une des plus douces de l'Europe. Comment donc conclure de la rigueur du climat, la mauvaise constitution de l'organe de la parole; & de cette constitution mauvaise, comment conclure la nécessité d'un idiôme âpre, dur & difficile?

Les langues de l'Orient admettent une inflexion gutturale, qui n'est pas exempte de dureté. On peut croire que le Grec ancien avoit beaucoup de sons aspirés. Au contraire, *le François se prononce mollement, négligemment, il fuit toute aspérité.* C'est ainsi que Théodore de Bèze définit notre prononciation, qui, depuis ce tems, n'a point perdu son caractère de molesse & de douceur.

Les langues ne se perfectionnent que chez les peuples qui cultivent leur esprit. Par-tout ailleurs, l'idiôme (lourd & grossier instrument du besoin) séjourne & vieillit dans sa première enfance. Les patois de Province, le jargon des paysans, ne tendent point à s'améliorer. Le Bas-Breton est si ancien, qu'on a voulu le regarder comme une langue mère. Il vint du pays de Galles, il y a je ne sais combien de siècles, & les hommes de ce pays l'entendent encore.

« L'idiôme Picard est absolument le même
» dans lequel les Mémoires de Joinville
» sont écrits (1). »

» On dit que l'ancienne langue Escla-
» vonne subsiste absolument la même dans
» les vallées du *Montenegro*, & dans la Mos-
» covie. Les Russes & les Montenegrins
» retirent cet avantage d'avoir si long-tems
» conservé leur barbarie, qu'aujourd'hui
» ils s'entendent comme un même peuple. »

L'instant où une langue commence à se perfectionner, est celui où on l'appelle, des fonctions de pure nécessité, à des fonctions plus nobles & plus délicates, où l'on veut en faire un instrument de nos plaisirs. Cet instant est celui où des hommes d'esprit, dans le loisir du bonheur, se font une occupation & un amusement d'écrire. C'est alors que la pensée s'évertue : les idées, mises en activité, se promènent sur tous les matériaux de la langue ; elles en remuent

---

(1) Disc. prél. d'Amad. de Gaule.

le dépôt tout entier, pour y trouver des mots qui leur conviennent. Non-contentes de ceux qui se présentent d'abord, elles s'en associent d'autres, qui leur appartiennent par une analogie plus éloignée, & elles leur donnent un nouveau lustre, en leur donnant une acception nouvelle.

Dans ce premier progrès de la langue, il n'est encore question, pour ainsi dire, que d'énoncer les idées sous une forme convenable, & plus piquante que la forme la plus naturelle. L'harmonie n'entre pour rien dans les recherches de l'Ecrivain : on écrit pour l'esprit, non pour l'oreille.

Il est aisé de remarquer que, dans toutes les langues, l'harmonie est le dernier degré de l'art de bien écrire. C'est par-là que Térence l'emporte sur Plaute; Virgile sur Lucrèce; Racine sur Corneille : Cicéron a dit : « Nos anciens ont eu quelquefois le » mérite du nombre ; ils ont construit des » périodes harmonieuses ; mais ce n'étoit » pour eux que des beautés de rencontre ; » ils n'en ont pas connu l'usage continu. »

Lorsque l'esprit, en écrivant, est venu à bout de contenter l'esprit, de lui présenter les idées bien énoncées, bien distribuées; l'oreille manifeste ses besoins, & pour lors s'établit ce nouveau principe que Quintilien énonce ainsi : « Nulle idée ne peut plaire à » l'entendement, si elle blesse au passage le » sens qui la lui transmet. »

Observons-le en passant; ce qui arrive pour la langue, est précisément le contraire de ce qui arrive pour la Musique. Les Musiciens travaillent d'abord pour l'oreille, ils s'occupent du chant : l'imitation vient après, & cherche à satisfaire l'esprit. Les Ecrivains au contraire, n'ont d'abord que l'esprit en vue : ils songent ensuite à l'oreille, & cadencent leurs phrases.

Nous venons de voir les langues s'améliorer par degrés; voyons-les par degrés se détériorer & se corrompre : nous aurons parcouru le cercle entier de leur destinée.

Les vices du langage, comme ses perfections, émanent de la pensée. Il est un point où les idées sont naturelles, sans être triviales; neuves, intéressantes, sans être recherchées; voilà le point de la perfection. A mesure que l'on donne aux pensées plus de recherche & d'affectation, qu'on les appelle de plus loin, qu'on les accumule avec plus d'intempérance, la langue semble participer à tous ces défauts : elle acquiert de faux brillans au lieu d'un lustre véritable ; elle s'obscurcit avec la pensée, se manière ainsi qu'elle, & ces vices, empirant d'âge en âge, aboutissent à l'entière corruption, que l'on appelle barbarie.

Suivant le tableau que nous venons de tracer, l'esprit humain améliore ses œuvres, en s'améliorant lui-même, & lorsqu'il est le plus parfait, il fait l'usage le plus parfait de la langue ; mais de ce que les Ouvrages, à une certaine époque, sont généralement meilleurs, concluera-t-on que la langue est meilleure aussi à cette même époque ?

Les langues sont les matériaux avec lesquels l'esprit humain bâtit : de ce que les édifices sont moins beaux, résulte-t-il que les pierrres étoient moins belles, les carrières moins bonnes & moins fécondes ?

La langue de Ronsard fut-elle plus stérile que la nôtre ? Elle eut peut-être plus d'abondance. Fut-elle obscure ? Ronsard fut entendu de tout son siècle, puisqu'il en fut admiré. Fut-elle timide ? Nous pourrions lui envier son énergie & sa franchise.

« Mais Ronfard parla Grec & Latin en » François. » —Hé nous ! faifons-nous autre chofe ? Notre idiôme, dérivé de ces deux fources, ne conferve-t-il pas toutes les preuves de fa filiation ? Ce que fit Ronfard pour fa langue, les Latins le firent pour la leur. Ils la teignirent, ils l'abreuvèrent de toutes les couleurs de l'hellénifme.

Montagne ufa du même procédé. Que dis-je ? Fénélon, ce modèle du bon goût, recommandoit que l'on ajoutât à notre idiôme tous les mots qui lui manquoient, en les formant du grec & du latin (1). N'eft-il pas plaifant qu'on reproche à Ronfard comme des barbarifmes, les mots *oligochronie*, *ocymore*, &c. tandis que nous confervons *chronologie*, *période*, *circonlocution*, *benevole*, & mille expreffions purement grecques & latines ? Je ne vois à cela que le bonheur des Parvenus, infultant à l'infortune de ceux qui n'ont pas réuffi.

Si le mérite de Ronfard eft tombé en difcrédit, prenons-nous-en moins aux vices conftitutifs de fa langue, qu'au peu de valeur de fes écrits, qui n'ont pas, comme

[1] Fenel. Lett. à l'Acad.

ceux d'Amiot & de Montagne, de quoi faire supporter les inconvéniens d'un idiôme, devenu obscur & moins agréable, depuis qu'il n'est plus usité.

En considérant que les Œuvres de Ronsard manquent du *mérite des choses*, & qu'elles ont fait l'admiration de Montagne, de l'Hopital, de du Bellay, (ces Hommes familiarisés avec l'idée du beau, par la lecture des Anciens, qu'ils apprécioient si bien) on ne peut s'empêcher de croire que le style de Ronsard eut un mérite d'expression & d'harmonie, qui fit qu'on lui pardonna tout. Dans ce cas, il eut réussi par le charme de sa langue, par l'heureux emploi qu'il en a fait; & c'est sur cette langue même, sur l'emploi bizarre de cette langue, qu'on l'attaque aujourd'hui.

Nous l'avons dit, la langue est le ministre, le serviteur de la pensée; elle en est l'outil servile. C'est l'ouvrage du tems de nous apprendre à penser avec justesse, avec force, avec finesse, ordre & agrément. Les Nations, comme les individus, n'y parviennent que lentement & par degrés : lorsqu'elles ont atteint cette époque, un grand nombre d'ouvrages s'en reſſent : on les trouve marqués au coin de la raiſon, de l'eſprit, du bon goût : recommandables par ces qualités, ils fixent la langue, parce que, dans tous les tems, ils la repréſentent au même état où elle étoit lorſqu'on les a compoſés ; & cet état s'appelle point de perfection, parce qu'il tient au plus grand nombre d'ouvrages conſacrés à l'admiration publique. Ainſi, nous diſons la latinité du tems d'Auguſte, plus parfaite que celle du ſiècle ſuivant, uniquement parce que les ouvrages contemporains d'Auguſte, ont jeté plus d'illuſtration ſur la langue. En dépouillant ce préjugé, qui oſeroit affirmer que la langue de Tacite & de Quintilien, eſt inférieure à celle de leurs prédéceſſeurs ? Notre ſiècle peut-être eſt moins fécond en beaux ouvrages, que le ſiècle précédent ; en conclurez-vous que notre langue a dégénéré ? Ce ſont tout au plus nos eſprits ; c'eſt tout au plus notre goût. Mais, qu'il renaiſſe des Boſſuet, des Fenélon, des Racine, ils ne ſe plaindront point que leur génie ait à manier un idiôme plus ingrat & plus ſtérile.

Patru l'a dit : ″ point de véritable élo-

» quence avant le siècle où les esprits ont
» acquis toute leur force & leur délicatesse.
» C'est cette maturité des esprits qui donne
» à la langue sa souveraine beauté. C'est
» par cette raison, que Caton le Censeur
» ne put être appelé éloquent, quoique,
» au jugement de Cicéron, jamais homme
» n'ait eu plus que lui toutes les parties
» d'un grand Orateur. (1) »

Considérons la langue Italienne au moment où nul Écrivain distingué n'en avoit fait usage. Qu'étoit-ce alors ? Le reste corrompu du latin décomposé dans ses formes, & jusques dans ses élémens. Le Dante s'empare de cet idiôme, devenu brut par sa décomposition, il y applique ses idées fortes & profondes, il en répand la majesté sur son idiôme avili ; & cet idiôme aussi-tôt se sent ennobli par la communication de telles pensées. De ce moment, la langue Italienne n'a déjà plus qu'un pas à faire pour devenir la rivale de celle dont elle est émanée. Petrarque & Bocace achèvent promptement la révolution que le Dante avoit commencée.

---

[1] Patr. Let. au R. P.

Que ces trois Écrivains eussent manqué à l'Italie, tout le monde eût dit qu'au treizième & au quatorzième siècles, elle n'avoit qu'un jargon brut & barbare ; de ce jargon, Petrarque a fait la langue de l'Ariofte & du Tasse.

Résumons. Une langue est réputée barbare, tant que nul Écrivain habile n'en a manifesté les ressources.

Quelques bons Ouvrages, écrits dans un idiôme réputé brut, en font une langue polie.

On n'a point vu encore qu'une pensée ait avorté dans la tête de celui qui l'a conçue, faute de secours dans la langue pour l'exprimer.

On attribue aux langues les torts & les mérites des ouvrages qui y ont été produits ; & l'époque où une langue a formé le plus de beaux Ouvrages, est réputée celle où la langue fut à son point de perfection.

F I N.

De l'Imprimerie de M. LAMBERT, rue de la Harpe, près S. Côme. 1785.

EXTRAIT DES REGISTRES
de l'Académie Royale des Inscriptions & Belles-Lettres.

Du Vendredi 21 Janvier 1785.

MM. DACIER & DUSAULX, Commissaires nommés par l'Académie pour l'examen d'un Ouvrage intitulé : *De la Musique considérée en elle-même, & dans ses rapports avec les Langues, la Poésie & le Théâtre*, par M. DE CHABANON, Académicien Pensionnaire, ont dit que cet Ouvrage leur a paru digne de l'impression ; sur leur rapport, qu'ils ont laissé par écrit, l'Académie a cédé son Privilège à M. DE CHABANON pour l'impression dudit Ouvrage.

En foi de quoi j'ai signé le présent Certificat. Fait à Paris au Louvre ledit jour Vendredi 21 Janvier 1785, DACIER, Secrétaire perpétuel de l'Académie des Inscriptions & Belles-Lettres.

www.ingramcontent.com/pod-product-compliance
Lightning Source LLC
Chambersburg PA
CBHW052233220526

45471CB00001B/31